2020/2021

中国家用纺织品行业发展报告

2020/2021 ZHONGGUO JIAYONG FANGZHIPIN HANGYE FAZHAN BAOGAO

中国家用纺织品行业协会 编著

中国纺织出版社有限公司

内 容 提 要

《2020/2021中国家用纺织品行业发展报告》共分八篇。行业报告篇全面细致地分析了新冠肺炎疫情影响下我国家纺行业的现状及未来发展趋势。国际动态篇对2019年中美贸易摩擦影响下的全球家纺进出口贸易进行了分析论述，对全球三大传统家纺市场的现状和特点进行了梳理。国内市场篇分别从全国大型零售市场、全国纺织专业市场对2020年家纺内销市场做出系统的分析。上市公司篇对家纺行业主板上市公司和新三板上市公司2020年的生产经营情况及发展特点进行了分析综述。专家论坛篇从宏观视角对纺织品服装消费升级发展趋势进行了分析研究。行业规划篇收录了家纺行业"十四五"发展规划。研发创新篇着眼家纺时尚与文化创新力，对家纺协会2020年举办的三个全国性的家纺设计大赛成果进行了总结，并发布了2021~2022年家纺流行趋势。相关产业篇涵盖了与家纺产业链密切相关的棉纺织、化纤和染整以及缝纫行业的年度运行情况。附录部分收录了2020年度各类奖项及相关经济数据等资料。

本书是一部集中反映家用纺织品行业年度发展情况与趋势的研究报告，旨在为相关企业、部门机构科学决策和国家宏观经济管理提供具有权威性和指导性的参考依据。

图书在版编目（CIP）数据

2020/2021 中国家用纺织品行业发展报告 / 中国家用纺织品行业协会编著 . -- 北京：中国纺织出版社有限公司，2021.8

ISBN 978-7-5180-8753-2

Ⅰ.①2… Ⅱ.①中… Ⅲ.①纺织工业—工业发展—研究报告—中国—2020-2021　Ⅳ.① F426.81

中国版本图书馆 CIP 数据核字（2021）第 150999 号

责任编辑：孔会云　　责任校对：王蕙莹　　责任印制：何　建

中国纺织出版社有限公司出版发行
地址：北京市朝阳区百子湾东里A407号楼　邮政编码：100124
销售电话：010—67004422　传真：010—87155801
http://www.c-textilep.com
中国纺织出版社天猫旗舰店
官方微博http://weibo.com/2119887771
北京华联印刷有限公司印刷　各地新华书店经销
2021年8月第1版第1次印刷
开本：889×1194　1/16　印张：13.75
字数：270千字　定价：268.00元
京朝工商广字第8172号

序 Foreword

当前这一时期注定是历史上浓墨重彩的篇章，这一时期我们经历见证了很多。2021年中国共产党建党一百周年，我国全面建成小康社会已经取得决定性胜利，站在"两个一百年"目标的历史交汇点上，我国正在开启全面建设社会主义现代化国家新征程。同时，"十三五"圆满收官，"十四五"全面开启，在百年未有之大变局中，在国际国内双循环发展新格局下，我国家纺行业将迎来发展新机遇。

回顾"十三五"，家纺行业运行总体平稳，主要经济指标稳步提升，交出了一份较为理想的答卷。行业品牌建设立体推进，涌现出一批区域品牌、消费品牌和制造品牌；质量工作迈上新台阶，全国家纺标准化技术委员会制定并修订国家标准、行业标准47项；两化融合加速发展，科技创新能力和自动化生产水平明显提高；设计创新能力显著增强，越来越多地满足消费者个性化需求；国际交流活动广泛展开，行业国际交往频次与深度明显加强；跨界合作不断深入展开，渠道呈现多元化发展，初步形成线上线下相结合的新零售模式。"十三五"期间，行业大家居产业初步形成，为更好地满足人民美好生活需求蓄力起航。

展望"十四五"，家纺行业的发展进入一个新趋势、新挑战、新机遇共同作用的关键发展阶段，我们需要找准新定位、培育新优势、采取新举措，把握科技和产业变革的力量，在更加复杂的国际局势和新冠肺炎疫情的冲击中寻找新机遇，在以国内大循环为主体，国际国内双循环相互促进的新发展格局下，加快现代化建设，实现高质量发展。

《2020/2021中国家用纺织品行业发展报告》在维持原有风格的基础上，继续深挖行业研究。发展报告自问世以来，获得了业界和社会的多方关注和好评，虽然还有不尽完善之处，但中国家纺协会会一直努力，力求把本书打造成一部集中反映行业年度发展情况与趋势的研究报告，为产业发展升级提供服务指南。

本书在编写过程中得到了社会各界人士的大力支持、真诚鼓励和热心帮助，在此，本人代表中国家纺协会借此机会向相关单位及个人表示衷心的感谢！

杨兆华

2021年6月

目录 Contents

相关行业

附　录

行业报告

2020年我国家用纺织品行业运行报告

中国家用纺织品行业协会

2020年，我国家用纺织品行业❶在经历了年初新冠肺炎疫情的严重影响下，一季度运行遭受重创。在国家政策的正确引导下，国内疫情逐步得到有效控制，人们生产生活正常有序恢复。企业及时调整生产结构以应对各种外部变化，使得家纺行业在2020年整体保持正常运转。家纺企业应对变化的信心、危中窥机的准确判断、内外需市场的需求回弹、原材料成本走低等利好因素共同促使行业在下半年恢复正增长。规模以上企业引领行业向好发展，至年底规模以上企业已经基本恢复至2019年同期水平。

一、家纺行业全年运行情况概述

（一）行业总体运行概况

2020年，家纺行业积极应对外部环境，面对疫情快速反应及时调整，全年运行得到平稳回升。规模以上企业起到积极的引领作用，行业效益大幅增长。国家统计局统计的1796家规模以上家纺企业全年实现营业收入1857.30亿元，同比下降0.76%（图1）；实现利润总额104.46亿元，同比增长14.73%（图2）。

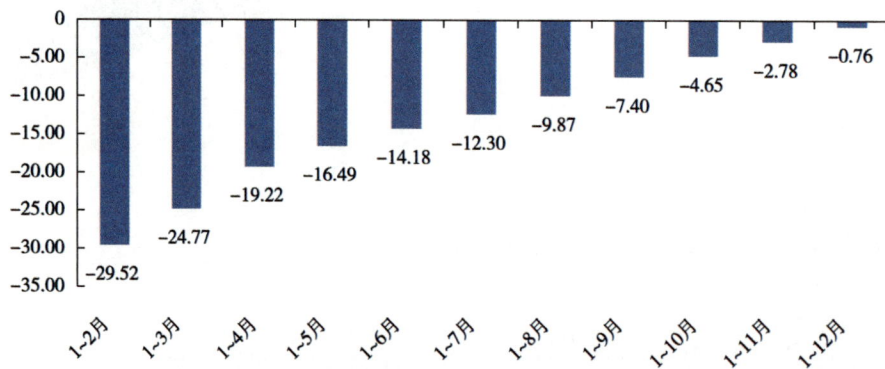

图1　2020年全国规模以上家纺企业营业收入增幅（%）
数据来源：国家统计局

❶ 以下简称"家纺行业"。

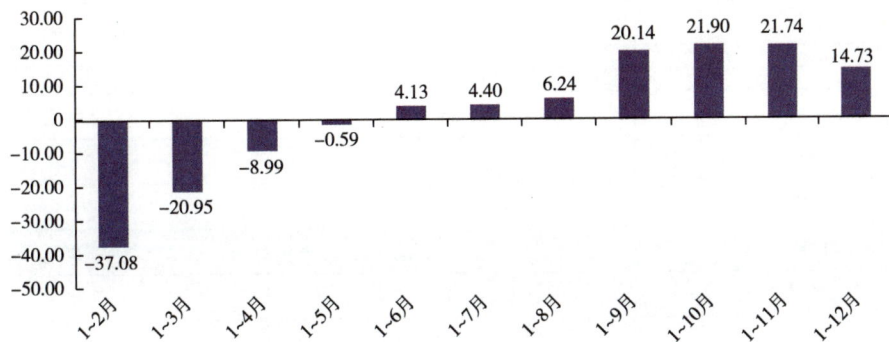

图2　2020年全国规模以上家纺企业利润总额增幅（%）
数据来源：国家统计局

（二）出口市场风云变幻

新冠肺炎疫情在国内外肆意蔓延对家纺行业出口造成影响。据中国海关数据统计，2020年我国家纺产品出口共计372亿美元❶，同比下降6.43%。

从产品的品类看，份额较大的床上用品实现出口额128亿美元，同比下降2.44%；布艺出口额127亿美元，同比下降9.9%，其中出口窗帘及装饰织物制成品保持了正增长，增幅分别为5.23%和2.39%。毛巾和毯子出口额下降幅度较大，分别为13.77%和12.44%。与此同时，地毯和餐厨用纺织品逆势上升。2020年我国出口地毯共计30亿美元，同比增长1.28%。出口餐厨用纺织品26亿美元，同比增长0.26%（图3）。

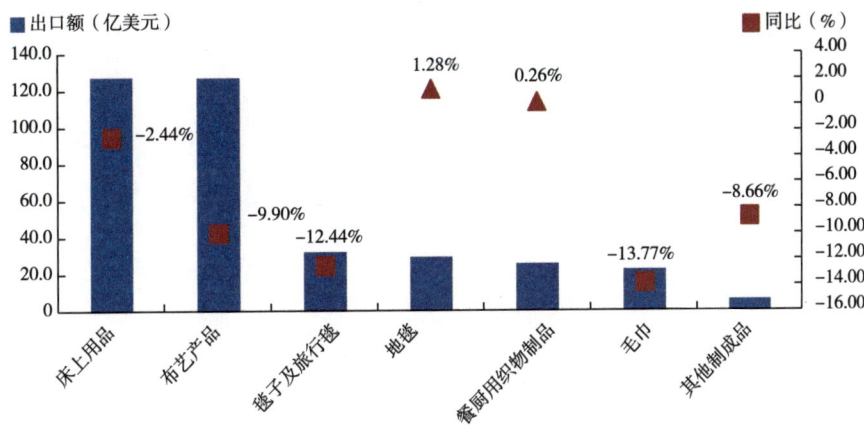

图3　2020年我国出口大类家纺产品份额及同比
数据来源：中国海关

从主要市场看，2020年我国对北美洲和大洋洲出口市场实现正增长，增幅分别为2.11%和8.35%。对亚洲和南美洲出口下降幅度较大，分别为10.70%和12.93%（表1）。

---

❶ 此次家纺产品统计范围增加了6个沙发布税号的产品，价值53.17亿美元；同时去掉了绳边线带相关产品和税号63079000的产品，价值分别约36亿美元和49亿美元。

表1　2020年我国对各大洲家纺出口分布

地区	占比（%）	同比（%）
亚洲	40	-10.70
北美洲	26	2.11
欧洲	18	-6.64
南美洲	8	-12.93
非洲	6	-8.00
大洋洲	3	8.35
合计	100	-6.43

数据来源：中国海关

（三）内销市场运行维稳

2020年，内销市场在相对稳定的营商环境下表现出较好的抗压能力，内销产值下降幅度逐月收窄。据国家统计局数据测算，2020年，全国1796家规模以上家纺企业实现内销产值1310.11亿元，同比下降0.81%。其中规模以上布艺企业内销产值同比逆势增长16.53%。规模以上床品企业同比下降3.92%；规模以上毛巾企业同比下降7.32%（图4、图5）。

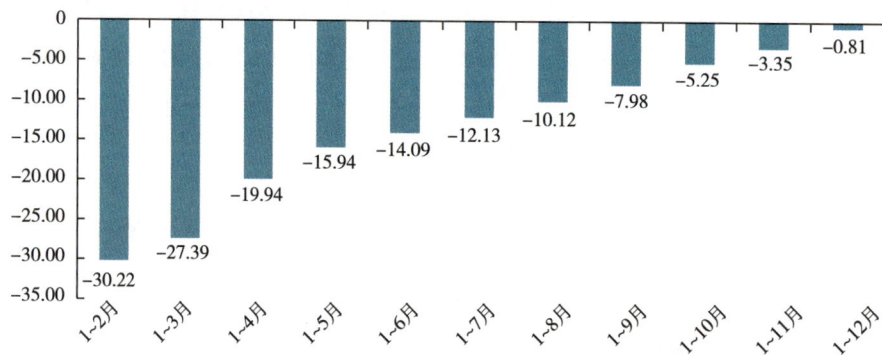

图4　2020年全国规模以上家纺企业内销产值增幅（%）
数据来源：国家统计局

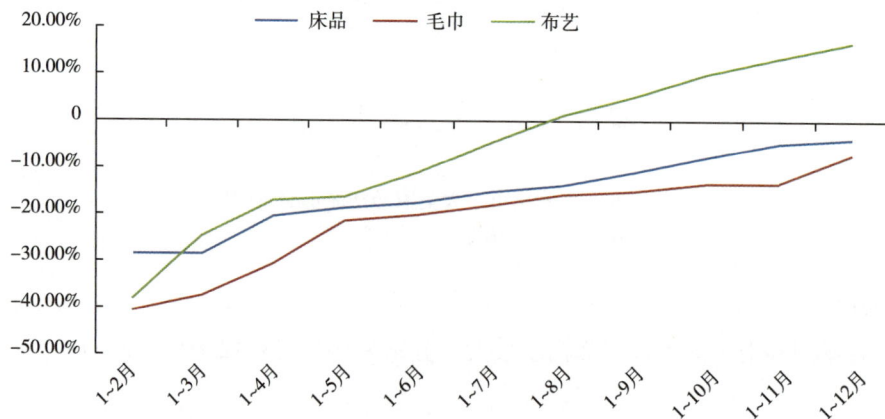

图5　2020年主要子行业规模以上企业内销产值变化趋势
数据来源：国家统计局

（四）行业效益逆势提升

2020年，全国规模以上家纺企业利润总额同比增长14.73%。从全年各月增长走势看，进入4月以后，规模以上企业各月利润总额均保持高速的正增长态势。一方面与疫情后国内外市场对家纺产品的需求暴增有关，我国成为全球首个摆脱疫情困阻的国家，在订单生产完成能力方面具有明显的比较优势，致使这一时期大量国际订单涌入我国。很多外贸家纺企业表示已经满负荷运转，甚至订单已安排至下一年（图6）。

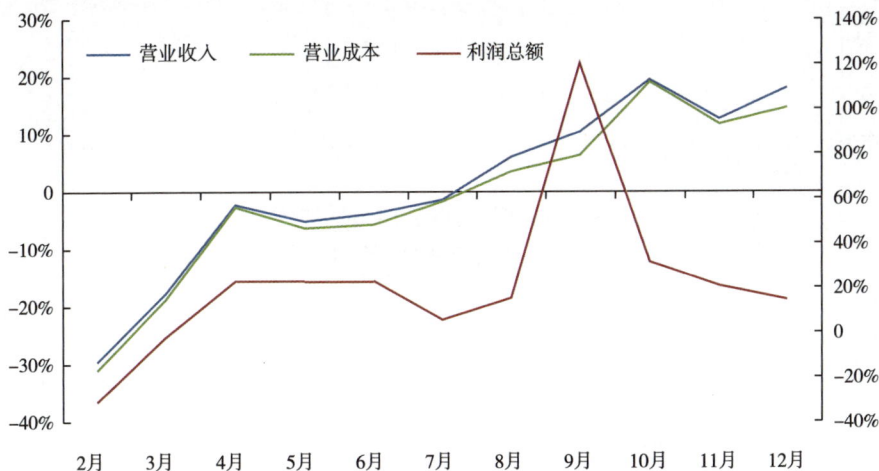

图6   2020年规模以上家纺企业主要经济指标走势
数据来源：国家统计局

另一方面与成本控制有关。2020年家纺产品的主要原材料棉和涤纶的价格处于近年来的历史低位（图7、图8），在很大程度上降低了企业的成本压力。规模以上企业各月营业成本增幅始终保持低于营业收入增幅，为行业利润提供保障。

图7   2020年国内棉花（CCINDEX 3128B）价格走势
数据来源：中国纺织经济信息网

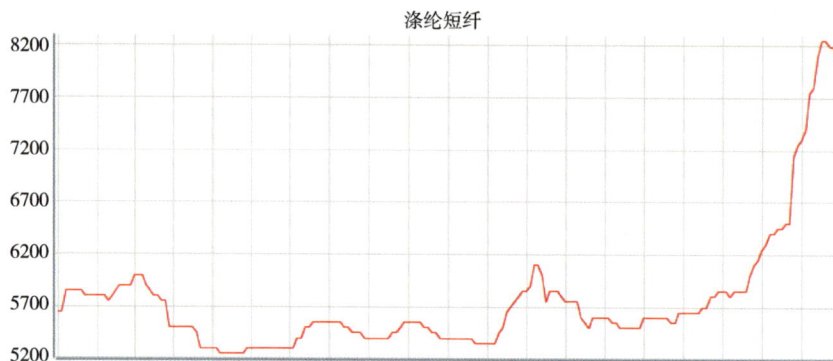

中纤价格指数

涤纶短纤 ▼ 起始日期：2020-1-1 截止日期：2020-12-31 搜索

涤纶短纤

图8 2020年国内涤纶短纤价格走势

数据来源：中国纺织经济信息网

二、行业运行特点

（一）疫情突发 上半年遭受重创

2020年一季度，突如其来的新冠肺炎疫情让家纺行业陷入大面积停工停产。复工之初很多企业又面临订单不足，生产速度明显下降。从国家统计局和中国家纺协会跟踪的样本企业和产业集群数据显示，一季度行业营业收入同比下降近三成（图9）。

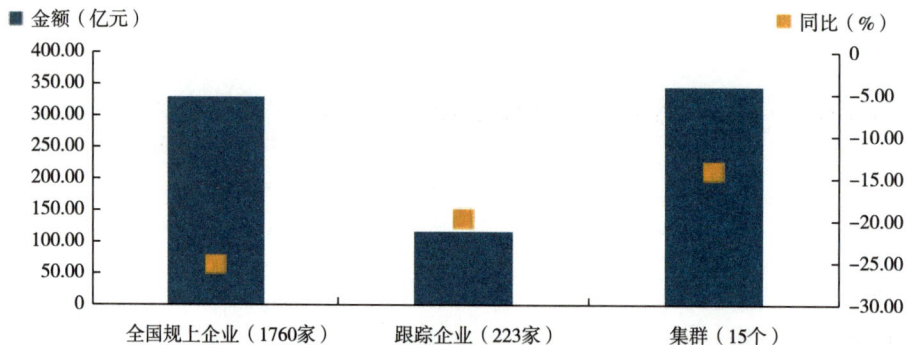

图9 2020年一季度家纺行业主营业务收入情况

数据来源：国家统计局、中国家纺协会

一季度行业内外销市场严重受阻。海外疫情加速蔓延以后，多国进入紧急状态。商业停摆、海关封闭，大量出口订单被延期、取消，出口压力陡增。据中国海关数据显示，一季度我国出口家纺产品同比下降11.07%。毛巾、床上用品及毯子等产品品类出口受困更为严重，下降幅度均超过20%。全球重要的几大出口市场均受到较大程度的影响，尤其是美国市场，一季度出口额同比下降19.70%（图10）。

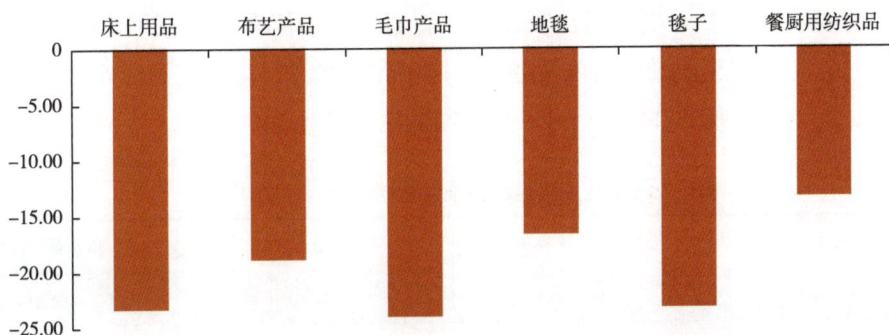

图10　2020年一季度主要家纺产品出口同比增幅（%）
数据来源：中国海关

国内疫情暴发初期，全国实体零售店铺几近关闭状态。进入3月以后，家纺商户随着国内疫情的控制程度逐步恢复营业，复工率达90%以上，但经营状况普遍不佳，大部分商户营业额不足上年同期的一半。据国家统计局数据测算，一季度家纺规上企业内销产值同比下降27.39%。客流不足、流动资金缺乏、产品库存滞销、人员工资等固定成本多重压力困扰着国内家纺经销商及商户（图11）。

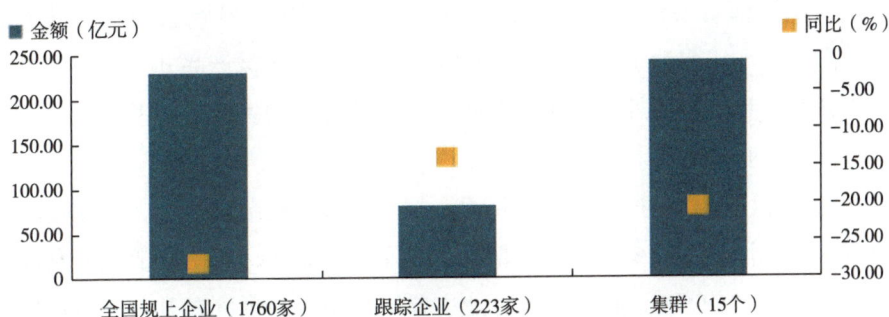

图11　2020年一季度家纺行业内销产值情况
数据来源：国家统计局、中国家纺协会

进入二季度以后，国内疫情的有效控制为家纺行业全面复工运转提供了有力保障。内销市场恢复较为明显，二季度规模以上企业内销产值恢复至2019年同期水平（图12）。

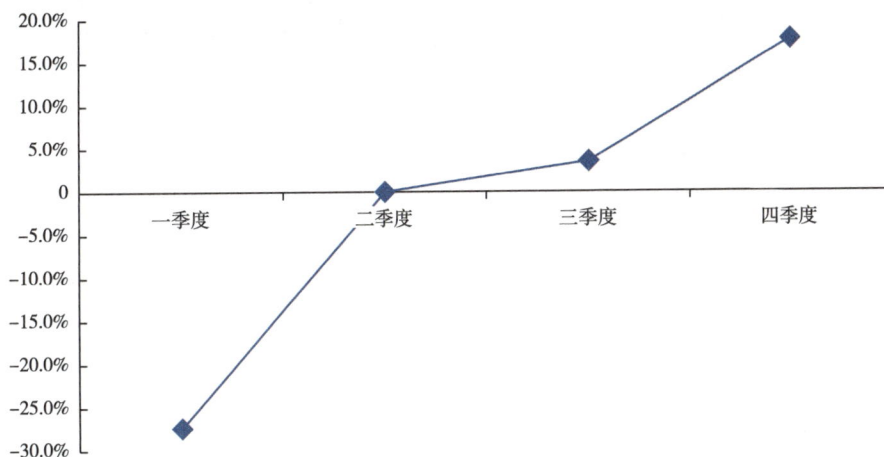

图12　2020年各季度家纺规模以上企业内销产值情况
数据来源：国家统计局

但海外市场在进入二季度以后出现剧变。新冠肺炎疫情在全球范围内蔓延，海外市场停摆。我国外贸企业刚刚摆脱国内疫情导致的停工停产状态，却又遭到海外市场停滞带来的"退单"潮。上半年行业出口异常严峻，出口额同比下降21.14%（表2）。

表2 2020年上半年我国主要家纺出口市场同比增幅

国家和地区	数量同比（%）	金额同比（%）	单价同比（%）
全球	−19.41	−21.14	−2.14
美国	−17.39	−21.17	−4.57
欧盟	−18.16	−21.46	−4.02
日本	−2.30	−7.59	−5.41
东盟	−12.43	−13.38	−1.08

数据来源：中国海关

（二）危中窥机 下半年逆势突围

由于长期居家，消费者对家居用品的更换速度变得更快，导致家纺产品需求量也同步扩大。同时，由于上半年取消了许多订单，欧美等国家的家纺类产品几乎变成"零库存"状态。从下半年开始，我国家纺外贸订单纷至沓来，主营外贸的家纺企业基本满负荷运转，有些专做内贸的企业也加入外贸生产中。

三季度家纺行业已经彻底扭转负增长局面，据国家统计局数据显示，三季度全国规模以上家纺企业营业收入同比增长5.28%。行业效益实现大幅提升，规模以上企业利润总额同比增长45.68%，利润率达5.99%。而四季度行业主要经济指标则再度攀升，充分展示行业活力及抗压实力（图13）。

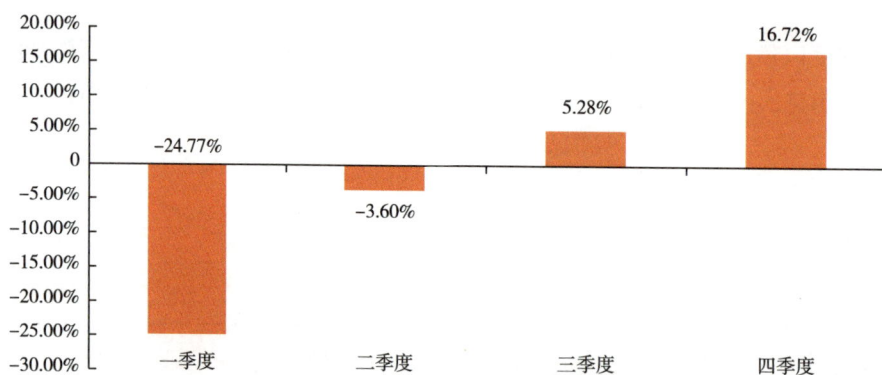

图13 2020年家纺规模以上企业各季度营业收入增速
数据来源：国家统计局

（三）市场波动 小企业压力较大

在极具市场波动的2020年，规模以上企业的抗压能力相对较好，而给小微企业带来的震荡较大。中国家纺协会跟踪的样本企业中，规模以下企业主营业务收入较上年下降50.31%；利润总额较上年大幅下降98.59%。跟踪的14个家纺产业集群中，2.6万个规模以下企业的工业总产值同比下降7.2%，低于集群整体水平。疫情等外部环境的诸多不稳定因素对家纺小微企业带来较为严重的影响。

（四）先抑后扬 子行业逐步回升

1. 床上用品

全年床上用品行业呈现稳步回升态势。规模以上企业营业收入降幅逐步收窄。据国家统计局数据显示，2020年全国973家规模以上床品企业实现营业收入970.22亿元，同比下降2.68%。实现利润总额38.92亿元，同比下降1.00%；利润率为4.31%。协会跟踪的122家床品样本企业主营业务收入同比下降5.49%；利润总额同比下降4.66%，利润率为7.32%（图14）。

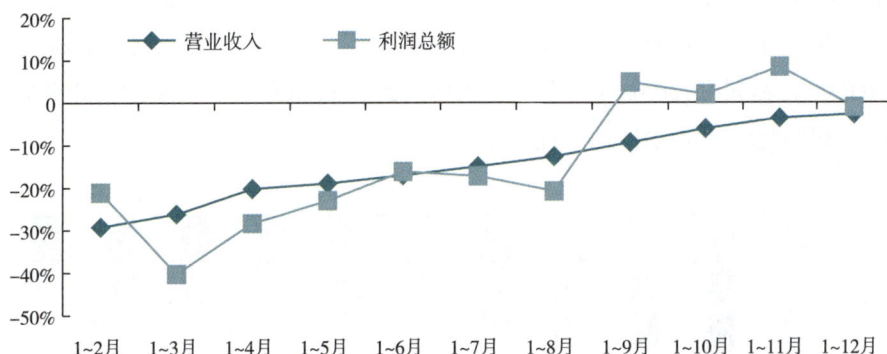

图14　2020年全国规模以上床上用品企业营业收入与利润总额变化趋势
数据来源：国家统计局

行业资金流动性较好。二季度以后，规模以上床上用品企业流动资产增幅回正，并呈现逐步增长态势；下半年行业应收账款同比增幅较2019年大幅提升，尤其是进入四季度以后，累计应收账款同比增幅均超过12%。行业运行质效较好，规上企业利润总额总体呈稳步回升态势，至四季度，规上企业利润总额恢复正增长（图15、图16）。

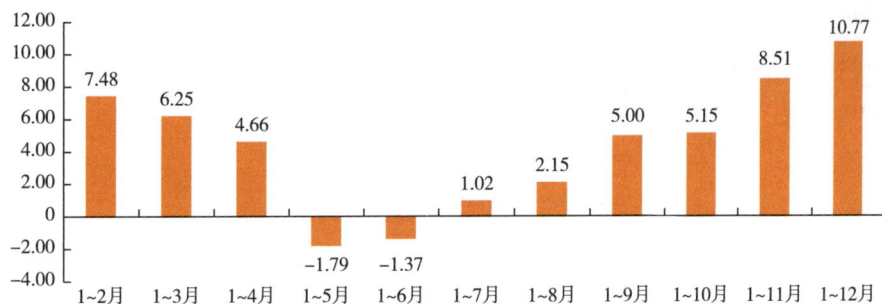

图15　2020年全国规模以上床上用品企业流动资产增幅（%）
数据来源：国家统计局

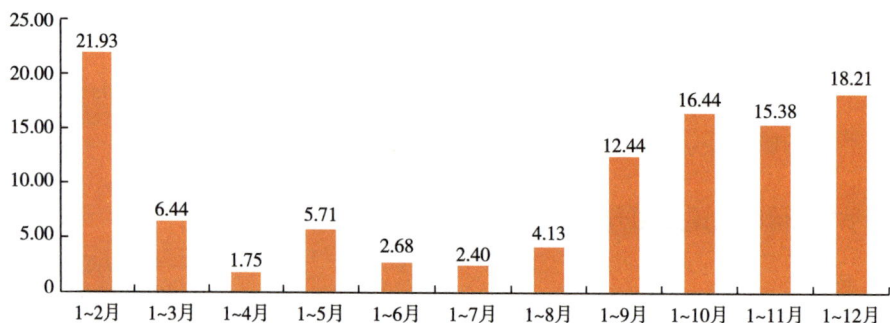

图16　2020年全国规模以上床上用品企业应收账款增幅（%）
数据来源：国家统计局

2. 毛巾

2020年，毛巾行业在抵御应对多种外部变化过程中不断适时做出调整，从而保障行业整体运行的稳步恢复。规模以上企业营业收入降幅逐渐收窄，利润率较上年略有提高。全国214家规模以上毛巾企业实现营业收入305.04亿元，同比下降8.35%；实现利润总额20.21亿元，同比下降10.03%；利润率为6.63%。中国家纺协会跟踪的28家毛巾企业主营业务收入同比下降18.34%；利润率为6.67%（图17、图18）。

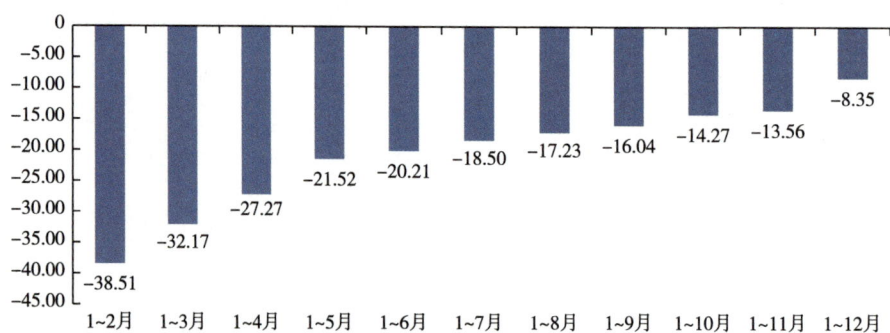

图17　2020年全国规模以上毛巾企业营业收入增幅（%）
数据来源：国家统计局

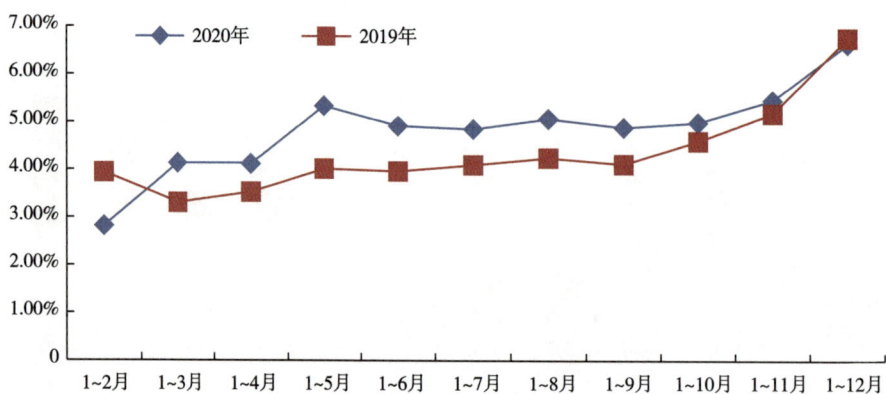

图18　2020年全国规模以上毛巾企业利润率变化趋势
数据来源：国家统计局

3. 布艺

布艺行业在2020年的恢复程度要好于家纺行业平均水平。三季度后，规模以上布艺企业的营业收入已基本恢复至正增长，且增长幅度逐月攀升。国家统计局统计的274家规模以上布艺企业实现营业收入257.82亿元，同比增长11.04%（图19）。

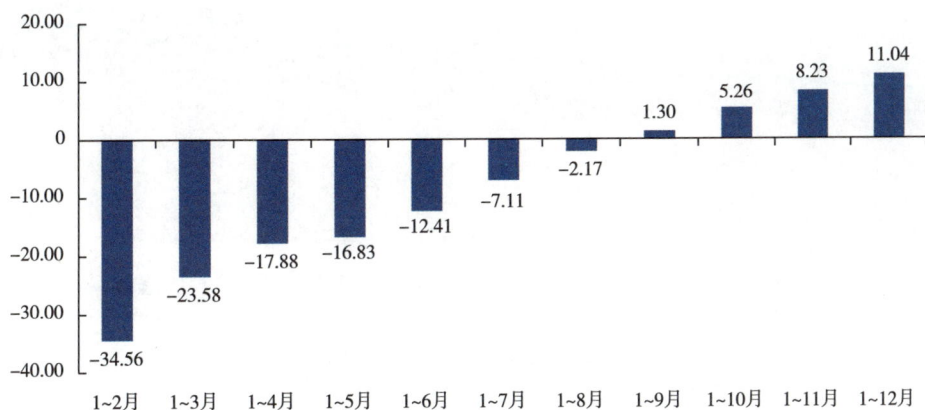

图19　2020年全国规模以上布艺企业营业收入增幅（%）
数据来源：国家统计局

受益于海外市场对窗帘等装饰布艺产品的需求暴涨，以及布艺主要原料涤纶短纤、涤纶长丝（POY）的价格在2020年相对较低（图20），布艺行业效益实现快速增长，下半年规上企业利润总额增速回正且涨势良好，利润率较上年同期大幅提升，全年实现利润总额21.02亿元，同比增长42.74%；利润率为8.15%（图21）。

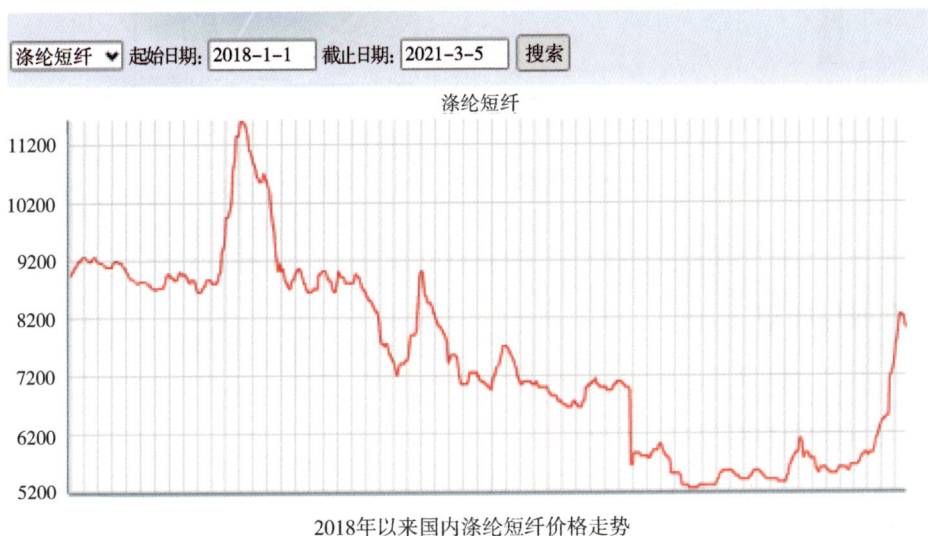

2018年以来国内涤纶短纤价格走势

图20

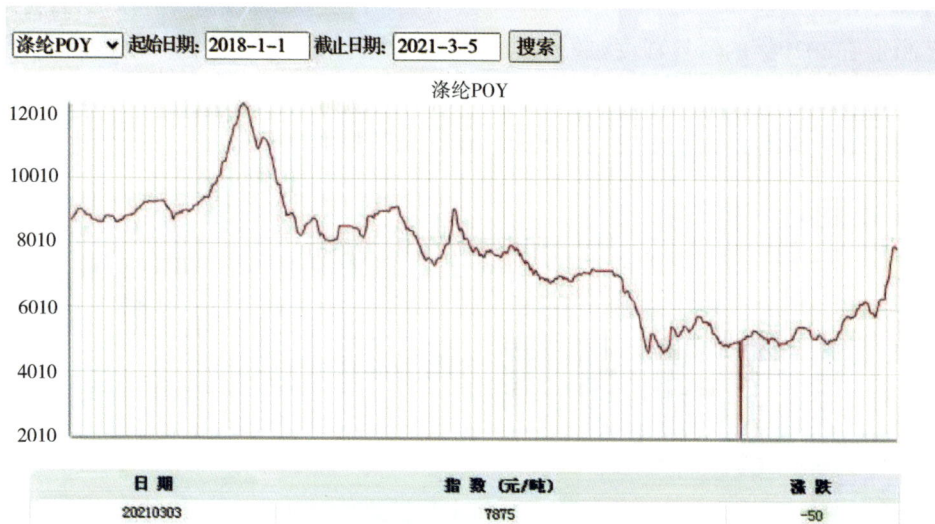

| 涤纶POY ∨ | 起始日期: 2018-1-1 | 截止日期: 2021-3-5 | 搜索 |

涤纶POY

日 期	指 数 (元/吨)	涨 跌
20210303	7875	-50

2018年以来国内涤纶POY价格走势

图20 中纤价格指数

数据来源：中国纺织经济信息网

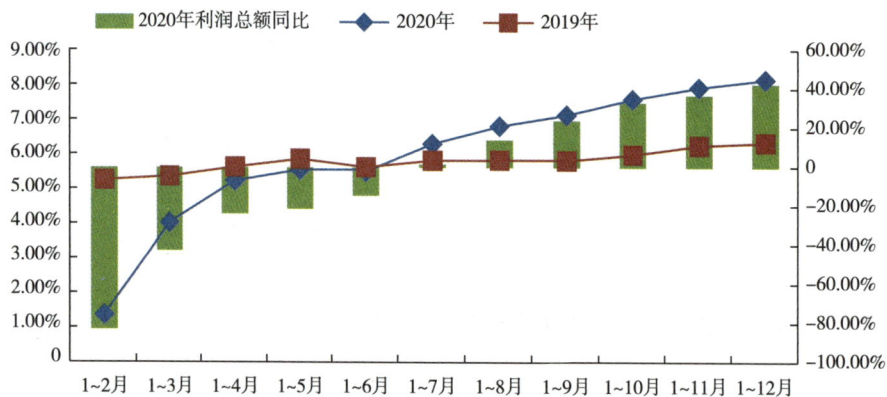

图21 2020年全国规模以上布艺企业利润率变化走势

数据来源：国家统计局

三、行业发展与展望

（一）应急标准为健康保驾护航

　　突如其来的疫情让消费者的防护意识不断增强，从而对安全、防护类的健康产品越来越关注。2020年，为落实国务院《深化标准化工作改革方案》，建立家纺市场标准体系，推动新型标准体系建立，加快推进家纺新型标准化体系建设和高质量发展战略实施，家纺行业在疫情暴发后紧急响应，以酒店家纺产品和功能性家纺产品为突破口，应运而生推出了《旅游饭店用纺织品健康使用指南　床上用品、毛巾、窗帘》系列标准、《餐饮用湿毛巾/湿巾》《旅游饭店用一次性床上用品》《益生菌防菌抗螨家用纺织品》《防水防油防污家具用纺织品》《精品涤纶长丝绣花线》《旅游饭店用纺织品　使用流转环节追溯规程》等多个团体标准，将大健康理念与新消费趋势有机整合，为家纺行业健康良性发展保驾护航。

（二）电商直播与数字化转型跃升

2020年，受新冠肺炎疫情影响，云办公、线上经营、线上教育、智能化制造、无接触生产等数字化时代新产品脱颖而出，取得了爆发式增长。数字化全面加速发展，深刻改变了人们的生产生活方式。疫情期间，针对线下门店鲜有顾客的情况，部分床品、毛巾商户利用电商、直播、小程序等新模式对客户进行引流，加大线上推广和销售，运用新的经营模式改变实体店"等客上门"的状态，采取多种措施最大限度地减少疫情带来的损失。

电子商务增强了企业自身的抗风险能力。2020年下半年，家纺行业线下渠道逐步恢复，线上"生意"则呈"爆发"之势。网络直播带货逐渐成为救活市场、推动产业链复工复产最行之有效的途径之一。各家纺产业集群和企业在当地政府的支持下，大力开拓数字电商新模式，助力行业转型升级。川姜镇以电商直播对接产业链，积极探索"网络达人＋直播"的新型销售模式；叠石桥国际家纺产业园区通过举办直播月系列活动，推动产业链条良性周转运营；高阳县政府与阿里巴巴旗下1688联合举办线上"'纺'遍全球　中国·高阳毛巾节"活动，采用线上营销，通过直播等方式推广销售高阳毛巾产品。2020上海秋冬家纺展的"Z世代@玩家家"网红直播活动展现了线下展览会与线上直播带来的全新视角。

（三）功能性家纺产品崛起

2020年，受新冠肺炎疫情影响，消费者更加考虑卫生、防护、健康、安全、绿色环保等问题，同时更关注具有健康、环保特性的产品。具有抗菌功能的家纺产品因此颇受青睐。

家纺上市公司重点开展了拥有抗菌功能的健康产品研发。"罗莱生活"不断推进超柔科技体系的打造，基于消费者健康、安全的使用需求，聚焦"抗菌"面料，研发"抗菌科技"主题系列产品。"水星家纺"联合高校，以纤维新材料和助剂材料的研发为重点，以开发健康、舒适、生态家纺产品为基本方向，重点开展抗菌、防螨、智能家纺等项目的技术研发和科技攻关。"梦百合"与科研院所及学科带头人开展"零压床垫缓压释压优势"的深入研究，联合"小米运动""春雨医生"基于大数据深度洞察，发布《中国典型职业人群睡眠指数报告》，打造专业睡眠产品。针对疫情带来的消费需求变化，企业加大功能性产品的研发力度。"金太阳"家纺除推出抗菌家纺产品外，还陆续推出了凉感、丝蛋白、玻尿酸、负离子、防蚊、防螨、升温、美颜等功能性产品。"华纺"近年来在健康方面，从纤维到后整理都有系列化的产品开发，如银离子系列、石墨烯系列、艾草系列，以及抗病毒、防螨、抗菌系列等。在舒适方面，云柔棉、冰凉纤维、温控纤维已经取得较好的市场反馈；在环保方面，推出了有机棉系列、回收棉系列、回收涤纶系列等。成都"晓梦"开发了轻草本枕芯、被芯系列产品，解决颈椎和睡眠问题。伴随消费升级，崛起的新中产更愿意为美好生活、品质生活买单，功能性家纺产品是在原有产品的基础上换维升级，不仅满足了不同消费者的个性化需求，也为家纺成品企业提供了差异化产品升级方案，是符合大趋势的新蓝海。

结语

　　2020年是"十三五"规划的收官之年，在百年未有之大变局的历史节点，家纺行业勇于面对诸多机遇与挑战，积极应对外部风险，适时调整产业结构，凝心聚力，行业运行稳步推进。"十四五"时期，我国经济社会发展还将面临一系列风险与挑战，有许多难题需要破解，有许多宏伟目标等待实现。家纺产业作为与人民生活息息相关的重要产业，在"后疫情时代"如何将传统优势进一步转化为市场竞争力和抗风险能力，助推产业高质量发展，是这一时期的重点任务及发展目标。家纺行业在"十四五"时期要继续深化转型升级，建立更加优质高效、自主可控的产业链、供应链体系。抓住机遇，应对挑战。在国内大循环为主体，国际国内双循环相互促进的新发展格局下，立足科技与研发，做强时尚家纺产业；发展共享经济，建设新型产业集群；优化终端与服务，拓宽产业发展空间；与时俱进，开创国际化发展新局面，保持行业经济运行的稳定健康发展。

撰稿人：王冉

国际动态

2019年全球家用纺织品进出口贸易综述

中国家用纺织品行业协会产业部

2019年是中美两国贸易摩擦激烈的一年，纺织品贸易是中美贸易的重要构成部分。本文在持续跟踪联合国商贸统计数据库❶按全球税则号HS编码对全球家用纺织品出口贸易规模和结构研究及分析的基础上，还着重对家用纺织品美国、欧盟和日本三大进口市场的市场结构与分布进行了梳理和分析。文中提到的家用纺织品专指制成品，包含床上用品、地毯、毛巾、毯子、窗帘、装饰织物制成品、刺绣类装饰品及厨卫用纺织品等八大类产品，以及擦布和手帕等份额较小品类的产品。

一、2019年全球家用纺织品出口贸易格局

纵观近年来全球家用纺织品出口贸易走势，2015年、2016年处于低位，2017年和2018年实现较好回升。2019年，由于受中美贸易摩擦影响，全球家用纺织品出口贸易同比下降0.3%，实现贸易额734.15亿美元（图1）。

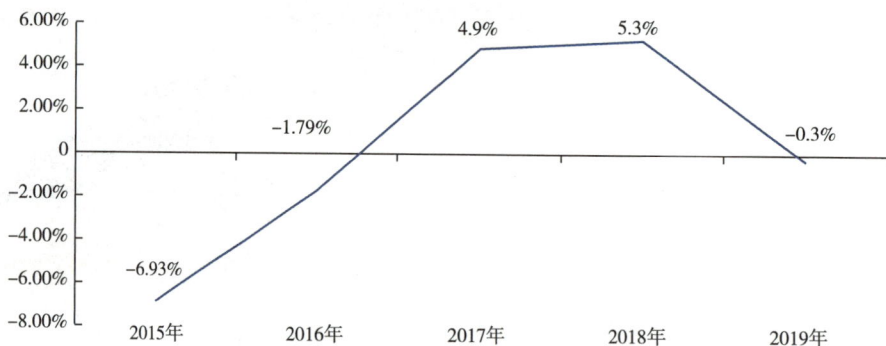

图1 2015~2019年全球家纺出口贸易趋势

资料来源：联合国商贸统计数据库UNcomtrade

---

❶ 联合国商贸统计数据库（http：//comtrade.un.org）由联合国统计署创建，是全球最大且最具权威性的国际商品贸易数据库。涵盖了全球99%的商品交易数据。

（一）主要出口国家和地区分布

从全球主要出口国家和地区分布情况看，排名前十位的国家和地区出口额占比达92%。中国、欧盟、印度、土耳其、巴基斯坦和美国等是全球最主要的家用纺织品出口国家和地区。2019年，中国、印度、土耳其、越南和墨西哥等国整体实现正增长，而欧盟、巴基斯坦和美国等主要出口国家和地区同比有所下降（图2、图3）。

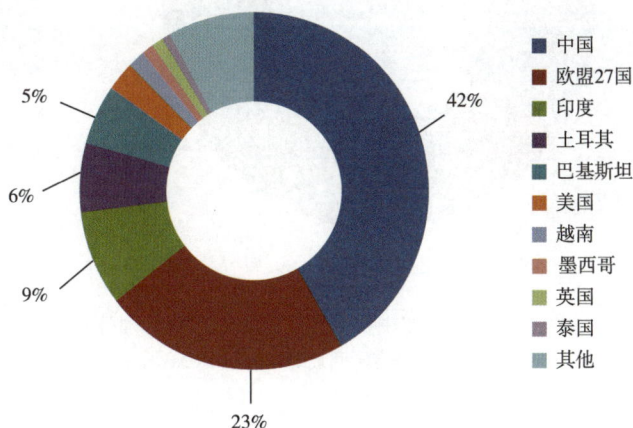

图2　2019年全球家用纺织品主要出口国家和地区分布
资料来源：联合国商贸统计数据库UNcomtrade

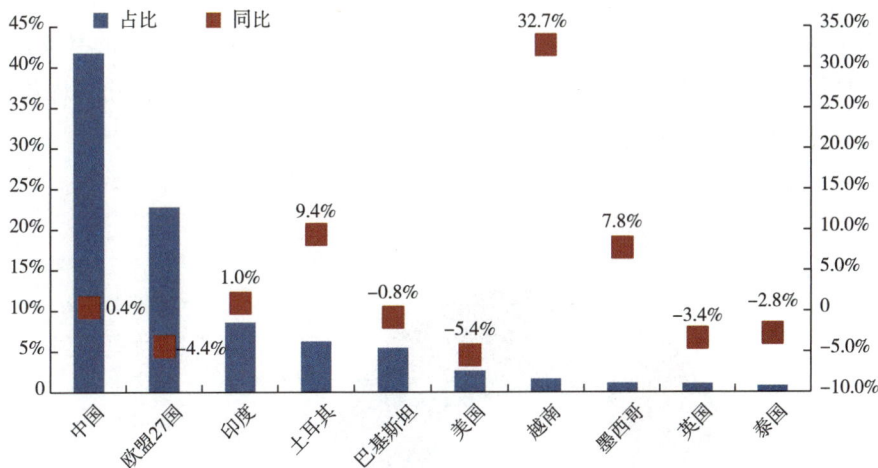

图3　2019年全球主要国家和地区家用纺织品出口占比及同比增幅
资料来源：联合国商贸统计数据库UNcomtrade

中国是全球最大的家用纺织品出口国，占全球总量的42%。2019年出口家用纺织品共计306.6亿美元，同比略增0.4%。欧盟是全球第二大家用纺织品出口地区，其中德国、比利时、荷兰及波兰是最主要的家用纺织品出口国，四个国家的出口额超过了欧盟出口总额的一半。2019年欧盟成员国出口家用纺织品普遍下降，总体同比下降4.4%（图4）。

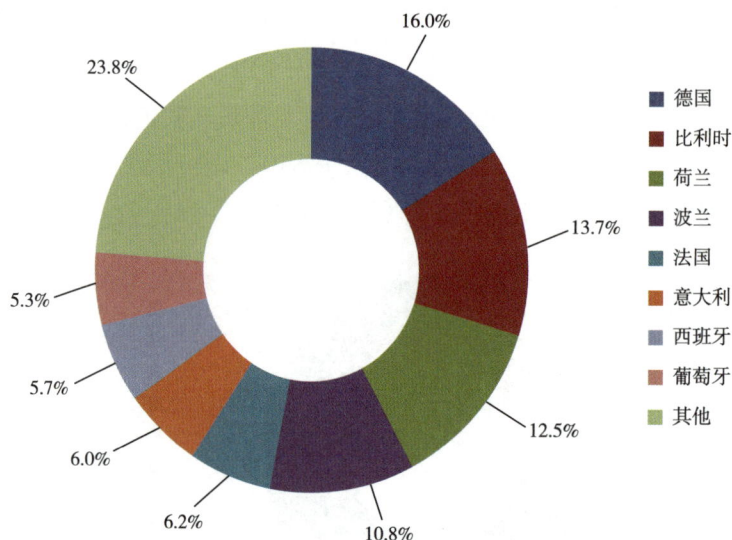

图4 2019年欧盟主要家用纺织品出口成员国分布
资料来源：联合国商贸统计数据库UNcomtrade

值得关注的是，越南在2019年的家用纺织品出口额实现大幅增长，增幅为32.7%，实现出口额共计12.0亿美元，占全球家用纺织品出口份额的2%，份额较上年也有所扩大。

（二）全球家用纺织品出口产品构成

全球最主要的家用纺织品出口品类中，床上用品份额最大，占总量的40%；其次为地毯，份额占总量的21%。毛巾、窗帘和毯子的占比份额在10%上下；而装饰织物制成品、刺绣装饰品及厨卫用纺织品所占比例较小，不足5%（图5）。

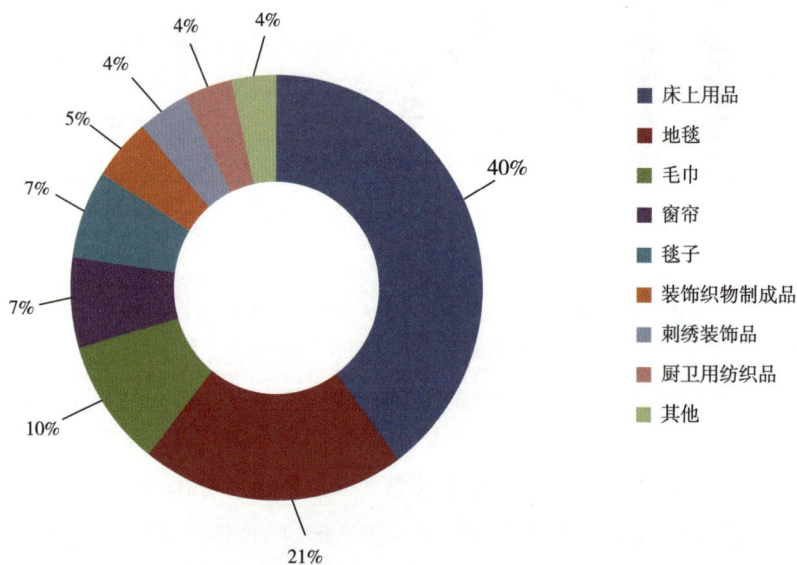

图5 2019年全球主要家用纺织品出口比重
资料来源：联合国商贸统计数据库UNcomtrade

从出口额增长情况看，床上用品、窗帘、毯子、厨卫用纺织品及擦布等大类产品2019年出口额保持了正增长。尤其是窗帘和厨卫用纺织品同比增幅较大，分别为3.8%和2.7%。地毯、毛巾装饰织物制成品、刺绣装饰品及手帕等品类出口额则呈现不同程度的下降，尤其毛巾及手帕等品类下降幅度较大，降幅分别为6.8%和7.6%。下文将着重分析以上八个品类的家用纺织品2019年出口贸易情况（图6）。

图6　2019年全球主要家用纺织品出口额及同比增幅
资料来源：联合国商贸统计数据库UNcomtrade

1. 床上用品

2019年，全球出口床上用品共计292.7亿美元，同比增长2.0%。主要出口国家中，中国出口占45%，稳居首位，同比增长2.4%；巴基斯坦、印度及德国等主要出口国家也均保持稳定增长。值得关注的是，土耳其和越南2019年床上用品出口大幅增长，分别为19.1%和48.3%（图7）。

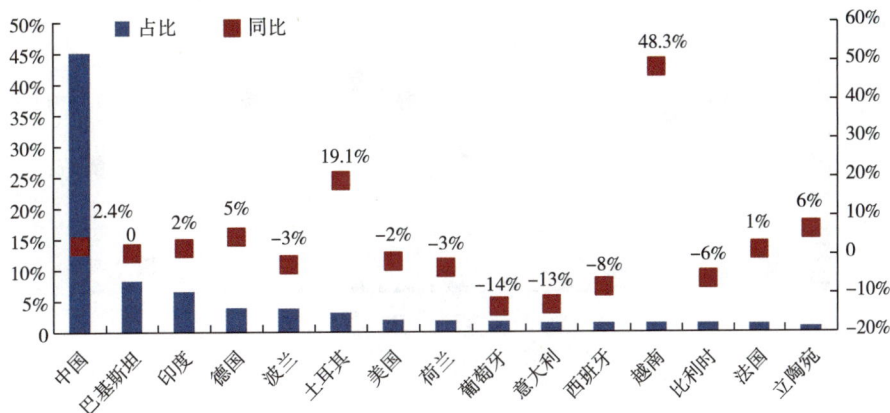

图7　2019年全球前十五个国家和地区床上用品出口额及同比增幅
资料来源：联合国商贸统计数据库UNcomtrade

2. 地毯

地毯是占全球家纺出口份额的第二大品类，2019年实现贸易额152.9亿美元，同比下降2.1%。主要四大出口国中国、土耳其、印度和比利时占全球总量的六成。2019年，土耳其地毯出口逆势出现大幅增长，同比增长12.8%，在全球的市场份额扩大了3个百分点。其他主要国家出口额均呈现不同程度的下降趋势，其中中国同比下降1.9%，占全球地毯出口总额的19%。在全球地毯出口国排名前十五位的国家中，越南增长速度最为明显，出口额是上年的1.19倍（图8）。

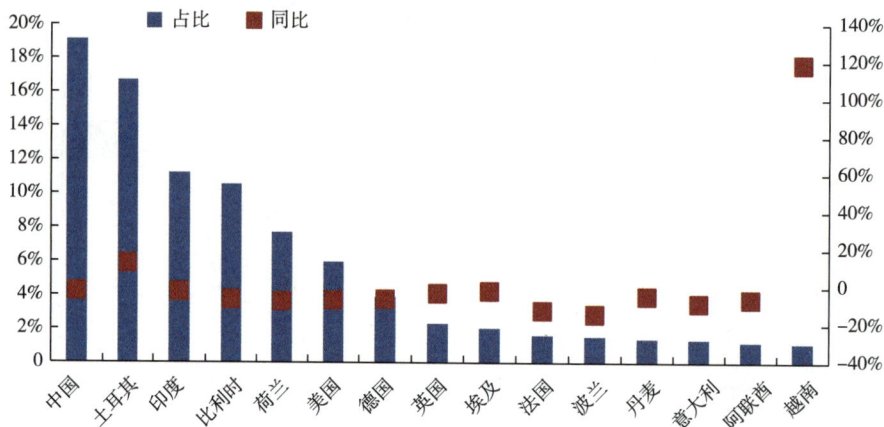

图8　2019年全球前十五个国家和地区地毯出口额及同比增幅
资料来源：联合国商贸统计数据库UNcomtrade

3. 毛巾

2019年，全球出口毛巾共计70.9亿美元，较上年下降6.7%。中国作为最大的毛巾出口国，2019年实现出口额27.5亿美元，较上年下降13.7%，占全球市场份额的39%。而印度和巴基斯坦则实现较好增长。2019年，印度实现出口额11.0亿美元，同比增长2.8%，占比份额较上年扩大了2个百分点。巴基斯坦实现出口额7.9亿美元，占全球贸易总额的11%，份额较上年扩大1个百分点（图9）。

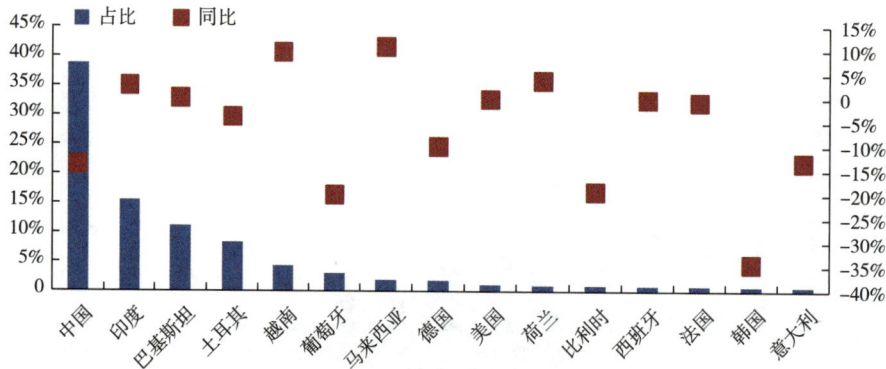

图9　2019年全球前十五个国家和地区毛巾出口额及同比增幅
资料来源：联合国商贸统计数据库UNcomtrade

4. 窗帘

2019年，全球窗帘出口共计50.3亿美元，较上年增长3.8%。中国是全球最大的窗帘出口国，占全球市场份额的51%。2019年，中国窗帘出口实现较好增长，增幅为4.2%，高于全球平均水平。全球窗帘出口排名前十五位的国家出口额占到总量的89%，其中增长最快的是越南，同比增长22.6%。另外出口排名第四和第五位的波兰和土耳其也实现较好增长，增幅分别为10.3%和15.7%（图10）。

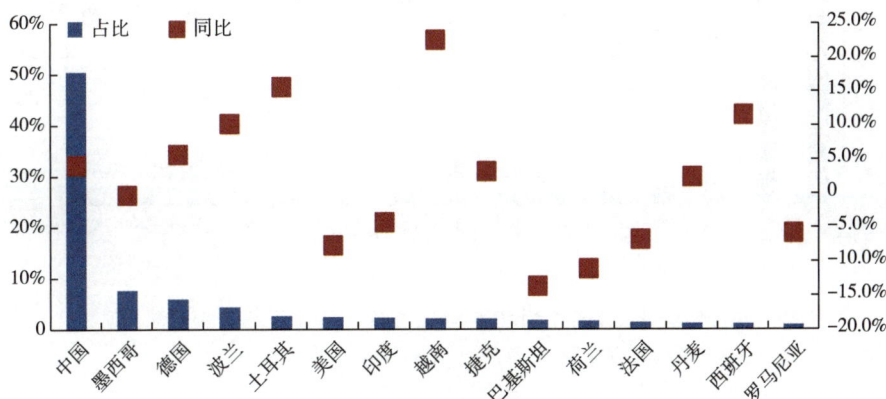

图10　2019年全球前十五个国家和地区窗帘出口额及同比增幅
资料来源：联合国商贸统计数据库UNcomtrade

5.毯子

2019年，全球出口毯子49.4亿美元，同比增长1.7%。中国是全球最大的毯子出口国，占全球市场份额的75%。2019年，中国毯子实现出口额37.1亿美元，较上年增长1.3%，增长态势良好。全球前十五个出口国家和地区中，斯洛伐克是主要毯子出口国家中增长速度最快的，2019年出口额为8877.5万美元，是上年的1.67倍。成为全球排名第三位的毯子出口国（图11）。

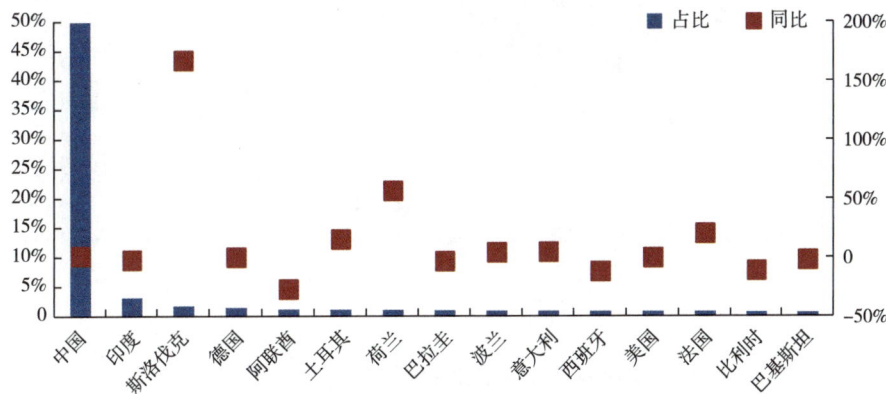

图11　2019年全球前十五个国家和地区毯子出口额及同比增幅
资料来源：联合国商贸统计数据库UNcomtrade

6.装饰织物制成品

2019年，全球出口装饰织物制成品共计34.2亿美元，较上年下降5.2%。中国出口装饰织物制成品14.9亿美元，同比下降2.0%，占全球市场份额的44%，较上年扩大2个百分点。第二大出口国为印度，2019年实现出口额8.3亿美元，同比1.4%。占全球市场份额的24%，较上年扩大1个百分点。全球排名前十五个出口国家和地区中，越南和丹麦增长较迅速，分别增长28%和21%；而罗马尼亚下降幅度最大，降幅达66%（图12）。

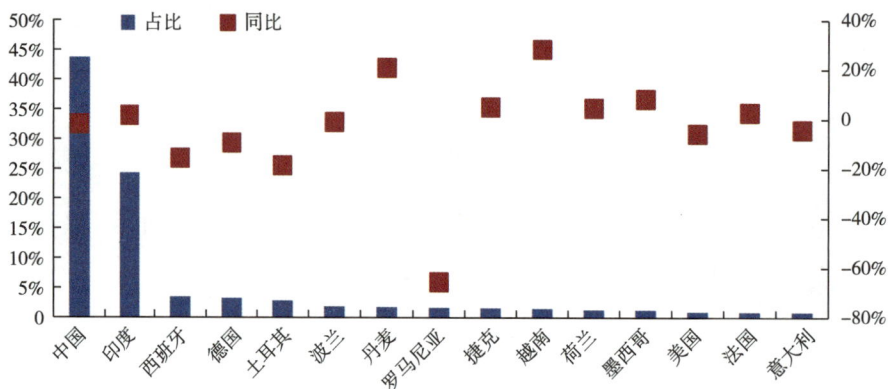

图12　2019年全球前十五个国家和地区装饰织物制成品出口额及同比增幅

资料来源：联合国商贸统计数据库UNcomtrade

7. 刺绣装饰品

2019年，出口刺绣装饰品共计29.9亿美元，同比下降1.9%。中国是全球最大的刺绣装饰品出口国，2019年出口刺绣装饰品共计13.2亿美元，同比增长2.3%，出口额占全球市场总额的44%，且较上年扩大2个百分点。印度2019年出口刺绣装饰品2.7亿美元，同比增长6.9%，是全球第二大出口国，占总量的9%，市场份额较上年扩大1个百分点。全球出口前十五个国家和地区出口额占总量的85%。其中法国出口额同比增长10%，增幅最大；排名第三位的土耳其也实现了较好增长，增幅为7%（图13）。

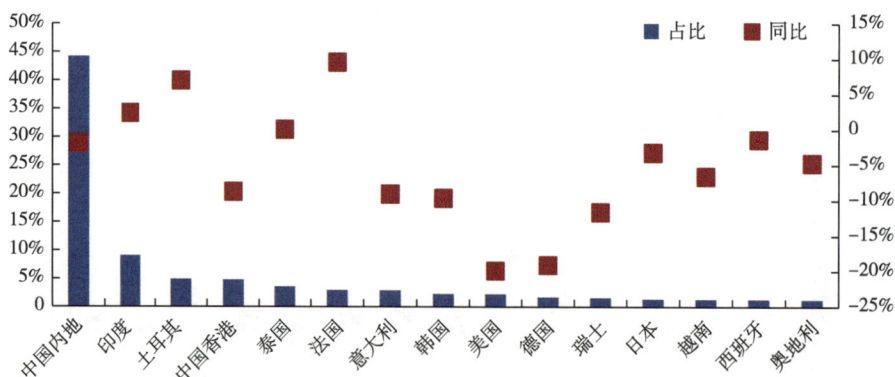

图13　2019年全球前十五个国家和地区刺绣装饰品出口额及同比增幅

资料来源：联合国商贸统计数据库UNcomtrade

8. 厨卫用纺织品

厨卫用纺织品2019年出口额共计27.7亿美元，同比增长2.8%。中国是全球最大的出口国，占比份额超过一半。2019年，中国实现厨卫用纺织品出口额14.6亿美元，同比大幅增长9.1%，占全球出口额的53%，较上年扩大3个百分点。全球前十五个主要出口国家和地区中，位列第二和第三位的巴基斯坦和印度实现了较好增长，尤其是印度，同比大幅增长16.7%，实现出口额1.4亿美元。此外，法国和荷兰也实现了正增长，增幅分别为10%和24%。而土耳其、西班牙、埃及和比利时等出口额则下降幅度较大，尤其是比利时，同比下降40%（图14）。

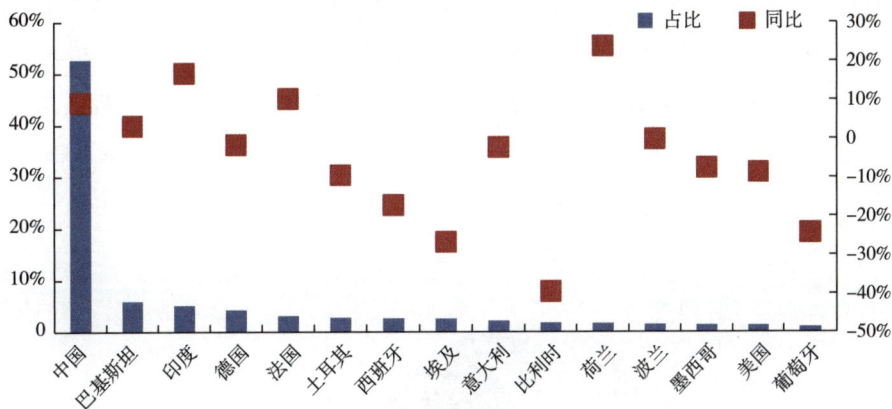

图14 2019年全球前十五个国家和地区厨卫用纺织品出口额及同比增幅
资料来源：联合国商贸统计数据库UNcomtrade

二、全球三大家用纺织品进口市场综述

美国、欧盟和日本是全球最主要的三大传统家用纺织品进口市场，产品主要来自中国、印度、巴基斯坦、土耳其等主要的纺织品出口大国，以及具有地缘优势和纺织基础的周边国家。下面将具体分析梳理三大市场的构成分布。

（一）美国——全球最大的家用纺织品进口市场

美国拥有全球最大的家用纺织品进口市场。2019年进口家用纺织品共计168.9亿美元。从进口产品的结构分布来看，床上用品、地毯、毛巾是美国主要的进口产品。其中最主要的是床上用品，进口额占总量的比重超过四成；其次为地毯，占比接近该国家用纺织品进口总额的两成；毛巾、毯子及窗帘产品进口额接近总额的10%左右。装饰和刺绣类纺织品、厨卫用纺织品及手帕等进口比重相对较小，占比份额不足5%（图15）。

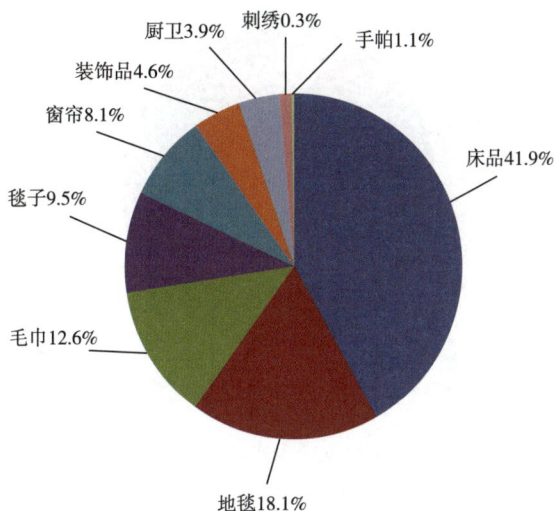

图15 2019年美国进口家用纺织品分布
资料来源：联合国商贸统计数据库UNcomtrade

从美国家用纺织品市场的进口来源看，中国是最大的进口来源国，占进口市场的一半。2019年美国从中国进口家用纺织品共计84亿美元。印度是美国第二大家用纺织品进口来源国，占总量的21%。此外相对较大的进口来源地有巴基斯坦、土耳其、墨西哥及欧盟等。下面将重点介绍美国市场主要进口来源——中国、印度、巴基斯坦及土耳其的产品分布情况（图16）。

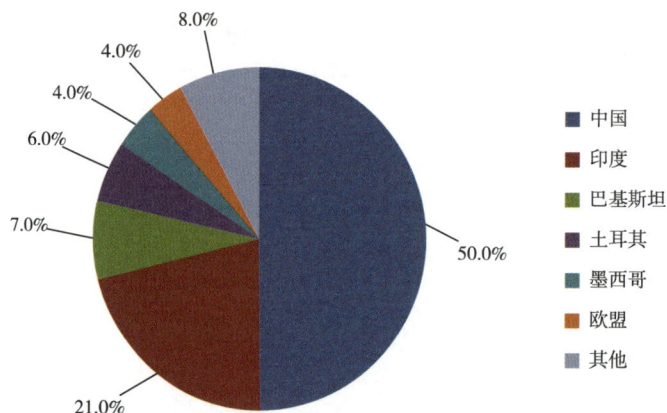

图16　2019年美国主要家用纺织品进口国比重
资料来源：联合国商贸统计数据库UNcomtrade

1. 贸易摩擦使中国部分品类受影响

2019年，美国从中国进口的家用纺织品中，床上用品的市场份额占到一半，且占比份额较上年略有扩大，金额同比上年增长1%。第二为毯子，2019年占该国进口家用纺织品总额的16%，份额较上年扩大3个百分点，金额同比增长24%。2019年美国从中国进口窗帘占进口总额的10%左右，份额与上年基本持平（图17）。

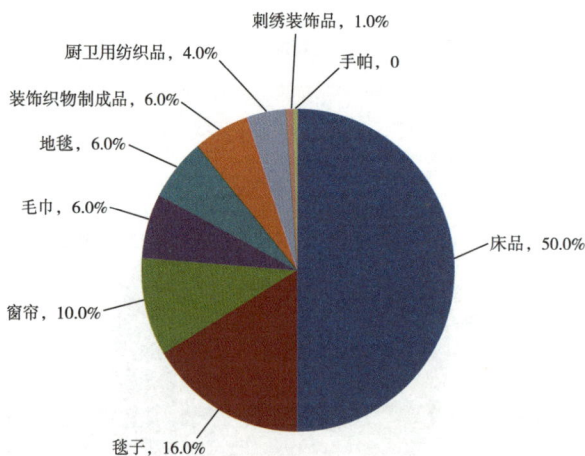

图17　2019年美国从中国进口的家用纺织品分布
资料来源：联合国商贸统计数据库UNcomtrade

毛巾、地毯和装饰织物制成品占比为6%左右。2019年中美贸易摩擦，美国对来自中国的地毯和毛巾及装饰织物等产品由于占该国进口份额相对较小，可替代性较强，而加征10%~25%的关税，对中国该类产品的出口造成很大影响。这三类产品的进口额较上年均有不同程度的下降。尤其是地毯，影响最为严重，2019年进口额同比下降33%，下降幅度最大。市场份额有被印度、土耳其和巴基斯坦等挤压的倾向（图18~图20）。

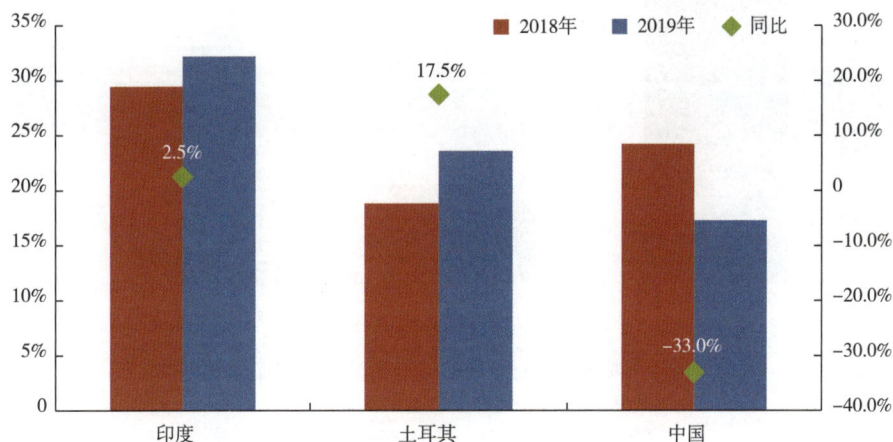

图18　美国主要地毯进口来源国所占比重变化趋势
资料来源：联合国商贸统计数据库UNcomtrade

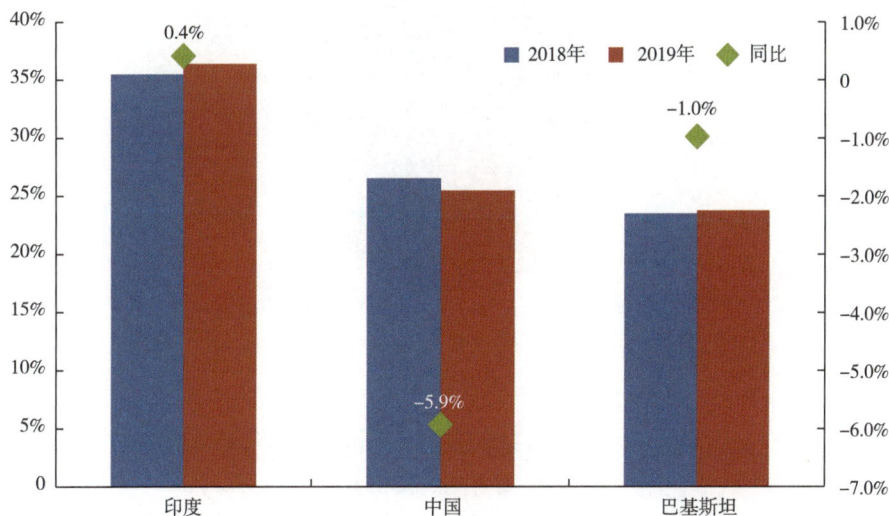

图19　美国主要毛巾进口来源国所占比重变化趋势
资料来源：联合国商贸统计数据库UNcomtrade

2. 对印度主要进口床上用品、地毯和毛巾

2019年，美国从印度进口家用纺织品共计35亿美元，同比增长2%。从进口的产品分布来看，以床上用品、地毯、毛巾为主，三类产品的进口额占到进口总额的86%。三类产品进口比重大致接近，其中床上用品所占份额稍微偏大，占比达总量的37%。2019年美国从印度进口的这三大类产品较上年均保持了小幅正增长（图21）。

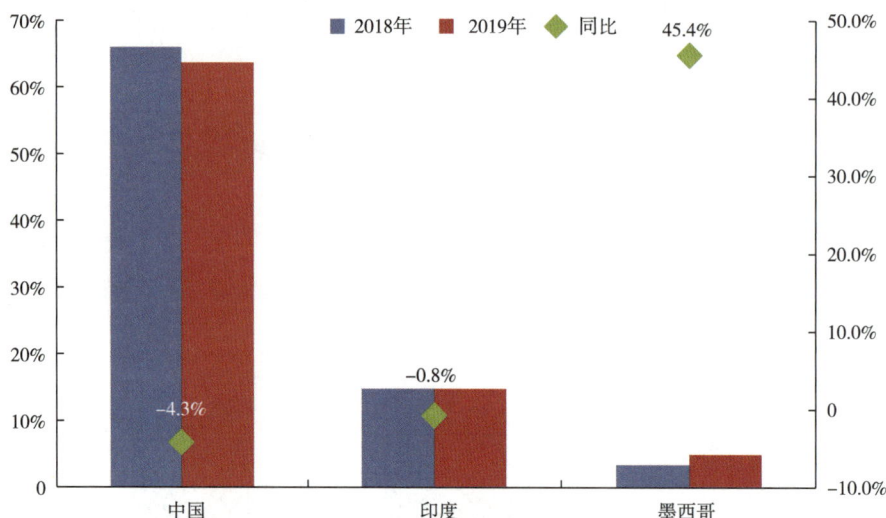

图20　美国主要装饰织物制成品进口来源国所占比重变化趋势
资料来源：联合国商贸统计数据库UNcomtrade

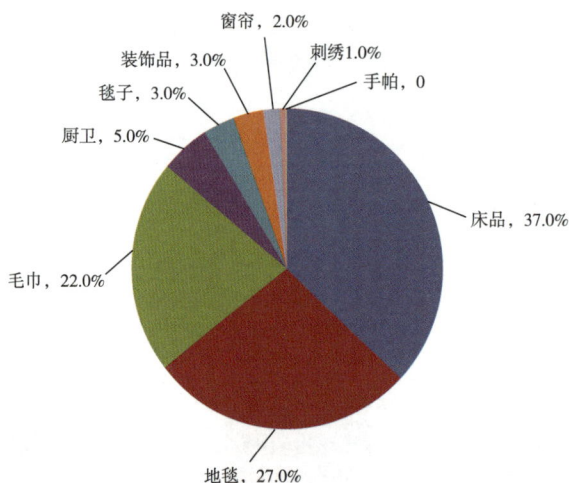

图21　2019年美国从印度进口的家纺产品分布
资料来源：联合国商贸统计数据库UNcomtrade

印度在毛巾和地毯领域已成为中国在美国市场的强劲竞争对手，甚至替代了中国该类产品在美国市场的市场份额。2019年美国从印度进口这两类产品的金额均超过了中国。

3. 对巴基斯坦进口床上用品和毛巾占九成

美国从巴基斯坦主要进口床上用品和毛巾，两类产品进口额达总量的86%，两类产品的比重分布大致相当。巴基斯坦是全球重要的产棉国，也是重要的家用纺织品出口国。美国是其最主要的出口市场之一，所以以棉为原料的床上用品和毛巾产品具有很强的国际竞争优势（图22）。

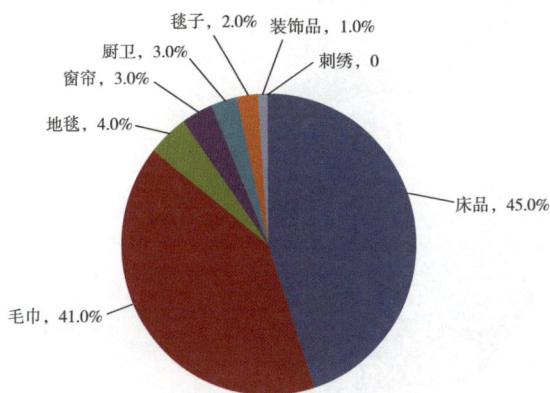

图22　2019年美国从巴基斯坦进口家纺产品分布
资料来源：联合国商贸统计数据库UNcomtrade

4. 对土耳其进口以地毯为主

地毯是土耳其基础实力最为雄厚的家用纺织品类，在美国市场中占有绝对优势。2019年，美国从土耳其进口家用纺织品共计9.7亿美元，同比增长14%，其中74%为地毯，份额较上年扩大2个百分点，金额同比增长17%，增长势头良好。土耳其成为继印度之后美国第二大地毯进口来源国（图23）。

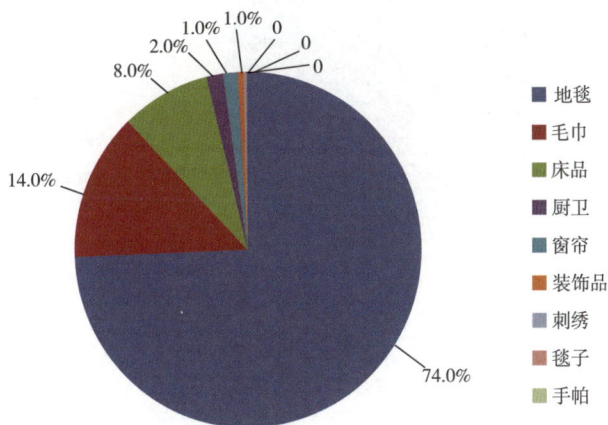

图23　2019年美国从土耳其进口家纺产品分布
资料来源：联合国商贸统计数据库UNcomtrade

（二）欧盟市场同比略有提升

2019年，欧盟从全球进口❶家用纺织品共计94.9亿美元，同比增长0.6%。从进口产品分布看，床上用品、地毯、毛巾和窗帘是进口比重较大的品类。其中床上用品所占比重最大，2019年进口额共计32.2亿美元，同比增长2.9%。地毯是欧盟进口的第二大家用纺织品类，占比为20%，2019年同比增长2.7%。窗帘是所有家用纺织品类中增长幅度最大的，同比增长7.8%（图24）。

---

❶ 不包括欧盟成员国之间的进口。

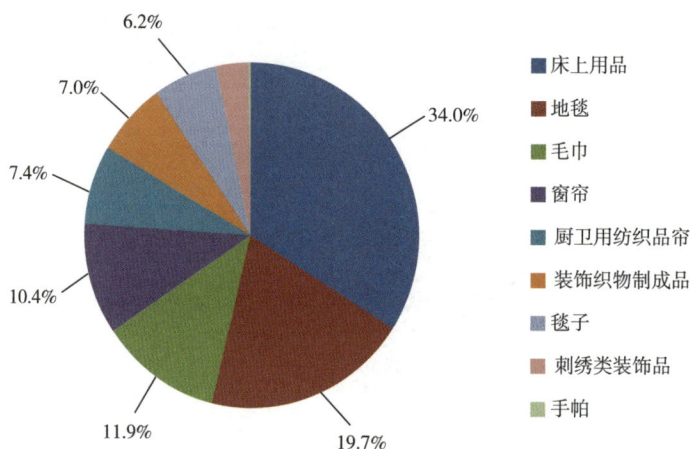

图24　2019年欧盟主要家用纺织品所占比重
资料来源：联合国商贸统计数据库UNcomtrade

从主要来源国方面看，中国、土耳其、印度和巴基斯坦是最大的进口来源国。其中，中国所占份额最大，为43%。土耳其、印度和巴基斯坦所占比重也均超过10%（图25、图26）。下面将重点介绍这四个进口来源国的分布结构。

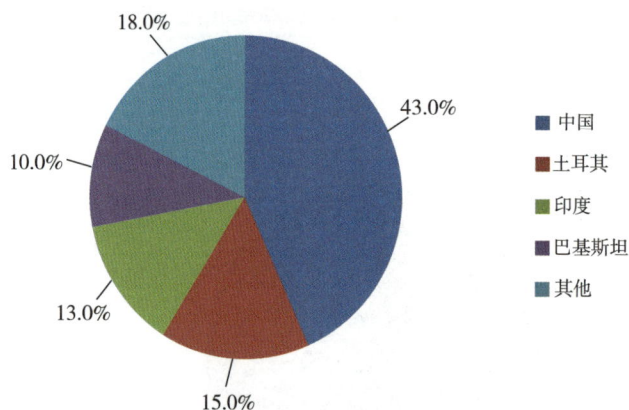

图25　2019年欧盟主要家用纺织品进口国所占比重
资料来源：联合国商贸统计数据库UNcomtrade

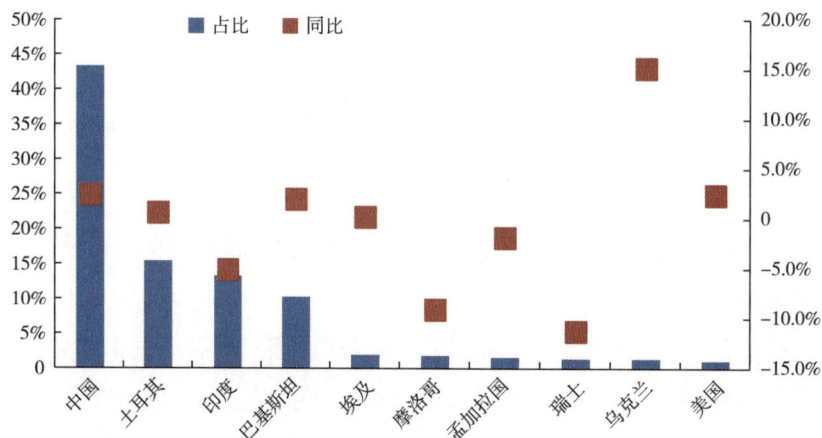

图26　2019年欧盟前十大家用纺织品进口国增长情况
资料来源：联合国商贸统计数据库UNcomtrade

1. 中国是欧盟最大的家用纺织品来源国

2019年，中国对欧盟出口成交额同比上年提高2.4%，高于欧盟家用纺织品进口平均水平。从进口产品分布来看，床上用品、窗帘、毯子、地毯是相对比重较大的品类。尤其是床上用品，2019年进口额同比增长4.4%，占比达39%，且较上年扩大1个百分点。第二类为窗帘，2019年从中国进口成交额大幅提升了12.0%，占比份额较上年扩大1个百分点。而毯子进口较上年略有下降，降幅为5.7%。

2. 土耳其是欧盟最大的地毯来源国

土耳其是欧盟第二大家用纺织品进口来源国，地毯是最主要的进口产品。2019年，欧盟从土耳其进口家用纺织品14.6亿美元，同比增长0.6%。其中进口地毯占35%，份额较上年扩大4个百分点，成交额同比上年大幅提升13.7%。此外，床上用品和毛巾也占有相当重要的比重，占比份额分别为27%和23%。

3. 对印度以进口地毯、床上用品和毛巾为主

欧盟对印度家用纺织品的进口同样以地毯为主。2019年，欧盟从印度进口家用纺织品共计12.6亿美元，同比下降5.1%。其中进口地毯占36%，同比下降4.1%。此外，床上用品、毛巾和厨卫用纺织品也是比较主要的进口产品。尤其是对毛巾的进口额，同比上年大幅提高9.6%。

4. 对巴基斯坦进口主要以床品和毛巾为主

2019年，欧盟从巴基斯坦进口家用纺织品共计9.7亿美元，同比略增1.9%。其中占比份额最大的两类产品为床上用品和毛巾，占比超过总量的70%。其中47%的份额为床上用品，金额同比上年下降1.1%。毛巾占比为34%，金额同比上年增长5.3%。

（三）日本市场同比略有下降

2019年，日本从全球进口家用纺织品共计38.6亿美元，同比上年略降0.6%。从产品分布情况看，床上用品是所占份额最大的品类，占比为46%，2019年成交额为17.8亿美元，同比略降0.5%。此外，地毯和毛巾也占有较大比重，分别为16%和15%（图27）。

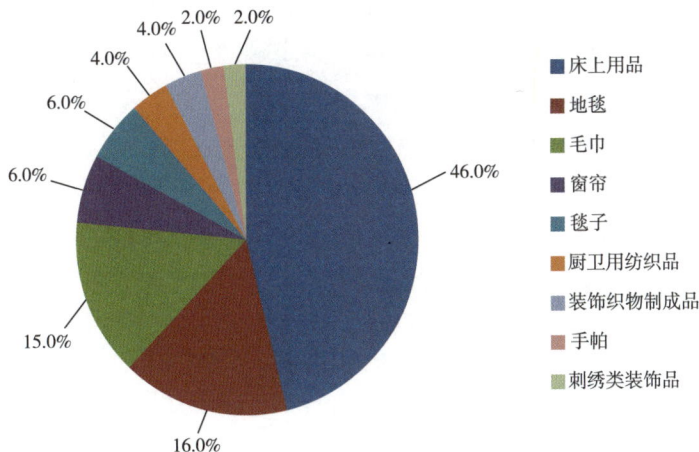

图27　2019年日本各类家用纺织品的进口分布
资料来源：联合国商贸统计数据库UNcomtrade

从主要进口来源国的分布情况看,中国是最大的进口来源国,占比为74%;越南成为日本第二大进口来源国,各品类的进口额都有所提升。此外,欧盟(主要是德国、意大利和比利时)、印度、印度尼西亚、泰国和孟加拉国等也成为日本比较主要的家用纺织品进口来源地,但所占份额相对较小,均在 3%上下(图28)。下面主要介绍中国和越南两大进口来源国的分布情况。

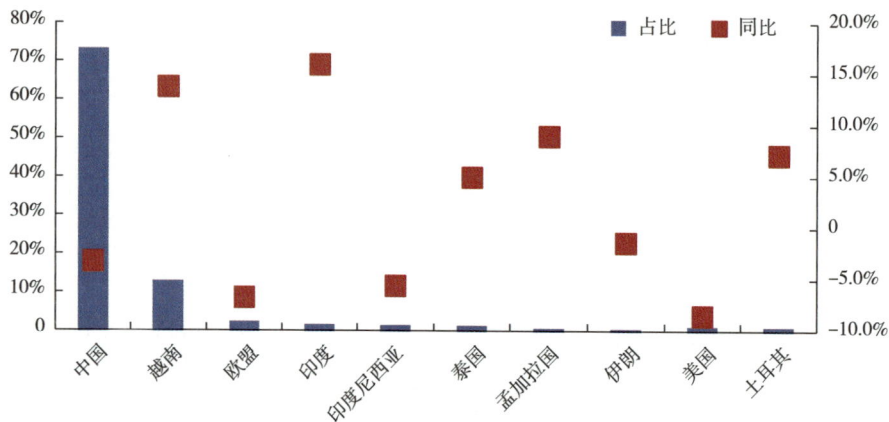

图28 2019年日本前十大家用纺织品进口国增长情况
资料来源:联合国商贸统计数据库UNcomtrade

1. 中国是第一大进口来源国

中国作为日本第一大进口来源国,2019年,日本从中国进口家用纺织品共计28.4亿美元,同比下降3.2%。主要以床上用品贸易为主。2019年,日本从中国进口床上用品共计14.8亿美元,占进口家用纺织品总额的52%,金额较上年下降3.1%。地毯和毛巾也占有较大比重,分别为14%和10%。

2. 越南各类产品均实现大幅提升

2019年,日本大幅提升从越南进口家用纺织品的比重,各类家用纺织品进口额均较上年有所提升,越南成为日本第二大进口来源国,2019年,日本从越南进口的家用纺织品金额大幅提升,同比提高13.8%,占比为13%。进口的主要产品为毛巾,其次为床上用品。2019年,日本从越南进口毛巾2.1亿美元,占比为41%,金额同比增长6.1%;进口床上用品占比为35%,金额同比增长21.1%。在日本进口的家用纺织品中,越南除装饰织物制成品以外,其他各类产品的进口额均仅次于中国排在第二位,可见越南近两年在家用纺织品贸易中的突出表现。

三、2019年全球家用纺织品行业发展特点

(一)中美贸易摩擦带来发展的不确定性

中国是全球最大的家用纺织品出口国,2019年中美贸易摩擦几经起落,涉及地毯、毛巾、装饰辅料、厨卫用纺织品等约40亿美元。不仅对中国出口美国的产品造成影响,同时也

影响了国际经济环境，不确定性陡然增加。随着中美双方持续不断地谈判磋商，中美贸易整体呈现积极良好态势，但不确定性风险仍然值得持续关注。

（二）越南纺织异军突起

近年来，与欧盟的自贸协议带来了新的机遇，越南不断吸收来自国内外的大量投资。中国的纺织企业也在加大投资力度，华孚时尚、天虹纺织、鲁泰和百隆东方等大型纺织企业都在越南大幅增扩产能。逐渐覆盖的纺织全产业链对越南的经济发展起到了重要的推动作用。纺织业是越南重要的经济产业，在创造就业和贡献出口中发挥着重要作用。2019年中美贸易摩擦升温，越南成为受益者之一。2019年越南出口家用纺织品同比增长33%，其中占比份额最大的床上用品同比增长48%；地毯出口增长幅度最大，是上年的1.2倍（图29）。但与此同时，越南纺织发展的短板也较为明显：配套不完善，原料仍需进口，大部分越南纺织成衣商为加工商，生产原料需依赖中国、印度及东盟等地。

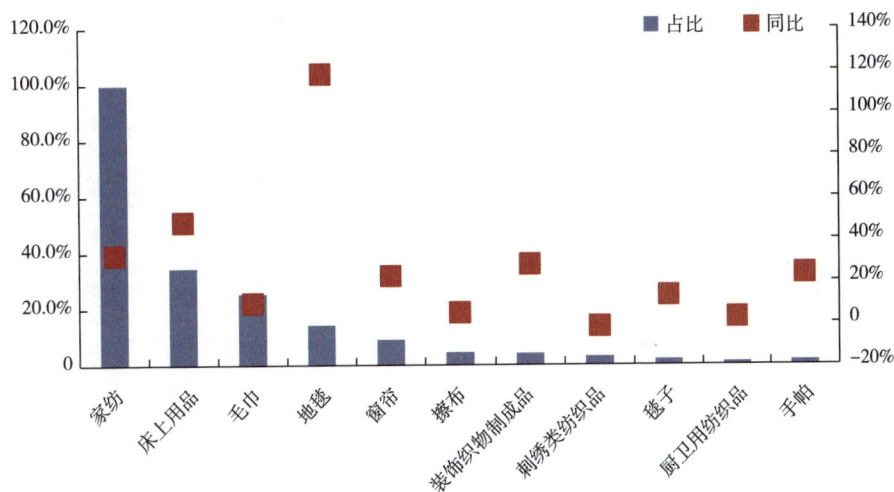

图29　2019年越南各类家用纺织品出口所占比重及增长情况
资料来源：联合国商贸统计数据库UNcomtrade

（三）国际竞争日益加剧

随着印度、巴基斯坦和土耳其等国家纺产业的发展，依托自身原料和劳动力成本的竞争优势，在棉纺织品领域对中国在欧美市场的占比份额带来冲击。随着这些国家向欧美市场出口棉制家用纺织品的规模，在美国市场这一趋势将更加明显。与此同时，中国的化纤制家用纺织品在欧美市场仍然占据主导地位，据美国海关数据测算，美国进口的化纤制家用纺织品中有74.7%来自中国，尚且没有可被替代的竞争对手。

结语

2019年，全球家用纺织品出口整体维持上年同期水平。由于中美贸易摩擦影响，中国的地毯和毛巾出口同比下降幅度较大，继而使全球的地毯和毛巾出口均呈下降趋势。随着国际竞争环境更趋复杂，传统的家用纺织品进口市场贸易格局也在悄然变化。维护良性的国际竞争秩序，营造良好的国际营商环境是各国间互利共赢的基本保障。同时还应看到，新的形势也将产生新的机遇。在复杂多变的全球贸易环境中，如何积极应对变化，把握自身优势以抵御风险，实现效益，是国际贸易竞争中的关键所在。

撰稿人：王冉

2020年我国家用纺织品出口情况

中国家用纺织品行业协会产业部

前言

2020年是不平凡的一年，新冠肺炎疫情全球肆虐，在威胁全人类生命健康的同时，也打乱了世界经济发展节奏，家纺行业作为与人民生活息息相关的行业，在这次突发疫情中受到了极大的影响。纵观我国家纺行业2020年全年出口，上半年降势显著，但随着我国疫情的有效控制，经济发展得到一定恢复，从三季度开始逐渐回升。

2020年，我国家纺产品出口额统计口径较往年略有调整。剔除两大类税号，一是出口规模约35亿美元的绳边线带类税号，二是出口规模约50亿美元的"63079000"税号。同时对布艺产品进行梳理调整，扩增了6个沙发布类税号。未来，中国家纺协会将对家纺产品出口税号进行进一步梳理研究，以更加准确地掌握家纺产品出口情况。

据海关数据显示，2020年我国家纺产品累计出口372.29亿美元，同比下降6.43%[1]。下降的主要原因是受疫情影响，上半年消费市场降温、生产受阻、订单停滞，导致我国家纺产品出口规模大幅度下降，1~6月出口额同比下降高达22.09%。但随着我国及世界各国疫情的管控，海外经济重启，同时依托我国纺织产业链的完善性和稳定性优势，从三季度开始，我国家纺产品出口实现增长，7~12月出口额同比增长7.18%。

一、我国家纺产品出口在重压下不断复苏

2020年，我国家纺产品累计出口额以同比下降6.43%收官，虽较2019年规模收缩，但这是在2020年上半年断崖式下降的情况下完成的，7月以来，我国家纺产品出口局势不断恢复，在世界家纺供应链上扮演着重要角色。

从家纺制成品逐季出口的表现可以明显看出，我国家纺产品出口在重压下不断恢复的历程。家纺制成品是我国主要的出口家纺产品，包括床品、毛巾、毯子、地毯、窗帘以及餐厨用纺织品，占全部家纺产品出口总量的70%以上。2020年我国出口此类产品263.29亿美

---

[1] 根据中国海关统计口径测算。

元，同比下降4.02%，出口额呈现逐季递增趋势，并且在三季度实现跨越增长，较二季度环比增长51.63%，四季度在此高基础上继续保持5%的增长。与2019年出口情况比较来看，受疫情影响一季度和二季度出口额明显大幅下降，较2019年同期分别下降22.12%和20.88%，三季度迎来转折点，转负为正，同比增长5.58%，四季度增势更加强劲，同比增长高达15.3%（图1）。

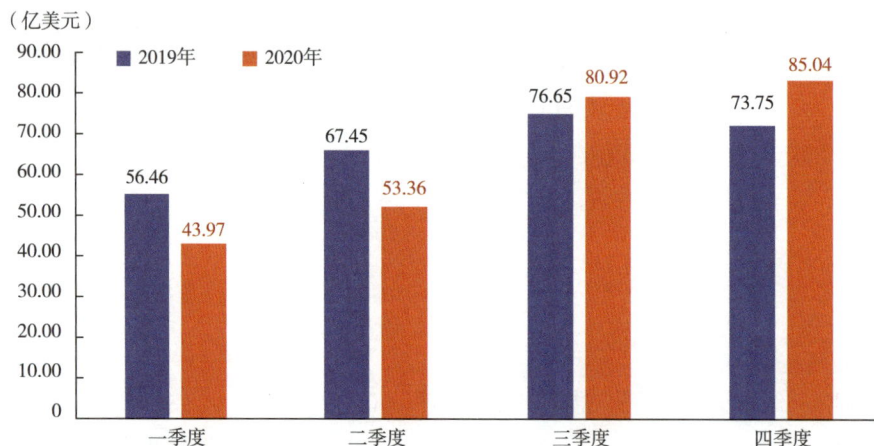

图1　2019年和2021年一季度至四季度我国家纺制成品出口额

二、大类产品出口表现存在差异

受新冠肺炎疫情影响，上半年产品出口严重受阻，导致全年出口水平下降；下半年开始逐渐恢复，前期积累订单追加运转，且有部分海外订单流向我国，出口显著回升。家纺大类产品出口表现各异，床上用品、地毯、餐厨用织物制品和窗帘等产品出口抗压能力强，表现稳定；而毛巾、毯子及布艺、面辅料产品受多种因素影响，出口波动大，降势明显（表1）。

表1　2020年我国家纺大类产品出口额及同比

出口产品	1~12月		7~12月	
	出口额（亿美元）	同比（%）	出口额（亿美元）	同比（%）
床上用品	127.71	-2.44	78.57	12.61
布艺产品	127.41	-9.90	74.74	3.80
毯子	32.51	-12.44	23.30	-2.98
地毯	29.64	1.28	18.53	16.11
餐厨用织物制品	25.95	0.26	14.92	10.07
毛巾	22.73	-13.77	13.84	4.18
其他制成品	6.35	-8.66	3.58	-1.95
合计	372.29	-6.43	227.47	7.18

2020/2021中国家用纺织品行业发展报告

1. 床上用品、地毯和餐厨用织物制品出口稳定

床上用品是我国家纺产品出口体量最大的产品，占比达34%。2020年，我国床上用品出口127.71亿美元，同比下降2.44%，虽然出口额有所收窄，但降幅低于全品类平均水平3.99个百分点，整体表现稳定。下半年海外市场复苏，床品出口迅猛恢复，7~12月同比增长达12.61%，其中床单、套件等床上用织物制品和被子产品是带动床品出口增长的主要产品，分别占床品出口规模的33%和55%，下半年同比增长18.35%和9.32%。

地毯、餐厨用织物制品虽然出口规模不大，两类产品合计占总量的15%，但是以全年出口数据来看，7大类家纺产品中只有他们的出口额实现增长，分别增长1.28%和0.26%。同时下半年出口恢复明显，增速高达16.11%和10.07%。且以历年数据来看，地毯、餐厨用织物制品保持稳中有升趋势（图2）。

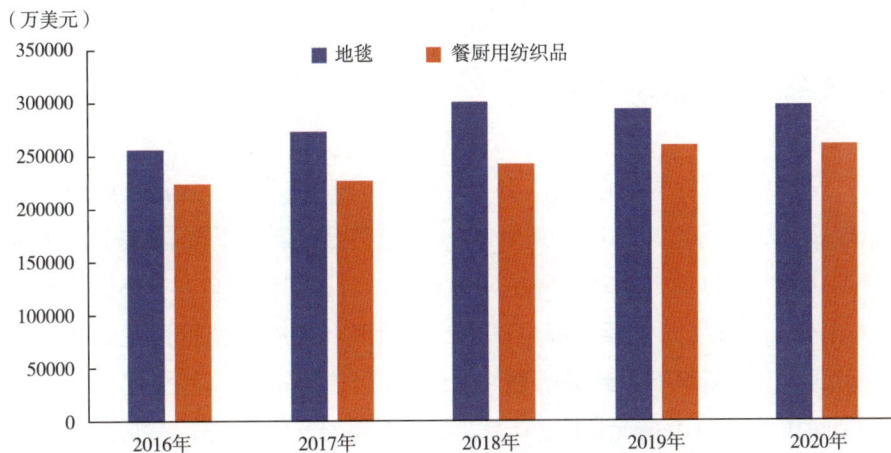

图2　2016~2020年地毯和餐厨用纺织品出口额

2. 布艺制成品出口情况好于面辅料等半成品

2020年，我国布艺产品出口127.41亿美元，同比下降9.9%，主要是装饰布、沙发布等面辅料出口乏力造成，两类产品全年分别出口22.65亿美元和53.17亿美元，同比分别下降22.18%和9.55%，其中装饰布下半年依然下降10.11%，沙发布下半年小幅回升2.72%。但是窗帘等制成品出口情况良好，2020年累计出口26.75亿美元，同比增长5.32%，下半年更是实现24.88%的同比增速。

3. 毛巾和毯子产品是下降最严重的产品

2020年，我国毛巾产品出口22.73亿美元，同比下降13.77%，从2019年开始，我国毛巾产品出口显示疲软，2020年进一步缩水（图3）。东盟是我国毛巾出口的第一大市场，2020年向东盟出口7.04亿美元，同比增长17.79%；但是美国与欧盟市场下降严重，分别向其出口4.08亿美元和1.51亿美元，同比下降16.2%和42.98%。

毯子产品同样降幅显著，2020年我国累计出口32.51亿美元，同比下降12.44%，即使是在下半年也表现乏力，仍同比下降2.98%。

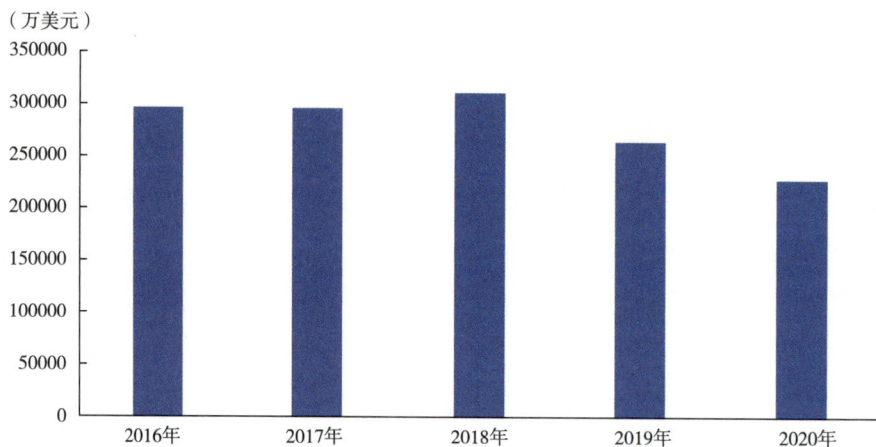

（万美元）

图3　2016~2020年毛巾产品出口额

三、2020年大部分出口市场下行

2020年，我国家纺行业多数市场出口额收窄，多集中在非洲、亚洲、欧洲以及南美洲。南美洲是降幅最大的市场，2020年对其出口28.65亿美元，同比下降12.93%。亚洲是我国家纺产品出口体量最大的市场，2020年降幅同样显著，对其累计出口147.16亿美元，同比下降10.7%，其中南亚、中亚下滑严重，降幅高达23.67%和46.59%，值得注意的是，南亚市场中的孟加拉、印度、巴基斯坦下降趋势明显。另外中东、俄罗斯等市场情况也不容乐观，对中东市场出口额同比下降14.1%，其中土耳其降幅高达34.12%（表2）；俄罗斯市场同比下降9.26%（图4）。

表 2　2020年我国家纺产品对亚洲部分市场出口额及同比

部分市场	2020年出口额（亿美元）	出口额同比（%）
孟加拉国	8.03	-8.68
印度	4.39	-41.92
巴基斯坦	1.91	-24.31
土耳其	2.03	-34.12

但值得一提的是，东盟市场表现相对稳定。2020年，我国向东盟出口家纺产品57亿美元，同比下降2.71%，低于全球降幅3.72个百分点，在2018年和2019年两位数增长的基础上略有下降，总体来说，东盟市场比较稳定。布艺产品和床品是出口东盟的主要家纺产品，分别出口27.56亿美元和10.57亿美元，同比下降5.59%和5.31%，是东盟市场略降的主要原因。以具体国家来看，呈现大体量市场保持增长，而小体量市场下降的势态，占比67%的前三市场越南、泰国、马来西亚实现增长，合计增长达8.39%，而其他占比33%的市场合计下降19.68%。2020年，我国对越南市场出口家纺产品23.59亿美元，同比增长3.9%，"沙发布"是出口越南的重要产品，占我国家纺产品出口越南总量的一半，同比增长12.39%。

2020/2021 中国家用纺织品行业发展报告

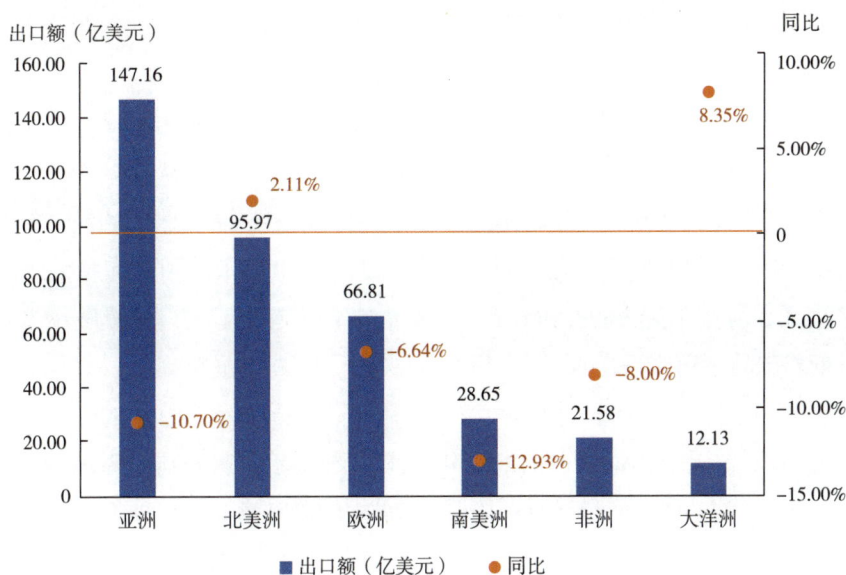

图4　2020年主要出口市场情况

四、美欧日市场稳定性高于其他市场

面对疫情等因素的干扰，美欧日传统市场抗压能力明显优于除美欧日以外的其他市场。2020年，我国家纺产品对美欧日市场出口180.61亿美元，同比下降1.58%，而对美欧日以外的其他市场出口191.68亿美元，同比下降10.59%（图5）。美国市场实现增长，欧盟、日本市场有所下降。

图5　2015~2020年我国家纺产品对美欧日市场和其他市场出口额同比

1. 美国市场实现增长

2020年，我国家纺产品对美国市场出口95.97亿美元，同比增长2.11%。床上用品和布艺产品是出口美国市场的重要家纺产品，2020年，两类产品出口情况良好，带动美国市场整体向好，分别出口47.48亿美元和19.7亿美元，同比分别增长4.99%和4.86%。床品中化纤制床上用织物制品出口突出，同比增长16.56%，布艺产品中窗帘增长迅猛，同比增长20.68%。但值得关注的是，毛巾产品出口规模收缩明显，2020年对美国市场出口4.09亿美元，同比下降

16.2%，并且连续2年呈两位数下降，规模从占我国家纺产品在美国出口额的6%下降至4%。

2. 欧盟降幅显著

2020年，我国向欧盟市场出口家纺产品55.86亿美元（注：统计数据仍然包括英国），同比下降5.87%，是2020年美欧日传统市场中下降最明显的市场。从出口产品来看，毛巾产品是拉动欧盟市场下降的主要产品，其次是体量较大的布艺产品和床上用品。2020年，我国对欧盟市场出口毛巾产品1.51亿美元，同比下降42.98%。出口床上用品和布艺产品19.41亿美元和17.61亿美元，分别下降2.92%和4.33%，床品的下降是被子出口规模萎缩造成的（下降6.9%）；而布艺产品中窗帘下降明显（下降5.76%）。以具体国家来看，头部表现稳定但其他地区显示乏力，前五市场英国、德国、波兰、荷兰、法国占欧盟总量的65.27%，合计同比下降0.49%，基本与新冠肺炎疫情前的2019年持平；西班牙和意大利的降幅最为显著，两个国家占欧盟市场体量的14%，但是在欧盟下降5.87%中的影响率高达61%（表3）。

表3　2020年我国家纺产品对欧盟前七市场出口额及同比

出口市场	出口额（亿美元）	出口额同比（%）
英国	11.78	3.48%
德国	10.96	0.22%
波兰	4.67	−1.64%
荷兰	4.66	−4.07%
法国	4.39	−6.85%
西班牙	3.91	−21.77%
意大利	3.87	−21.24%

3. 日本市场依然维持下降趋势

2020年，我国家纺产品对日本市场出口28.78亿美元，同比下降4.62%，依然维持自2019年以来的负增长局面。在大类产品中，除餐厨用纺织品实现5.52%的增长以外，其余产品都有不同程度的下降，其中毛巾产品下降最为明显，高达15.58%。床上用品是我国出口日本市场体量最大的产品，占日本市场的48.66%，2020年同比下降4.05%，并且是在2019年同比下降4.28%的基础上继续缩减的。布艺产品出口3.82亿美元，同比下降6.38%，主要是装饰用织物制品和窗帘产品等制成品的下降造成的。

五、家纺行业出口环境机遇与挑战并存

1. 全球经济发展不确定性加强

未来，全球发展走向不确定性加强。一方面，疫情对经济发展影响深远，短期内无法恢复至疫情前水平。消费信心不足，尤其对终端零售造成冲击，2020年主要发达经济体美国、日本、欧盟纺织服装零售额同比分别减少了26%、21.4%和24.4%。2020年全球GDP排名前十的国家除我国以外都有不同程度萎缩，虽然国际货币基金组织（IMF）预计2021年世界经济

实际GDP增长率将达到5.2%，但当前印度、美国等多个国家疫情控制仍不容乐观，居民就业及收入仍面对很大压力，消费环境低迷，全球贸易面临下行风险。另一方面，全球贸易保护主义持续升温，中美两国博弈加剧，美国对我国的制裁手段向多领域延伸，如干扰"一带一路"倡议进行，实施出口限制政策，推动资产管制和投融资禁令，加深我国对外贸易压力。

2.外贸企业利润空间不断压缩

出口海运费暴增、人民币升值走势和原材料费用上涨等因素不断压缩利润空间，行业外贸企业经营压力加大。从2020年下半年开始，外贸出口海运运费呈现极端暴涨模式，中美海运航线运价11月较9月上涨达128%，同时出现舱位难求现象，给企业带来成本上升和出货期延长的双重压力，未来一段时间，我国货运量仍将不可逆的持续增长，海运压力仍会持续存在。

人民币升值趋势挤压行业利润，2020年下半年人民币持续升值，并且这一趋势延续至2021年（图6）。人民币的持续升值，挤压外贸企业利润，一些大型外贸企业纷纷通过锁汇、套期保值等金融工具避险，而中小型外贸企业则缺乏财力和专业技能来应对汇率频繁波动。

纺织原材料成本不断上涨，我国纺织行业在2020年下半年率先回暖，不少东南亚订单回流到我国，市场需求旺盛，使棉花、涤纶、黏胶纤维等原料价格均出现一波强劲走势。

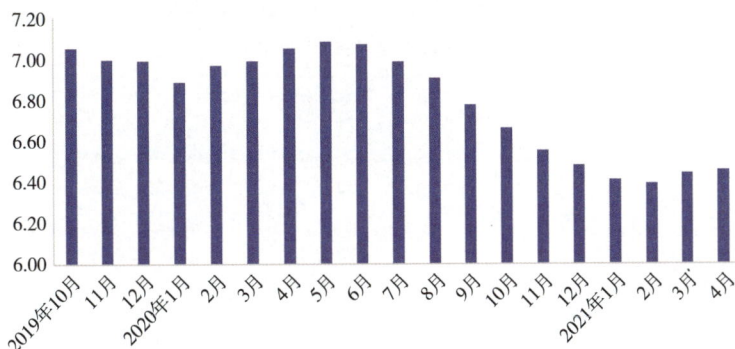

图6　2019年10月~2021年4月美元对人民币汇率月中间价走势

3.疫情催生跨境电商发展

近年来，我国跨境电商增长迅速，据海关初步统计，2020年我国跨境电商出口1.12万亿元，同比增长40.1%。随着我国物流企业加速海外布局，物流服务体系逐步完善，同时金融支付服务机构加快境外业务拓展，海关贸易便利化水平持续提升，为跨境电商带来便利和机遇。跨境电商呈现品牌化、直播带货特点，一是跨境出口市场主体逐渐向品牌企业演变，二是直播逐渐成为跨境电商发展的标配，2020年线上采购和交易成为出口外贸纺企开拓订单的主要方式，线上展会受到更多关注。行业外贸企业应积极调整渠道，开拓新市场。

4."由外转内"向高质量发展

当前，加快形成以国内大循环为主体、国内国际双循环相互促进的高质量发展新格局，已成为我国经济社会发展的主题。行业企业在开发海外订单的同时，也要注重开发内地市场，一方面加快转型升级，在全球供应链中持续增强竞争力，提升产业链价值；另一方面发挥国内规模市场优势，深入研判市场趋势，做大做强国内市场，开拓新增长点。以高质量发展实现"双循环"新格局。

结语

2020年是特殊的一年，在新冠肺炎疫情和贸易保护主义抬头等多重因素影响下，我国家纺行业以美元计出口额下降6.43%，出现暂时收缩。展望未来，我们应该坚定，家纺行业作为纺织工业的一部分，是重要的实体经济、民生产业，将在全面建设社会主义现代化国家新征程中发挥价值与担当。世界经济正在迎难复苏，尽管有保护主义的一些逆流，但总体看，开放与合作依然是全球经贸规则的主旋律，这是挑战与机遇同行的时代，家纺人应积引入互联网技术，深化供给侧结构改革，推进国际贸易合作与全球资源整合，积极转型升级，向高质量发展，形成以国内大循环为主体、国内国际双循环相互促进的发展新格局。

撰稿人：刘丹

国内市场

2020年我国床上用品消费市场运行情况及发展趋势

中华全国商业信息中心

一、2020年我国消费品市场运行情况

（一）消费品市场呈逐季恢复态势

2020年，新冠肺炎疫情极大地抑制了居民外出购物、餐饮、旅游、娱乐等社交型、聚集型、接触型消费行为，对消费品市场的冲击和影响远超2003年非典疫情。社会消费品零售总额实现39.2万亿元，同比下降3.9%，市场总量较上年损失1.6万亿元。其中，仅餐饮收入一项就损失7867亿元。从全年增速走势来看，随着疫情防控形势不断好转，促消费政策措施持续显效，复商复市稳步推进，我国市场销售呈现逐季恢复态势。三季度消费品市场同比增长1%，增速首次转正。四季度，增速继续加快3.7个百分点。特别是在"五一""618"、国庆中秋、"双11"等节假日和购物节的带动下，市场不断活跃、人气加速回升，消费品市场自9月开始连续四个月实现正增长（图1、图2）。

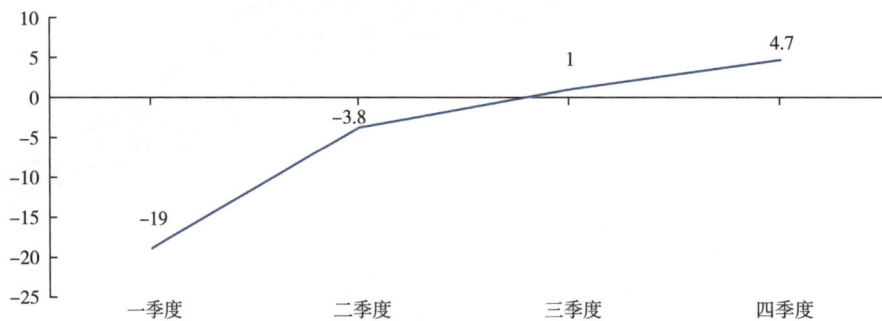

图1　2020年我国消费品市场季度增长情况（%）
数据来源：国家统计局

（二）网上消费实现快速增长

新冠肺炎疫情在客观上进一步推动消费线上化、零售全渠道化的发展趋势，网上实物商品零售额实现逆势增长，同比增长14.8%，占社会消费品零售总额比重达到24.9%，占比较上

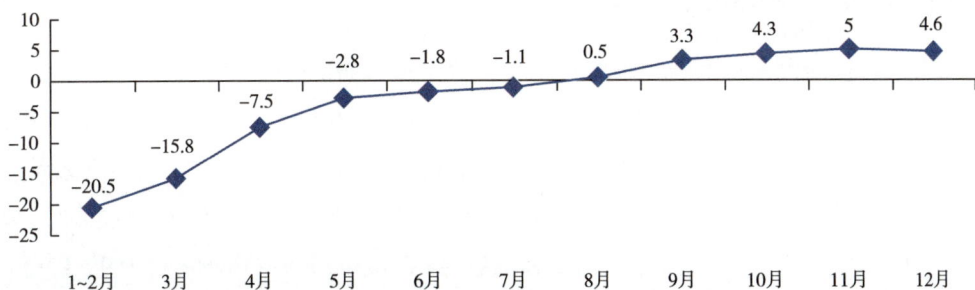

图2 2020年我国消费品市场月度增长情况（%）
数据来源：国家统计局

年提高4.2个百分点。其中，上半年网上实物商品零售额增速逐月提升，6月达到25.2%的年内最高增速。下半年，疫情防控形势不断向好，居民生活秩序持续恢复，实体店消费逐步回暖，网上消费增速相对上半年呈现放缓趋势（图3）。

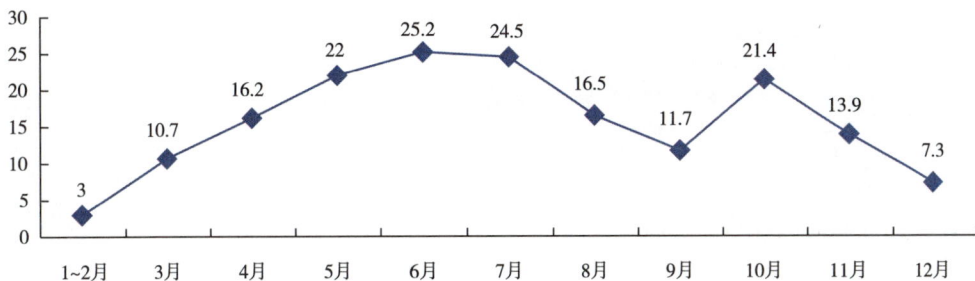

图3 2020年我国实物商品网上零售增长情况（%）
数据来源：国家统计局

（三）线下实体店消费逐步恢复至疫情前水平

2020年，线下实体店消费品零售额同比下降8.8%，降幅较1~2月收窄16.4个百分点。其中，一季度线下实体店消费品零售额大幅下降24.5%，降幅高于消费品市场平均水平5.5个百分点。二、三季度降幅持续收窄，并于9月首次实现正增长。12月增速达到3.8%，增幅仅低于上年同期1.5个百分点，基本恢复至疫情前的增长水平（图4）。

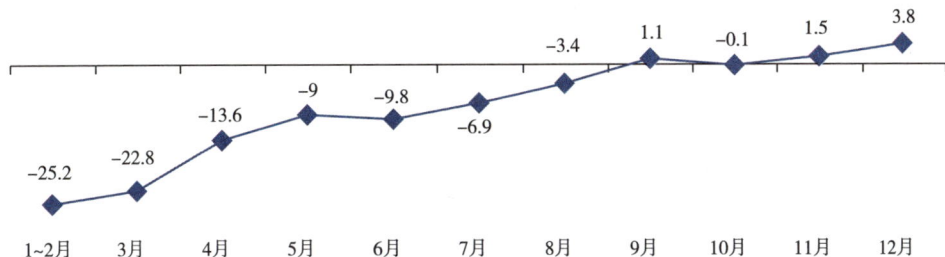

图4 2020年我国网下实体店消费品零售额增长情况（%）
数据来源：国家统计局

（四）乡村消费品市场降幅小于城镇

2020年，农村居民人均消费支出增长2.9%，快于城镇居民6.7个百分点。扣除价格因素，农村居民人均消费支出实际下降0.1%，降幅低于城镇居民5.9个百分点。消费支出的较快增长推动城乡消费品市场差距进一步缩小。2020年，乡村消费品市场零售额实现5.3万亿元，同比下降3.2%，降幅低于城镇0.8个百分点。其中8~12月，乡村消费品市场连续实现加速正增长，增速分别为0.7%、4%、5.1%、5.6%、5.9%，快于同期城镇消费品市场0.2、0.9、0.7和1.5个百分点（图5）。

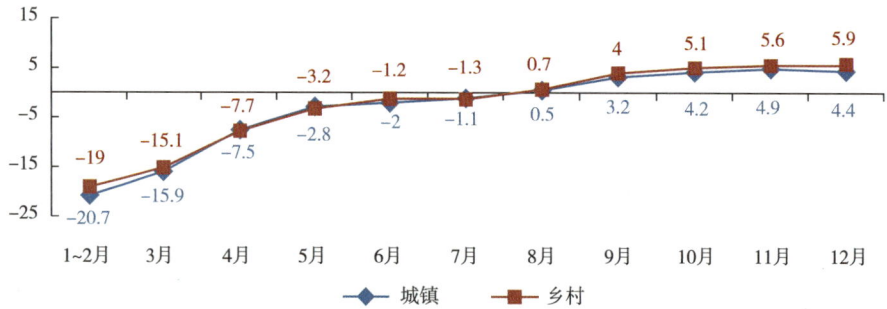

图5　2020年城乡消费品市场增长情况（%）
数据来源：国家统计局

（五）餐饮收入与商品零售的增速差距持续缩小

2020年，商品零售35.2万亿元，同比下降2.3%，降幅小于餐饮收入14.3个百分点。疫情迫使人们更多地选择居家做饭来替代在外用餐，导致食品、日用品等商品零售额保持较快增长的同时，餐饮收入大幅回落。随着疫情防控常态化，居民外出活动增多，商品零售和餐饮收入增速间的差距快速缩小，12月餐饮收入同比增长0.4%，与商品零售的增速差为4.8个百分点，较3月两者间34.8个百分点的增速差大幅缩小（图6）。

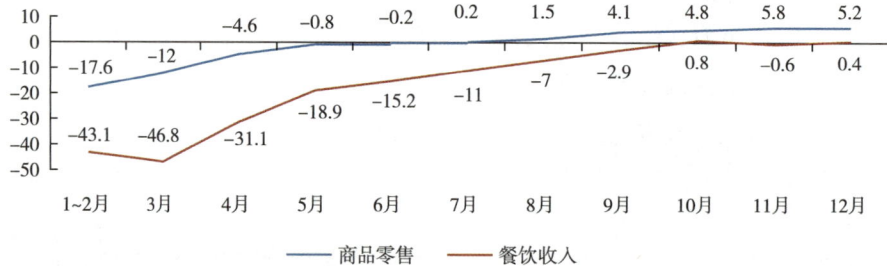

图6　2020年我国商品零售和餐饮收入月度增速（%）
数据来源：国家统计局

（六）限额以下单位和个体户消费降幅较大

面对突发情况，小微企业受冲击更为明显，消费品市场中的部分限额以下零售餐饮企业没有抗过市场的严冬，闭店撤店情况增多，导致限额以下单位和个体户消费降幅相对较大。据测算，2020年限额以下单位和个体户商品零售额实现21.7万亿元，同比下降3.1%，降幅高于限额以上单位商品零售额2.1个百分点。限额以下单位和个体户餐饮收入实现3.1万亿元，同比下降17.3%，降幅高于限额以上单位餐饮收入3.3个百分点。随着税费减免政策、金融支持政策等一系列帮扶小微企业度难关政策落地生效，限下消费逐渐恢复生机，9月至12月限下商品零售连续实现正增长，限下餐饮收入逐渐恢复至疫情前水平（图7、图8）。

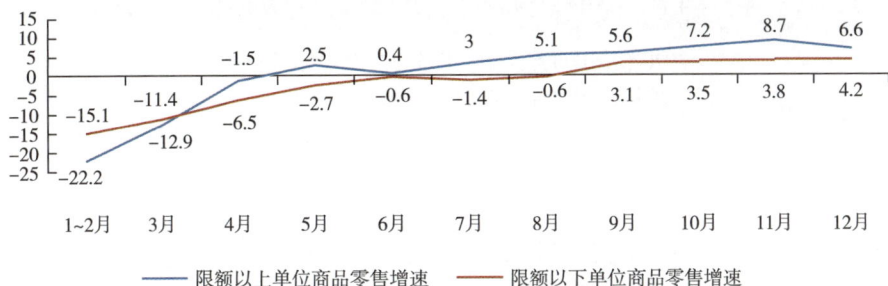

图7　2020年我国限额以上和限额以下单位商品零售月度增长情况（%）
数据来源：国家统计局

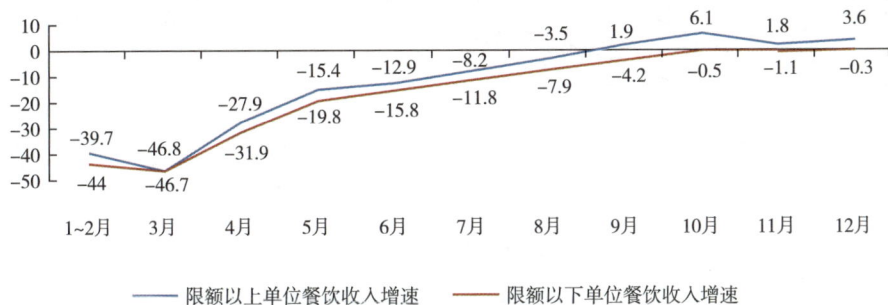

图8　2020年我国限额以上和限额以下单位餐饮收入月度增长情况（%）
数据来源：国家统计局

（七）重点大型零售企业逐步恢复正增长

根据中华全国商业信息中心的统计数据，2020年全国重点大型零售企业零售额同比下降14.5%。其中，粮油、食品类商品零售额同比下降5.2%，化妆品类商品零售额同比下降8.7%，日用品类商品零售额同比下降11.2%，降幅低于平均降幅水平。疫情期间，大型零售企业加大线上渠道营销力度，积极做好社区服务，在严格执行防控措施的同时，尽量减少营业损失。四季度，大型零售企业销售情况好转，连续三个月实现正增长（图9）。

（八）超市业态保持平稳增长

限额以上实体零售业态中，以刚需为主的超市零售额依然保持平稳较快增长，全年累计增长3.1%。而以可选消费为主的百货店、专业店、专卖店一季度受疫情冲击最为严重，此后随着各类消费场景逐渐恢复，居民消费信心得到提振，百货店、专业店、专卖店零售额降幅持续收窄，全年降幅均收窄至个位数（图10）。

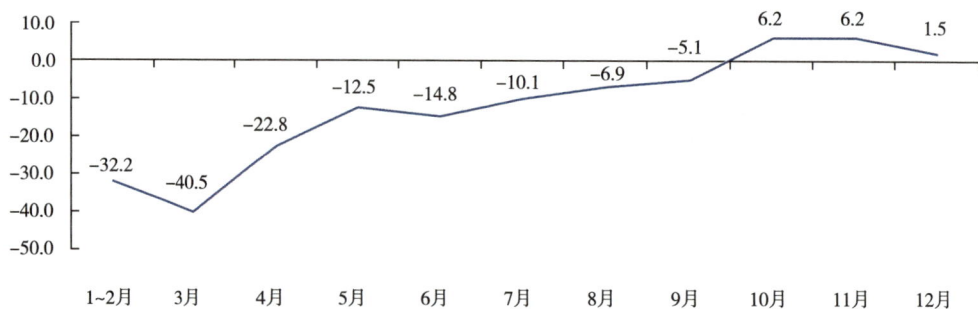

图9 2020年全国重点大型零售企业零售额增长情况（%）

数据来源：中华全国商业信息中心

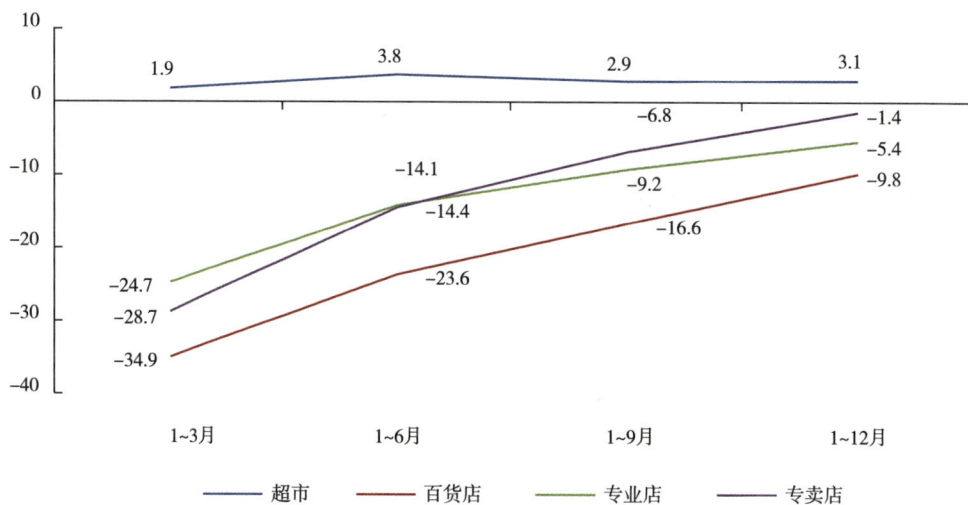

图10 2020年限额以上单位各零售业态零售额增长情况（%）

数据来源：国家统计局

二、全国重点大型零售企业床上用品市场运行情况

（一）床上用品零售额降幅连续收窄

从全国重点大型零售企业床上用品类商品零售额月度数据来看，2020年全年月度增速呈现稳步回升的态势，零售额增速于2020年3月达到最低，4月以后降幅逐步收窄，从年初3月的同比下降54.5%，降幅连续收窄至12月的7%（图11）。

（二）全年床上用品零售额增速首次负增长

2020年全年，全国重点大型零售企业床上用品零售额同比下降20.9%，增速低于上年同期27.1个百分点，为近年来的最低（图12）。

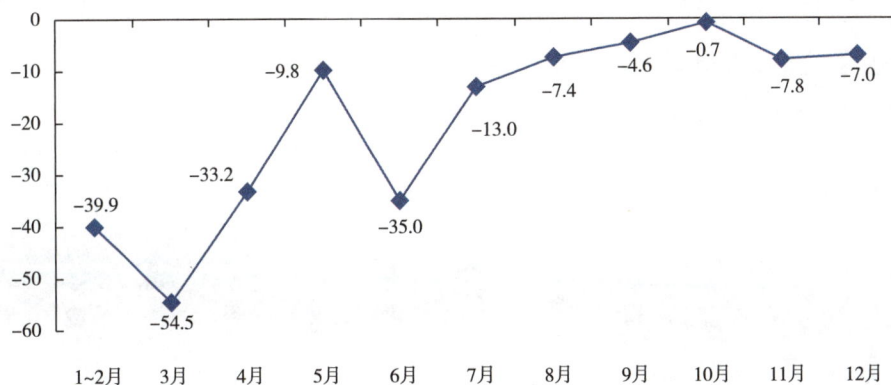

图11　2020年全国重点大型零售企业床上用品类零售额月度增速（%）
数据来源：中华全国商业信息中心

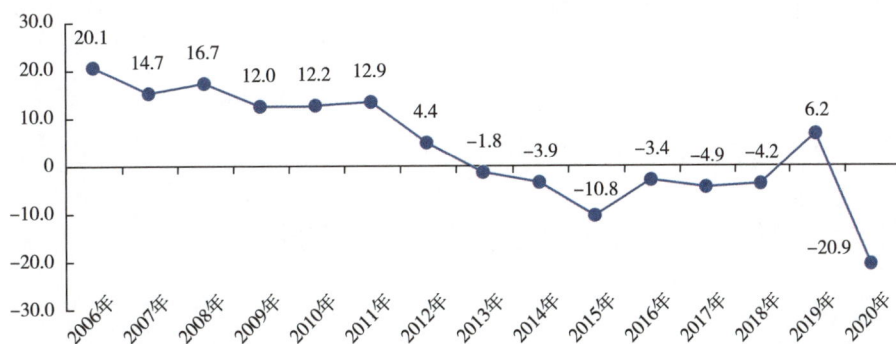

图12　2006~2020年全国重点大型零售企业床上用品零售额增长情况（%）
数据来源：中华全国商业信息中心

（三）三线城市床品零售额增速降幅最大

2020年，一二三线城市全国重点大型零售企业床上用品市场零售额分别同比下降22.1%、19.7%和25.0%，三线城市零售额增速降幅最大（图13）。

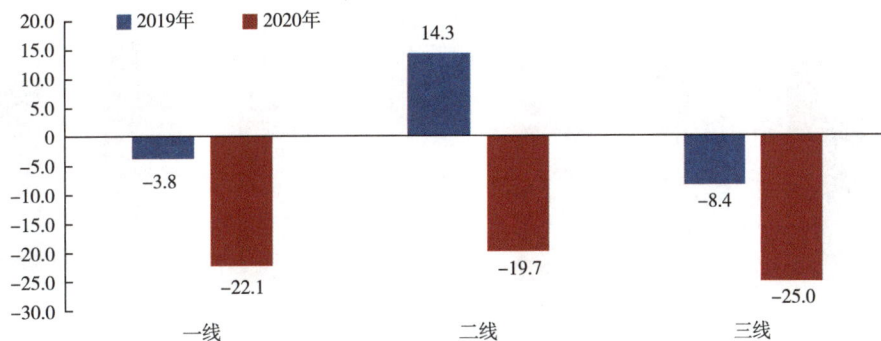

图13　2019~2020年全国重点大型零售企业一二三线城市床上用品零售额增速情况（%）
数据来源：中华全国商业信息中心

（四）平均单价较上年有所上升

2020年全国重点大型零售企业床上用品平均单价有所上升，其中床上用品套件平均单价为604元，相比上年上涨0.8%；床上用品各种被平均单价为617元，相比上年上涨18.4%（图14）。

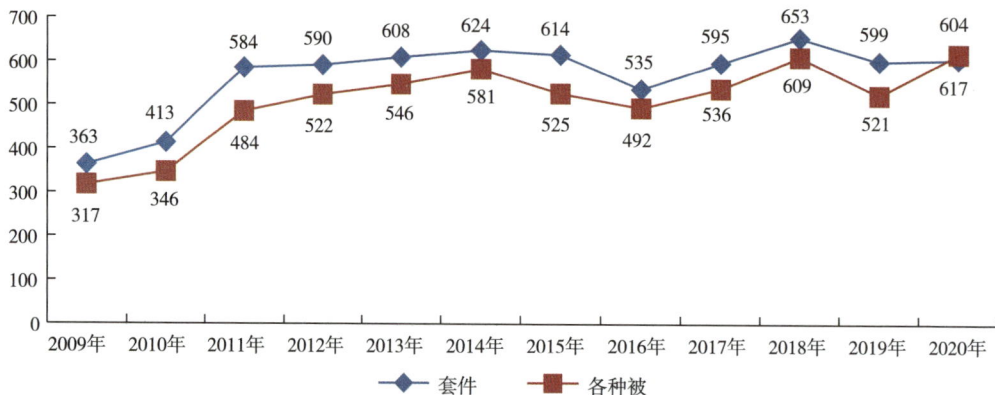

图14　2009~2020年全国重点大型零售企业床上用品套件和各种被平均单价（元）
数据来源：中华全国商业信息中心

三、全国重点大型零售企业床上用品市场品牌情况分析

（一）套件

1. 前十品牌集中度提升2.8个百分点

根据中华全国商业信息中心对全国重点大型零售企业品牌的监测数据，2020年我国床上用品套件市场集中度继续呈现小幅上升趋势，排名前十的品牌市场综合占有率之和为42.7%，相比上年提升了2.8个百分点，前二十品牌市场综合占有率之和为53.3%，相比上年提升了2.5个百分点（图15、图16）。

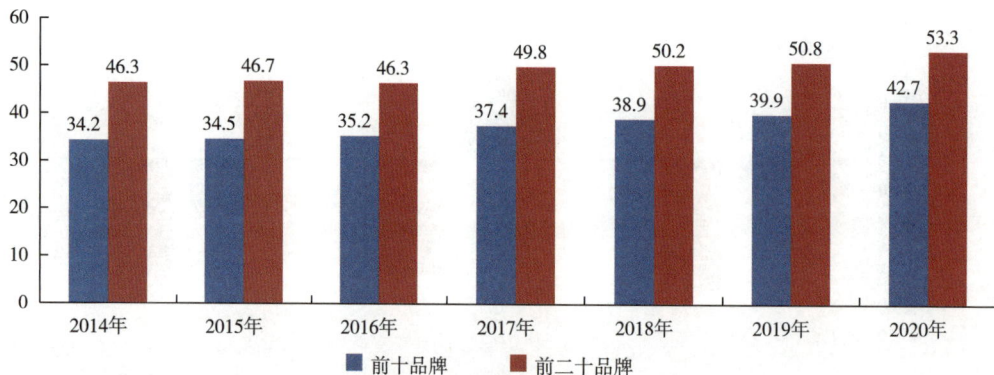

图15　2014~2020年床上用品套件市场综合占有率情况（%）
数据来源：中华全国商业信息中心

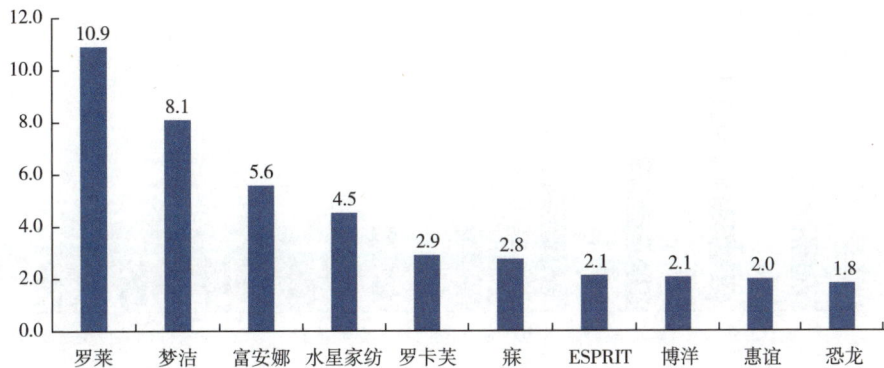

图16　2020年全国床上用品套件市场前十位品牌占有率情况（%）
数据来源：中华全国商业信息中心

2020年床上用品市场集中度的提升，一方面来源于人们生活水平的提高和居住条件改善下，人们对品质床上用品需求增长；另一方面来源于疫情影响下，抗风险能力较差的中小品牌的退出市场，市场进一步被整合，名优品牌领先地位有所扩大。

2. 行业品牌格局成熟稳定

从2020年前十品牌排名情况来看，经过多年的市场竞争，我国床上用品套件市场已经建立了比较成熟的品牌格局，市场份额分配也比较稳定，相比上年，前十品牌排名与上年不变，其中罗莱、梦洁、富安娜、水星家纺继续以10.9%、8.1%、5.6%和4.5%的市场综合占有率排名前四位，构成床上用品市场的第一梯队。

（二）各种被

1. 前十品牌集中度提升3.0个百分点

2020年全国重点大型零售企业床上用品各种被前十品牌市场综合占有率之和为38.5%，相比上年提升了3.0个百分点，前二十品牌市场综合占有率之和为49.9%，相比上年下降了2.9个百分点（图17、图18）。

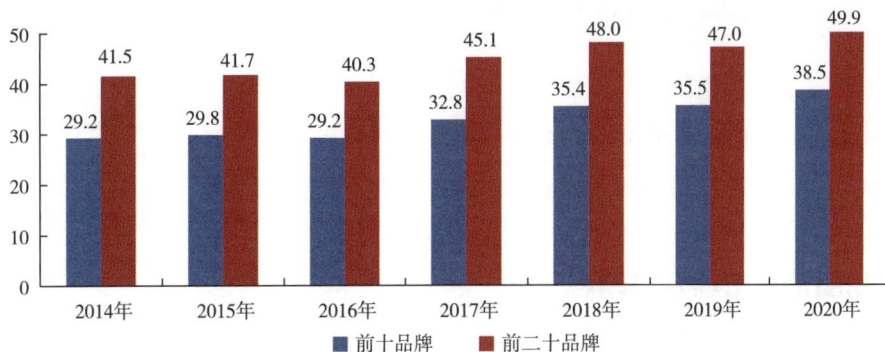

图17　2014~2020年全国重点大型零售企业床上用品各种被市场综合占有率情况（%）
数据来源：中华全国商业信息中心

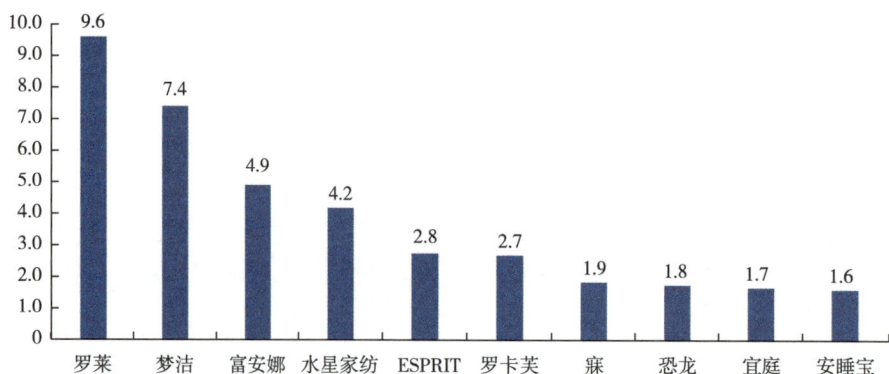

图18　2020年全国重点大型零售企业床上用品各种被市场综合占有率情况（%）
数据来源：中华全国商业信息中心

近年来，我国被子市场集中度有所提升，但是中高档被子行业集中度略低于套件水平。前十品牌中市场占有率最高的是罗莱，占有率为9.6%，其次是梦洁、富安娜和水星家纺，市场综合占有率为7.4%、4.9%和4.2%。第五位以后品牌市场综合占有率均不到3%。

2. 领先品牌间市场综合占有率差距扩大

2020年全国重点大型零售企业床上用品各种被市场领先品牌间差距有所扩大，第一名与第十名品牌、第一名与第二十名品牌之间的市场综合占有率的差值相比上年分别上升了0.4和0.8个百分点（图19）。

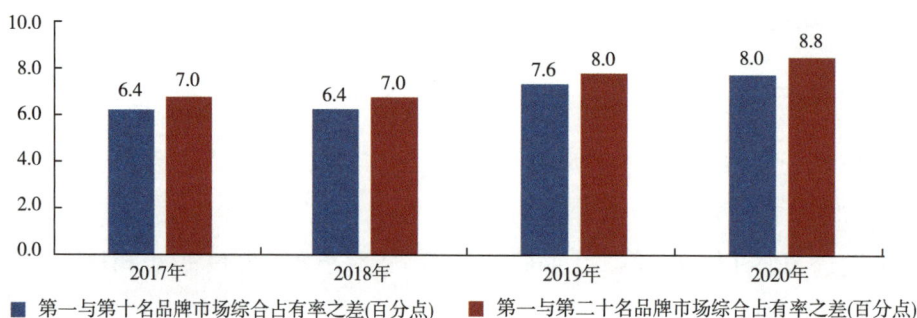

■ 第一与第十名品牌市场综合占有率之差(百分点)　■ 第一与第二十名品牌市场综合占有率之差(百分点)

图19　2017~2020年床上用品各种被市场优势品牌间市场综合占有率差值（%）
数据来源：中华全国商业信息中心

3. 市场细分化更加明显

随着生活的多样化，被子市场逐渐呈现细分化的特点，各种空调被、凉被纷纷登场，而从材质上来看，有棉被、化纤被、蚕丝被、羽绒被、羊绒被等之分。

四、床上用品消费市场发展趋势

（一）消费需求时尚化、艺术化

随着"80后""90后"和"00后"消费群体逐渐占据消费主流，床上用品的市场需求也在发生变化，他们对于家居空间的需求，从早期的注重实用性，变得越来越强调装饰性，家居时尚化的趋势在终端愈发显见。同时，随着我国城市化进程越来越快，人们的生活观念及生活方式都发生巨大变化，艺术与生活结合的产品、场景已经在逐渐构建，艺术生活化的时代已然到来，软装与艺术的结合将成为必然。床上用品的时尚化、艺术化也意味着更高的购买频次，更优的性价比。

（二）品牌集中度进一步提升

随着人们对中高档价位的床上用品承受能力的提升，人们追逐品牌的欲望增强，市场消费呈现重品牌、重档次的趋势。在品牌端，一些具有领先优势和市场影响力的品牌凭借资金、设计研发和销售理念的优势，着力提高产品质量，已逐步摆脱"同质化"、"价格战"的圈子，以产品风格和消费群体细分赢得先机，引领行业向高质量发展。2020年，在疫情影响下，很多大型百货零售企业也通过淘汰小品牌、聚合大品牌，提升单店销售业绩，在这一过程中具有品牌影响力的床上用品企业将受益整个线下实体零售渠道集中度的提升。同时，线上床上用品销售经过前期的粗放式发展，正步入注重于品牌的消费阶段，未来线上消费有望成为推动中高端品牌家纺企业成长的新增长极，并带动整个行业的品牌化发展。

（三）线上线下融合一体化发展

2020年疫情以来，床上用品线上客流大幅提升，销售快速增长，而线下床品销售普遍面临客流锐减、收入下降的困境，为此，更多的线下企业借助线上平台开展销售。床上用品线上线下渠道各具优势，消费者可以在线上更全面了解商品信息，也可以线下实地感受商品，获得更好的购物体验。2020年双十一床上用品排名前10品牌仍有很多为线下知名品牌，表明线下品牌的发展是线上销售的有力支撑。随着床上用品线上销售占比的不断提高，床上用品品牌线上线下运作日趋成熟，相互支撑发展。结合服装家纺等其他品类的线下线上共赢发展，可以预计未来几年线上销售将进一步改变传统的销售格局，床上用品企业应该积极探索线上线下相互融合发展。

（四）与其他行业融合拓展销售渠道

床上用品与布业、家居、家具等行业的销售群体有一定的重合，因此现在许多家居中心、建材专卖店都引进甚至开辟了床上用品销售专区，并针对人们生活需求的不同，推出不同的功能销售组合。床品与家具等经销商联合起来，共建整体家居零售渠道，一方面，可以共同承担房租租金，分散经营压力，节省成本；另一方面，床品与家具、窗帘、地毯、沙发组合起来整体销售，能方便消费者很快找到与居室风格相搭配的床品，并相互引流提升销售。床上用品行业还将继续深入探索一站式、体验式生活馆的销售模式，逐步将床上用品与布业、家居、家具等结合起来，共建整体家居零售渠道。

（五）产品面料、色彩更加讲究

我国纺织服装家纺行业的发展，也带动了床上用品产品面料的深度开发和拓展，面料的品质和档次有所提高。以真丝、纯棉混纺、棉麻等为面料的产品逐步占领市场，满足人民对生活质量的追求，另外，消费者对面料的平整度、舒适性、健康环保等也提出了更高的要求。花型也是消费者在购买时相当看重的，各种回归自然、简约风格以及几何图案的床上用品，也深得消费者的喜爱。床上用品通过色彩、图案等表现出民族、自然、浪漫、古典、欧式等各种特色风格，消费者根据室内环境的不同，选择不同风格的床上用品，从而为自己的生活空间营造出良好的文化氛围，表现出不同的文化层次和气质。

（六）健康消费理念带动市场发展

随着生活水平的不断提高，人们更加重视自己和家人的健康以及环境卫生，这种趋势反映在床上用品行业，就是消费者在选购床上用品时，会意识到产品在健康方面所能带来的附加价值，并愿意支付一定费用购买带有健康功能的床上用品产品。一直以来，床上用品企业也积极向消费者宣传和倡导科学健康的消费理念和生活方式，以做大市场做好消费引导。企业通过提升产品的健康、环保、生态、安全等方面的功能，还可以提高产品档次。2020年疫情的影响下，健康安全的诉求更是成为市场增长的一大亮点，市场上此类产品占有率有所提升。

2020年纺织服装专业市场及家纺市场运行分析

中国纺织工业联合会流通分会

2020年是我国历史上极不平凡的一年，在严峻复杂的国际形势和艰巨繁重的国内改革发展任务的双重挑战下，又遭受新冠肺炎疫情的严重冲击，不确定因素的反复叠加给我国经济和社会发展带来了前所未有的考验。我国纺织服装专业市场在空前压力之下，彰显强劲韧性，激活创新潜能，通过积极的创新发展举措和稳健的疫情防控措施，逐步恢复生产、稳定商户、开拓渠道、创新模式，保障了市场的平稳运行，在二季度实现稳定复苏，三季度实现单季度成交额正增长，四季度全年降幅收窄至5%以内，交出了一份来之不易的答卷。

2020年，我国万平方米以上的纺织服装专业市场925家，市场总成交额达到2.28万亿元，同比下降2.22%；其中，中国纺织工业联合会（简称中国纺联）流通分会重点监测的46家市场商圈总成交额为13477.83亿元，同比增长4.93%，显示纺织服装专业市场两极分化更加明显。

一、总体情况

据流通分会统计，2020年我国万平方米以上的纺织服装专业市场925家，同比增长0.33%；市场经营面积达到7618.61万平方米，同比增长0.16%；市场商铺数量142.19万个，同比增长0.08%；市场商户数量115.49万户，同比增长0.09%；市场总成交额达到2.28万亿元，同比下降2.22%。

1.总量规模方面

2015~2020年，我国万平方米以上的纺织服装专业市场数量、总经营面积、总商铺数量、总商户数量连续多年实现平稳增长，整体运营良好。受行业同质化竞争带来的优胜劣汰、中心城市核心城区专业市场外迁与转型、新市场投资日趋理性等综合因素影响，总量规模的增幅逐年缩小；2020年，受新冠肺炎疫情影响，市场体量与2019年基本持平，无明显增长。总的来看，万平方米以上专业市场总量逐年上升，增幅逐年放缓，结构逐年优化。

2.成交额增速方面

2015~2020年，专业市场总成交额年同比增速依次为2.11%、2.81%、5.12%、3.85%、

–1.08%、–2.22%，增长速度逐步放缓，自2019年起出现连续两年的下降（图1）。

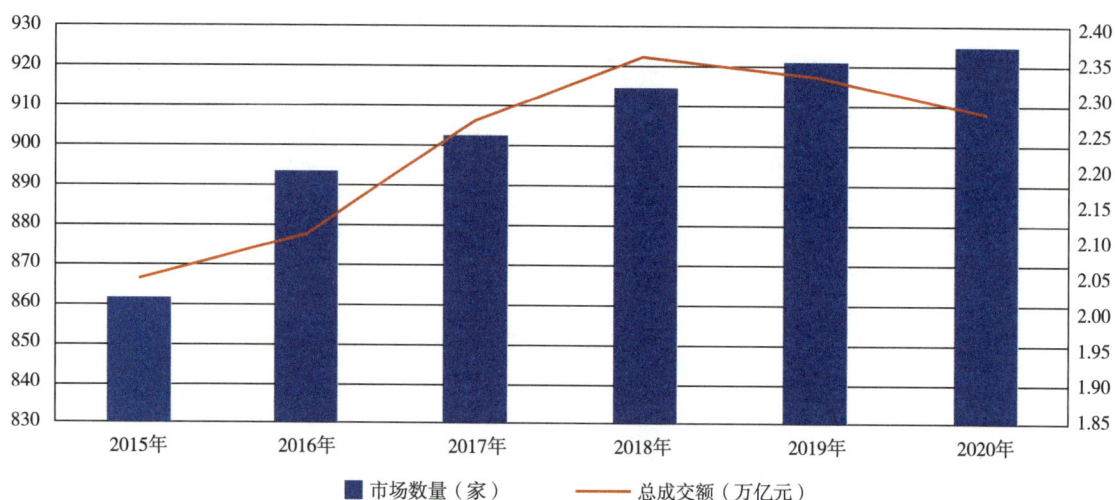

图1　2015~2020年纺织服装专业市场总量规模逐年对比
数据来源：中国纺联流通分会

3. 新市场方面

2020年，新开业万平方米以上纺织服装类专业市场3家，新开业专业市场总投资额为9亿元，新开业专业市场总经营面积为16万平方米。

4. 运行效率方面

2020年，纺织服装专业市场商铺效率为160.37万元/铺，同比下降2.30%；商户效率为197.45万元/户，同比下降2.31%；市场效率为29931.86元/平方米，同比下降2.38%。

5. 重点监测市场方面

2020年1~12月，流通分会重点监测的46家纺织服装专业市场（含市场群）总成交额达到13477.83亿元，同比上升4.93%。其中，35家市场成交额同比下降，平均降幅为15.32%；10家市场成交额同比上升，平均增幅为20.50%；1家市场成交额与2019年持平。从市场运行效率看，1~12月，46家重点监测市场平均运行效率为60535.59元/平方米，同比上升4.10%；平均商铺效率为462.62万元/铺，同比上升4.44%；平均商户效率为514.65万元/户，同比上升4.87%。重点监测市场的市场效率、商铺效率、商户效率远远高于全国纺织服装专业市场的平均水平。

6. 景气方面

2020年，纺织服装专业市场管理者景气与商户景气走势基本一致。1~2月，受新冠肺炎疫情影响，全国纺织服装专业市场景气跌至历史最低点；3月，随着疫情防控工作的稳定铺开和各地复工复产的有序推进，景气指数开始回升。但是，上半年专业市场景气指数不断出现反复，市场管理者与商户对市场运行情况和未来发展的信心不足；下半年，我国纺织服装专业市场迎来全年的销售黄金期，线上线下融合发展、内贸外贸融合发展、批发零售融合发展，实现了销售额的逆势增长，景气指数稳健回升。2020年，专业市场管理者景气指数全年平均值为43.31，商户景气指数全年平均值为45.02，两项平均数均低于50荣枯线，相较2019年有所下滑，商户景气指数略高于管理者景气指数（图2）。

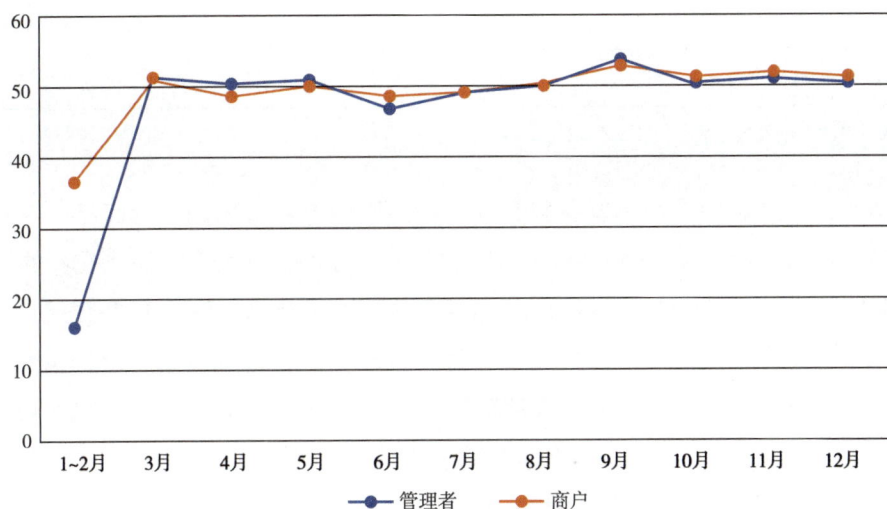

图2　全年景气指数一览
数据来源：中国纺联流通分会

二、结构分析

从区域看，925家专业市场中，东部地区564家，成交额18890.27亿元，占总成交额的82.84%，同比增长1.83%。东部地区是我国纺织服装专业市场行业的龙头地区和中流砥柱，在众多产地型专业市场群的支撑下，2020年实现了成交额的逆势增长，东部地区的稳健增长是全国纺织服装专业市场总成交额降幅减小的主要原因；中部地区受疫情影响较大，2020年，200家中部地区市场成交额2611.64亿元，占总成交额的11.45%，同比下降20.51%；西部地区161家市场，成交额1301.71亿元，占总成交额的5.71%，同比下降12.35%（图3、表1）。

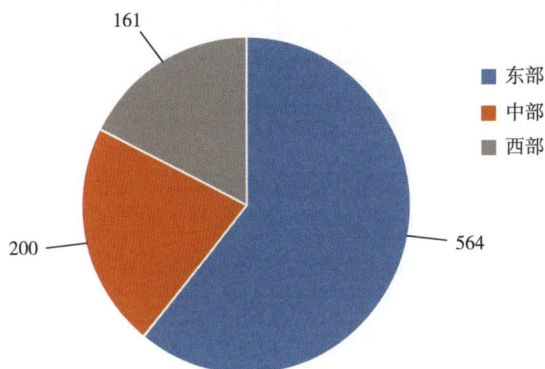

图3　东中西部地区市场数量分布
数据来源：中国纺联流通分会

表1 东中西部地区成交额占比、增速表

地区	东部	中部	西部
成交额（亿元）	18890.27	2611.64	1301.71
占比（%）	82.84	11.45	5.71
增速（%）	1.83	−20.51	−12.35

数据来源：中国纺联流通分会

从品类看，服装和原、面（辅）料是我国纺织服装专业市场的主营商品，主营服装和原、面（辅）料的专业市场共655家，占市场总量的70.81%，成交额占总成交额的71.03%。其中，主营服装产品的专业市场493家，在各品类中成交额最高，达9495.38亿元，占总成交额的41.64%，同比下降6.11%；主营原、面（辅）料的专业市场162家，成交额位列第二，达6702.73亿元，占比29.39%，同比增长2.04%；主营家纺和小商品的专业市场也实现了成交额的正增长，其中，主营家纺的专业市场成交额增速最高，同比增长14.20%；小商品类专业市场运行基本平稳，增幅2.51%（图4、表2）。

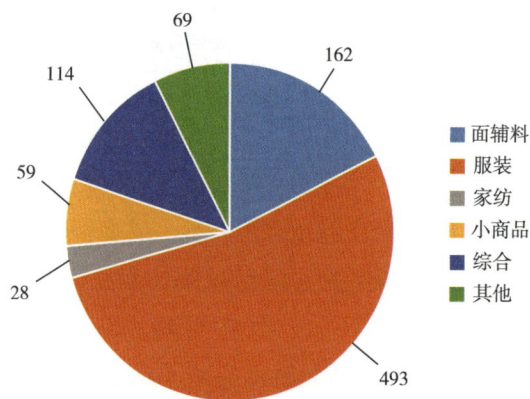

图4 各品类专业市场数量分布
数据来源：中国纺联流通分会

表2 各品类成交额占比、增速表

品类	成交额（亿元）	占比（%）	增速（%）
面辅料	6702.73	29.39	2.04
服装	9495.38	41.64	−6.11
家纺	1689.36	7.41	14.20
小商品	2311.61	10.14	2.51
综合	1667.57	7.31	−10.92
其他	936.97	4.11	−9.40

数据来源：中国纺联流通分会

在全国服装类专业市场中，东部地区市场成交额同比下降2.09%，中部地区市场成交额同比下降17.12%，西部地区市场成交额同比下降18.05%；在全国原面（辅）料类专业市场中，东部地区市场成交额同比增长2.05%，中部地区市场成交额同比增长2.00%，西部地区市场成交额同比增长1.13%。

三、家纺市场分析

据流通分会统计，2020年万平方米以上专营家纺产品的专业市场（含市场群，一个市场群计为1家）共计28家，占全国纺织服装专业市场总数的3.03%，同比增长0.08%；市场经营总面积372.91万平方米，同比下降2.42%，商铺总数4.20万个，同比下降3.00%，经营商户总数3.95万户，同比上升0.77%；2019年成交额1689.36亿元，占全国纺织服装专业市场总成交额的7.41%，成交额同比增长14.20%，在各品类专业市场中，增速位列第一；家纺市场运行效率为45302.08元/平方米，同比增长17.23%，家纺市场的运行效率略高于全国纺织服装专业市场平均运行效率的29931.86元/平方米。

2020年，主营家纺产品的专业市场运行良好，在各品类市场整体遇冷的情况下，实现了逆势上涨，并取得了较大幅度的成交额增长；从规模看，经营面积、商铺数量略有下降，家纺市场通过积极划行规市、转型升级、协同发展，提升了市场环境，扩大了单铺面积，精简了市场面积，大力推进集约化发展；从成交额看，主营家纺产品专业市场实现了14.20%的增长，现已连续五年实现成交额增长；从市场运行效率看，主营家纺产品专业市场的运行效率高于全国纺织服装专业市场的平均运行效率，可见家纺市场日常运营良好，稳中有进，抵御风险能力较强，应变能力逐年提高。

2020年，全国纺织服装专业市场受新冠肺炎疫情的影响较为严重，家纺市场能在行业整体遇冷的行业形势下实现逆势增长，主要得益于四大原因。一是疫情推动"宅经济"的迅速发展，家居生活类用品市场需求增长，家纺市场内需扩大，销售火爆；二是疫情扩大了线上消费的购买人群，尤其增加了大批下沉市场消费者，以南通叠石桥市场为代表的家纺专业市场积极推动线上线下融合发展，将线下原产地的性价比优势和线上便捷的消费方式相结合，线上销售成绩亮眼；三是消费者对功能性、绿色环保、健康养生类家居生活产品的需求大幅提高，家纺市场商户积极投入产品研发和技术创新，推出的功能性新产品迅速抢占市场，成为市场成交额的新增长点；四是疫情席卷全球，海外对家居用品的需求量大增，东南亚各国受疫情影响无法正常生产，得益于我国疫情防控工作的平稳推进，本土生产企业顺利复产复工，实现了海外订单的回流。

四、2020年纺织服装专业市场发展特点

（一）专业市场两极分化趋势明显

近年来，我国纺织服装专业市场发展呈现两极分化趋势，2020年，市场发展面临前所未

有的挑战，两极分化的速度进一步加快。

1. 各区域市场呈两极化发展

东部地区在大量产业集群的支撑下，形成了大量的产地型专业市场，依托完善的产业体系，形成更强的自我调整能力，能有效应对疫情冲击，实现创新发展，取得逆势增长。

2. 龙头市场与其他市场呈两极化发展

我国纺织服装专业市场经历了较长的转型升级过程，其中，龙头骨干型专业市场已经实现了市场角色的转变、经营模式的转变、管理理念的转变，取得了高质量发展。2020年，这些市场在困境中更具内生动力和竞争优势，在面临严峻压力和复杂环境时，展现出不屈的发展韧性，激发出更大的创新热情。

3. 不同品类市场呈两极化发展

2020年，国内外特殊的经济社会环境给我国纺织服装专业市场打开了机遇与挑战并存的新局面，部分品类的专业市场及时抓住机遇，转危为机，实现了交易额的增长。原、面（辅）料市场积极争夺国际市场空间，在海外疫情影响生产的情况下，敏锐地抓住国际订单回流的机遇，实现了逆势增长，尤其在国际贸易中取得了突破发展；家纺市场抓住"宅经济"引发家居用品消费热潮的机遇，进行了一系列的创新，从功能性产品的快速研发上市，到线上线下融合发展的销售渠道，准确地匹配消费者的新需求，迎合消费者的新习惯，在下半年迎来了近年来最大的家纺产品销售旺季，实现了14.20%的迅猛增长。

4. 商户间呈两极化发展

2020年是各行业的大浪淘沙之年，复杂多变的市场环境危中有机，淘汰了一批商户，也成就了一批商户，创新能力成为商业竞争的核心。疫情催生了一系列新型商业模式，极大地颠覆了传统理念和保守玩法，推动了线上线下加速融合。积极试水新模式、拥抱新变化、迎合新消费的商户，极大地丰富了自身渠道，打开了新的市场空间。

（二）专业市场实现三个"融合发展"

1. 线上与线下融合发展

2020年，各行业线上线下融合发展进入了新纪元，5G、人工智能、物联网等新技术得到了空前应用，短视频、直播带货等在线娱乐、在线营销方式逆势增长，远程办公、在线教育、互联网医疗等新模式成长壮大，为经济发展注入新的活力。

2020年一季度，为缓解市场歇业对经营总额的冲击力度，全国专业市场开始尝试风格多样的"云开市"，通过线上服务、直播带货、跨境B2B等途径，将专业市场的实体业务搬到线上，改变了市场的管理风格，也改变了商户的销售习惯，取得了良好的成效。如濮院羊毛衫市场于疫情期间推进线上开市，出台七大政策鼓励和支持市场商户进行线上交易，另外，市场创新服务综合体的各项服务功能全部实现了线上化运行，一定程度上缓解了疫情带来的经营压力。常熟服装城积极提供商户直播类场地和设施，为商户线上直播提供模式多样的公共服务，更与阿里巴巴深入合作，打造直播产业带，在商户中培育了一批"网红老板娘"，实现了商户直播的常态化。

值得一提的是，线上云展会概念迅速普及，将商户的新产品信息搬到线上，推动线上展示、线上沟通和线上交易，如海宁中国家纺城推动举办的"海宁中国国际家用纺织品云博会"于2020年3月正式上线启幕，打破了传统展会对时间、空间的约束，实现线上线下协同发展。通过传统展贸线上化，在较短的时间内实现了社交软件、网站、自媒体、云直播、线上支付及担保等工具的打通，以丰富多彩的形式开启线上展会的新纪元，实现了纺织服装专业市场线上线下融合发展的新突破。

2. 场内与场外融合发展

2020年，纺织服装专业市场打破了市场空间的局限性，实现了场内与场外的融合发展。

一季度，在市场无法正常运营的情况下，积极推动线上办公等公共服务职能，对推动复产复工、降低商户损失、链接产业上下游发挥了积极的作用。

二季度，在专业市场全面恢复日常运营后，开展了丰富多彩的线下促销活动，激活了专业市场的客流活力，推动了市场成交额的回升。在流通分会发起组织下，广州白马服装市场，广州红棉国际时装城，虎门富民时装城，沈阳五爱服装城，华海达（国际）服装交易中心，济南泺口服装城，重庆朝天门辖区内渝派精品服饰城、大融汇服装广场、重庆圣名国际时装城、港渝广场等服装市场纷纷开启夏季清仓大促活动，数万家服装品牌商户积极参与，无论是在营销玩法还是促销力度上，都展现了巨大的复苏活力，实现了实体市场的回温引流，同时也取得了令人满意的销售成果。

三季度，各地专业市场线下展会有序重启，中国纺织工业联合会携手中国国际纺织面料及辅料（秋冬）博览会、中国国际服装服饰博览会（秋季）、中国国际纺织纱线（秋冬）展览会、中国国际针织（秋冬）博览会四大专业展会开启"秋季联展"；清河羊绒小镇开启中国·清河国际羊绒及绒毛制品交易会暨2020清河羊绒时装周；汉正街市场举办2020中国·汉正街服装服饰博览会暨首届中国·汉正街电商直播节；广东时装周、常熟国际时装周等时尚活动圆满落幕，2020中国濮院直播带货节成果喜人……各地纺织服装专业市场积极创新和跨界合作，实现场内与场外融合发展。

四季度，电商行业迎来全年流量最大的"双11"销售周期，专业市场延续线上销售的热潮，以直播为主要模式开展线上零售，取得了良好的效果。如江苏叠石桥家纺市场，通过南通两大家纺市场商圈协同发展，在下半年的销售旺季中实现了良好的销售业绩，线上销售表现尤其亮眼，成为市场销售额的重要增长点；杭州四季青市场依托杭州强大的互联网产业优势，得益于网红业态的繁荣发展，2020年下半年实现了网络供货量的明显增长，给全年成交额的提升带来积极影响。

3. 内贸与外贸融合发展

2020年6月以来，我国出口受海外需求回暖、防疫物资订单不断以及疫情产生的供给替代效应影响，出现大规模增长，家居用品、小商品、部分医疗卫生类纺织品的海外需求大增，各地专业市场抓住机遇，在下半年打开了出口贸易的新局面；东南亚地区受疫情影响，开工率和生产效率下降，我国流失的生产订单大量回流，通过直接出口和间接出口的方式，提升了我国纺织服装类专业市场的成交额；2020年，全国市场采购贸易方式试点总数达到31家，辽宁西柳服装城、浙江绍兴柯桥中国轻纺城、山东青岛即墨国际商贸城等专业市场均在新设市场采购贸易方式试点名单之中。商务部积极指导各试点市场推进市场采购与跨境电商等新业态融合发展，发挥叠加效应，降低疫情影响。2020年1~11月，全国市场采购贸易方式出口值6398.92亿元，同比增长33.7%，成为外贸新亮点，对加快构建国内国际"双循环"新发展格局起到了积极的推动作用。

结语

2020年，我国纺织服装专业市场取得的成绩来之不易，但问题也不容忽视。作为经济增长的主要引擎，2020年我国消费处于负增长状态，据国家统计局数据显示，全年社会消费品零售总额391981亿元，比上年下降3.9%。同时应看到，疫情变化和外部环境仍存在诸多不确定性，我国经济恢复基础尚不牢固。

未来，我国纺织服装专业市场应加快融入以国内大循环为主体、国内国际双循环相互促进的新发展格局，不断打开海外空间、深挖内需潜力、突破发展制约、提升管理水平、激发创新潜能、聚焦新型消费，向高速、高质的新发展格局迈出行稳致远的步伐。

撰稿人：胡晶

上市公司

2020年家用纺织品行业上市公司经营概况

余湘频

一、在全球主要证券市场上市的家纺企业增加至12家

截至2020年12月31日，在全球主要证券市场（不含我国新三板）上市的家用纺织品企业增加2家，达到12家，其中上海证券交易所4家、深圳证券交易所4家、香港联交所2家、新加坡证券交易所1家、澳大利亚证券交易所1家。12家上市公司的来源地区和细分行业分布见表1、表2。

表1　家用纺织品行业上市公司上市地及实际总部分布

序号	上市地及代码	公司简称	实际总部地区
1	HK00146	太平地毯	香港
2	HK02223	卡撒天骄	
3	SZ002083	孚日股份	山东
4	SGX：COZ	宏诚家纺	
5	ASX：SHU	绅花纺织	
6	SH605003	众望布艺	浙江
7	SH605155	西大门	
8	SZ002293	罗莱生活	江苏
9	SH603313	梦百合	
10	SZ002327	富安娜	广东
11	SZ002397	梦洁股份	湖南
12	SH603365	水星家纺	上海

表2　家用纺织品行业上市公司行业细分

序号	上市地及代码	公司简称	细分行业
1	SZ002293	罗莱生活	床上用品
2	SZ002327	富安娜	
3	SZ002397	梦洁股份	
4	SH603313	梦百合	
5	SH603365	水星家纺	
6	HK02223	卡撒天骄	
7	SGX：COZ	宏诚家纺	
8	ASX：SHU	绅花纺织	
9	SZ002083	孚日股份	毛巾
10	HK00146	太平地毯	地毯
11	SH605003	众望布艺	布艺
12	SH605155	西大门	

二、主要家纺上市公司经营指标对比分析

从已取得年报数据的10家主要家纺上市公司的经营数据分析，2020年10家企业中，除个别严重依赖宾馆酒店业务外，大部分都通过努力基本克服了新冠肺炎疫情的严重影响，保持了企业经营的持续稳定发展。太平地毯（HK00146）从2019年开始，年度财务结算日从12月31日改为第二年的6月30日，2019/2020年度数据为18个月的数据，其横向和纵向都没有可比性，鉴于此，本次报告中太平地毯的相关数据仅供参考。

1. 营业总收入

在9家（不含太平地毯）有数据的公司中，2020年营业总收入实现增长的有5家，特别是梦百合，抓住美国对进口自柬埔寨、印度尼西亚、马来西亚、塞尔维亚、泰国、土耳其和越南的床垫启动反倾销调查的机遇，抓紧复工复产拓展国际市场，全年实现了70%的大幅度增长（表3）。

表3　家纺上市公司历年营业总收入

人民币核算（亿元人民币）							
代码	公司简称	2014年	2015年	2016年	2017年	2018年	2019年	2020年
SZ002083	孚日股份	45.54	42.05	43.75	48.20	51.71	49.87	44.32
SZ002293	罗莱生活	27.61	29.16	31.50	46.62	48.10	48.60	49.11
SZ002327	富安娜	19.70	20.93	23.12	26.16	29.18	27.89	28.74
SZ002397	梦洁股份	15.66	15.17	14.47	19.34	23.08	26.04	22.20

人民币核算（亿元人民币）							
代码	公司简称	2014年	2015年	2016年	2017年	2018年	2019年	2020年
SH603313	梦百合	11.62	13.77	17.20	23.40	30.50	38.32	65.30
SH603365	水星家纺	17.76	18.51	19.77	24.62	27.20	30.02	30.30
SH605003	众望布艺			3.66	3.89	4.25	4.88	4.95
SH605155	西大门			3.09	3.48	3.91	4.09	3.54
合计		137.89	139.59	156.57	195.71	217.92	229.70	248.46

港元核算（亿港元）							
代码	公司简称	2014年	2015年	2016年	2017年	2018年	2019年	2020年
HK00146	太平地毯	14.28	13.13	13.20	4.47	5.41		7.38
HK02223	卡撒天骄	4.61	3.71	3.57	3.47	3.38	3.79	3.09
合计		18.89	16.84	16.77	7.94	8.79	3.79	10.47

2. 销售毛利率

销售毛利率代表企业在单位产品中新创造的价值比率，可以从一个侧面反映企业产品创新被社会认可的程度。品牌企业的毛利率更多取决于产品的市场定位，而对于生产加工型企业来讲更多体现的是产品的市场竞争力（表4）。

表4 家纺上市公司历年销售毛利率

人民币核算（%）							
代码	公司简称	2014年	2015年	2016年	2017年	2018年	2019年	2020年
SZ002083	孚日股份	20.05	22.28	23.43	21.80	19.90	19.64	18.79
SZ002293	罗莱生活	44.86	48.96	48.46	43.50	45.50	43.90	43.18
SZ002327	富安娜	51.32	51.05	50.24	49.60	49.80	52.00	53.90
SZ002397	梦洁股份	45.63	47.79	49.41	44.20	42.80	41.10	39.90
SH603313	梦百合	30.04	34.86	33.60	29.50	32.10	39.70	33.90
SH603365	水星家纺			36.94	36.36	35.10	37.60	35.30
SH605003	众望布艺			41.85	42.42	38.67	42.51	41.94
SH605155	西大门			38.99	41.18	37.40	39.36	40.39
港元核算（%）							
代码	公司简称	2014年	2015年	2016年	2017年	2018年	2019年	2020年
HK00146	太平地毯	46.65	46.61	44.86	47.60	54.30		53.90
HK02223	卡撒天骄	60.39	61.79	62.78	64.60	63.20	60.40	62.10

3. 净利润

在9家（不含太平地毯）有数据的公司中，2020年总体净利润有所下降，说明企业经营成本提升，对于以出口为主的企业来说，2020年全年人民币汇率提升对企业利润的侵蚀也是重要因素（表5）。

表5　家纺上市公司历年净利润

人民币核算（亿元人民币）								
代码	公司简称	2014年	2015年	2016年	2017年	2018年	2019年	2020年
SZ002083	孚日股份	0.75	3.13	3.81	4.10	4.35	3.67	1.92
SZ002293	罗莱生活	3.98	4.23	3.40	4.50	5.45	5.59	5.93
SZ002327	富安娜	3.77	4.01	4.39	4.93	5.43	5.07	5.16
SZ002397	梦洁股份	1.49	1.56	0.99	0.81	0.93	0.95	0.47
SH603313	梦百合	1.31	1.65	2.00	1.50	2.00	3.92	4.20
SH603365	水星家纺	1.19	1.35	1.98	2.57	2.90	3.16	2.70
SH605003	众望布艺			0.83	0.66	0.90	1.24	1.40
SH605155	西大门			0.50	0.61	0.76	0.88	0.78
合计		12.49	15.93	17.89	19.68	22.72	24.48	22.56
港元核算（亿港元）								
代码	公司简称	2014年	2015年	2016年	2017年	2018年	2019年	2020年
HK00146	太平地毯	0.26	0.20	−0.38	1.90	−0.43		−0.39
HK02223	卡撒天骄	0.13	−0.16	0.08	0.27	0.06	0.18	0.16
合计		0.38	0.04	−0.30	2.17	−0.37	0.18	−0.23

注　表中净利润为企业年报中持续经营净利润。

4. 存货周转天数

存货周转天数表示企业用于正常生产经营的原材料在产品、库存商品（产成品）等周转一次所需的天数，不同的企业由于各自的经营销售模式、采购模式、生产流程长短等因素决定了其存货周转一次所需的基本周期，但总体来说，存货周转天数越少说明企业运转越良性健康，特别是对于依靠自主销售渠道销售产品的品牌企业来说，存货的周转效率直接反映企业运转得是否健康有效。

在9家（不含太平地毯）有数据的公司中，2020年存货周转天数下降或持平的有4家，上升的有5家（表6）。

5. 应收账款周转天数

应收账款周转天数是指企业应收账款周转一次的天数，和存货周转天数一样，同样是反映企业运转是否良性和有效的重要指标，特别是对那些需要依靠经销商渠道销售自己产品的品牌企业来说显得尤其重要，在9家（不含太平地毯）有数据的公司中，2020年应收账款周转天数下降或持平的有5家，其他4家有所提升（表7）。

表6　家纺上市公司历年存货周转天数

人民币核算（天）								
代码	公司简称	2014年	2015年	2016年	2017年	2018年	2019年	2020年
SZ002083	孚日股份	207	227	208	186	154	121	121
SZ002293	罗莱生活	156	156	146	114	162	170	153
SZ002327	富安娜	207	187	183	185	190	222	216
SZ002397	梦洁股份	212	209	260	219	204	177	204
SH603313	梦百合	71	70	64	60	60	86	88
SH603365	水星家纺			174	157	156	155	144
SH605003	众望布艺			77	86	93	95	108
SH605155	西大门			103	111	116	134	164
港元核算（天）								
代码	公司简称	2014年	2015年	2016年	2017年	2018年	2019年	2020年
HK00146	太平地毯	112	114	109	145	124		
HK02223	卡撒天骄	182	210	212	186	286	219	237

表7　家纺上市公司历年应收账款周转天数

人民币核算（天）								
代码	公司简称	2014年	2015年	2016年	2017年	2018年	2019年	2020年
SZ002083	孚日股份	31	35	34	33	39	44	45
SZ002293	罗莱生活	19	26	32	30	36	37	38
SZ002327	富安娜	13	23	39	44	43	38	27
SZ002397	梦洁股份	45	76	100	77	66	61	66
SH603313	梦百合	40	40	41	46	56	64	49
SH603365	水星家纺			20	23	18	17	13
SH605003	众望布艺						53	53
SH605155	西大门						26	29
港元核算（天）								
代码	公司简称	2014年	2015年	2016年	2017年	2018年	2019年	2020年
HK00146	太平地毯	52	62	63	99	76		
HK02223	卡撒天骄	70	64	72	82	94	75	74

6. 盈利质量

盈利质量是指单位净利润的现金含量，等于经营现金流净额/净利润。由于现行会计制度的原因，企业报表上实现的利润和企业收到的现金并不一致，导致许多企业利润表上业绩很好，但企业的真实情况却并不尽如人意，为了矫正这一制度缺陷带来的错觉，必须把利润表上的净利润与现金流量表上的经营现金流净额两个指标比较起来分析，如果经营现金流净额/净利润的比值长期小于1，则认为该企业的盈利质量不高。

在9家（不含太平地毡）有数据的公司中，2020年盈利质量指标全部大于1，行业整体盈利质量大幅提升，说明企业在新冠肺炎疫情的严峻环境下，对保持企业良好的现金流动性保持了高度的警惕性（表8）。

表8　家纺上市公司历年盈利质量

人民币核算								
代码	公司简称	2014年	2015年	2016年	2017年	2018年	2019年	2020年
SZ002083	孚日股份	1.90	2.84	3.06	2.08	1.19	1.62	4.64
SZ002293	罗莱生活	1.28	0.80	1.49	0.88	0.20	1.36	1.44
SZ002327	富安娜	1.16	0.73	0.96	0.74	0.64	1.70	1.29
SZ002397	梦洁股份	1.51	0.43	1.17	1.26	2.09	5.85	7.67
SH603313	梦百合	0.87	1.01	0.75	0.38	0.89	0.33	1.40
SH603365	水星家纺			1.34	1.19	0.84	0.75	1.38
SH605003	众望布艺			0.72	1.05	0.79	1.11	1.03
SH605155	西大门			1.28	1.02	1.07	1.39	1.61
港元核算								
代码	公司简称	2014年	2015年	2016年	2017年	2018年	2019年	2020年
HK00146	太平地毡	5.05	1.87	1.12	0.68	−0.11		
HK02223	卡撒天骄	4.57	0.65	3.69	1.83	1.36	2.37	3.53

7. 运营效率

运营效率指标等于主营业务毛利额/（销售费+管理费），表达的含义是一个单位的固定费用支出能给企业带来几个单位的新价值，考察的是企业管理团队运营企业的效率，包括对市场开拓和管理提升的精准性。如果这一比值小于1，则表明企业管理团队的运营效率不高，企业处于入不敷出的状态，企业必须采取措施检讨费用的合理性和效率性，同时提高产品的毛利率。

在9家（不含太平地毡）有数据的公司中，2020年运营效率全部大于1（表9）。

表9　家纺上市公司历年运营效率

人民币核算								
代码	公司简称	2014年	2015年	2016年	2017年	2018年	2019年	2020年
SZ002083	孚日股份	1.99	2.68	2.96	3.01	3.08	2.48	2.69
SZ002293	罗莱生活	1.54	1.50	1.40	1.43	1.51	1.58	1.69
SZ002327	富安娜	1.94	1.82	1.88	1.83	1.80	1.75	1.75
SZ002397	梦洁股份	1.38	1.44	1.25	1.22	1.30	1.38	1.25
SH603313	梦百合	1.84	1.70	1.70	1.44	1.74	1.79	1.65
SH603365	水星家纺			1.56	1.55	1.70	1.59	1.50
SH605003	众望布艺			3.21	2.89	3.17	3.22	5.57
SH605155	西大门			3.90	3.86	3.81	4.04	4.13
港元核算								
代码	公司简称	2014年	2015年	2016年	2017年	2018年	2019年	2020年
HK00146	太平地毯	1.09	1.07	0.98	0.56	0.85		
HK02223	卡撒天骄	1.10	0.96	1.11	1.17	1.06	1.12	1.05

三、主要家纺上市公司经营及资本运作

1. 孚日股份（SZ002083）

2020年，面对中美贸易摩擦、全球新冠肺炎疫情、人民币快速升值、成本要素暴涨等各种"连环考验"，公司不断加快转型升级步伐，完善产业链条，深度拓展全球市场，最大程度上克服了不利因素影响，确保了企业持续稳定健康发展。报告期，公司共实现营业收入44.32亿元，同比下降11.13%；实现净利润1.92亿元，同比下降41.63%。

国际市场方面，面对新冠肺炎疫情突发、人民币升值等叠加因素影响，公司顶住压力，灵活应变，尤其上半年，面对市场需求几近停滞、产品库存快速增加的巨大压力，通过发挥质量、信誉、交期、服务等方面的优势，坚持优化协同增效，强化内部资源整合，最大程度上保证了企业正常运转；下半年抓住市场逐步回暖、订单加快回流的有利时间窗口，全力以赴抢夺市场订单，实现了逆势恢复性增长。

国内品牌建设方面，公司按照既定的品牌发展规划，加快市场布局，通过完善运营机制，搭建四条营销主线，针对不同品牌、不同渠道精准发力，实现了疫情形势下内销市场快速突破。品牌建设成果进一步提升，其中，洁玉毛巾品牌线下销量持续发展，孚日品牌在多个终端市场占据销售前列，赛维丝品牌市场开发、新品设计快速推进，电商业务实现"翻倍式"增长，为下一步深入实施整体品牌战略奠定了坚实基础（表10~表13）。

表10　分产品、分地区营业收入构成及其变动情况

项目	2020年		2019年		同比增减（%）
	金额（亿元）	占营业收入比重（%）	金额（亿元）	占营业收入比重（%）	
营业收入合计	44.32	100	49.87	100	−11.13
分行业					
家纺行业	36.83	83.11	42.31	84.84	−12.94
其他行业	7.49	16.89	7.56	15.16	−0.97
分产品					
毛巾系列	30.48	68.78	35.08	70.35	−13.12
床品系列	6.35	14.33	7.23	14.49	−12.09
热电	4.50	10.16	4.47	8.97	0.68
材料销售	2.00	4.51	2.17	4.36	−8.10
防护用品	0.58	1.30	0	0	
自来水	0.19	0.44	0.19	0.38	3.16
教育	0.17	0.39	0.45	0.91	−61.49
取暖费		0	0.23	0.45	−100.00
租赁	0.04	0.10	0.05	0.10	−9.76
分地区					
外销	27.63	62.33	32.41	64.98	−14.75
内销	16.70	37.67	17.46	35.02	−4.40

表11　分产品营业成本构成及其变动情况

行业分类	项目	2020年		2019年		同比增减（%）
		金额（亿元）	占营业成本比重（%）	金额（亿元）	占营业成本比重（%）	
家纺行业	原材料	15.35	51.54	18.51	54.38	−17.12
	辅助材料	2.53	8.50	2.83	8.31	−10.58
	水电气	2.21	7.41	2.53	7.43	−12.73
	职工薪酬	4.94	16.59	5.86	17.21	−15.67
	折旧	1.54	5.16	1.65	4.85	−6.99
	其他	3.21	10.80	2.66	7.82	20.68
	合计	29.78	100.00	34.05	100.00	−12.55

行业分类	项目	2020年		2019年		同比增减（%）
		金额（亿元）	占营业成本比重（%）	金额（亿元）	占营业成本比重（%）	
其中：毛巾系列	原材料	11.95	50.01	14.58	53.20	−18.06
	辅助材料	2.12	8.87	2.36	8.59	−10.05
	水电气	1.69	7.05	1.96	7.15	−14.01
	职工薪酬	4.17	17.44	4.84	17.65	−13.86
	折旧	1.25	5.22	1.30	4.74	−4.01
	其他	2.73	11.42	2.37	8.66	14.90
	合计	23.90	100.00	27.41	100.00	−12.82
其中：床品系列	原材料	3.40	57.76	3.93	59.22	−13.62
	辅助材料	0.41	6.99	0.47	7.14	−13.21
	水电气	0.52	8.88	0.57	8.58	−8.29
	职工薪酬	0.77	13.16	1.02	15.39	−24.24
	折旧	0.29	4.93	0.35	5.32	−17.95
	其他	0.49	8.28	0.29	4.36	68.07
	合计	5.88	100.00	6.64	100.00	−11.44

表12　产品产量、销量、库存情况及其变化

行业分类	项目	2020年（吨）	2019年（吨）	同比增减（%）
毛巾系列	销售量	54488	61014	−10.70
	生产量	54562	59804	−8.77
	库存量	8564	8146	5.13
床品系列	销售量	12540	13906	−9.82
	生产量	11570	12526	−7.63
	库存量	1381	1158	19.18

表13　研发投入情况

项目	2020年	2019年	变动比例（%）
研发人员数量（人）	315	300	5.00
研发人员数量占比	2.36%	2.14%	0.22
研发投入金额（万元）	11523.41	12375.10	−6.88
研发投入占营业收入比例	2.60%	2.48%	0.12

2. **罗莱生活**（SZ002293）

2020年罗莱生活实现营业收入49.11亿元，较去年同比增加1.04%，归属于上市公司股东的净利润5.85亿元，较去年同比增加7.13%，归属于上市公司股东的扣除非经常性损益的净利润5.56亿元，较去年同比增加18.85%（表14~表19）。

表14　罗莱生活分产品、分地区营业收入构成及其变动情况

项目	2020年		2019年		同比增减（%）
	金额（亿元）	占营业收入比重（%）	金额（亿元）	占营业收入比重（%）	
营业收入合计	49.11	100	48.60	100	1.04
分行业					
批发零售业	49.11	100.00	48.60	100.00	1.04
分产品					
标准套件	16.16	32.90	16.69	34.34	−3.18
被芯	15.56	31.68	14.42	29.66	7.91
枕芯	2.70	5.50	2.82	5.80	−4.08
夏令产品	1.43	2.92	1.25	2.58	14.47
其他饰品	4.06	8.28	4.75	9.77	−14.48
家具	9.19	18.72	8.68	17.85	5.96
分地区					
华东地区	20.16	41.06	21.80	44.85	−7.52
华中地区	5.49	11.18	5.55	11.43	−1.11
东北地区	2.50	5.10	2.07	4.25	21.16
华北地区	4.62	9.42	4.21	8.66	9.88
西南地区	3.61	7.36	3.32	6.83	8.89
华南地区	2.37	4.83	1.93	3.97	23.04
西北地区	0.99	2.01	0.73	1.50	35.22
美国	9.06	18.44	8.68	17.85	4.38
国外（除美国）及我国港澳台地区	0.30	0.60	0.32	0.66	−7.05

表15 2020年罗莱生活营业收入按销售渠道分类分析

销售渠道	营业收入（亿元）	营业成本（亿元）	毛利率（%）	营业收入比上年同期增减（亿元）	营业成本比上年同期增减（亿元）	毛利率比上年同期增减（%）
线上销售	14.19	7.60	46.43	2.96	1.38	1.82
直营销售	3.34	1.21	63.90	−0.39	−0.13	−0.23
加盟销售	16.53	9.36	43.37	−2.12	−0.71	−2.65
其他渠道	5.99	3.85	35.77	−0.32	−0.27	0.98
美国	9.06	5.89	35.00	0.38	0.34	−1.12
合计	49.11	27.90	43.18	0.50	0.62	−0.68

表16 2020年罗莱生活门店分析

门店的类型	门店的数量	门店的面积（平方米）	报告期内新开门店的数量	报告期末关闭门店的数量	关闭原因	涉及品牌
直营	257	33037	55	93	合同到期、商场整改等原因	罗莱、罗莱儿童、内野、廊湾、恐龙
加盟	1979	336566	237	288	疫情期间经营不善、合同到期、商场撤柜等原因	罗莱、罗莱儿童、内野、廊湾、恐龙

表17 罗莱生活分产品营业成本构成及其变动情况

行业分类	2020年		2019年		同比增减（%）
	金额（亿元）	占营业成本比重（%）	金额（亿元）	占营业成本比重（%）	
批发零售业	27.90	100.00	27.29	100.00	2.25
其中					
标准套件	8.35	29.91	8.80	32.26	−5.18
被芯	8.64	30.95	7.90	28.95	9.32
枕芯	1.44	5.15	1.50	5.48	−3.85
夏令产品	0.85	3.06	0.72	2.64	18.45
其他饰品	2.66	9.53	2.83	10.36	−5.96
家具	5.97	21.40	5.54	20.31	7.72

表18 罗莱生活家纺产品产量、销量、库存情况及其变化

行业分类	项目	2020年（套）	2019年（套）	同比增减（%）
批发零售业	销售量	19174541	15031906	27.56
	生产量	13887179	12950020	7.24
	库存量	7635293	7179385	6.35

表19 罗莱生活研发投入情况

项目	2020年	2019年	变动比例（%）
研发人员数量（人）	276	276	0
研发人员数量占比	8.00%	7.82%	0.18
研发投入金额（万元）	10149.85	9999.80	1.50
研发投入占营业收入比例	2.07%	2.06%	0.01

面对新冠肺炎疫情，公司进一步加快了数字化系统的建设步伐。在数字化建设方面，公司上线了"PLM产品研发过程管理系统"，使研发过程可视化、透明化、数据化，以数据为抓手，进一步缩短研发周期，提高研发成功率。同时，公司实施了"敏捷BI项目"，全面推进公司经营的数字化建设，实现销售数据实时更新，为经营决策提供可靠高效的依据。在管理加盟商方面，为了最大限度地减少疫情给加盟商带来的损失，2020年初，公司紧急上线了基于微信的"好享购平台"，开辟全新的线上零售渠道，上线3个月即取得零售8000万元的好成绩；"金蛋平台"的落地，为加盟商提供了更加便捷的自助提货工具，提高了加盟商的资金周转效率。

3. 富安娜（SZ002327）

2020年富安娜实现营业收入28.74亿元，较去年同期增长3.06%，归属于上市公司股东扣除非经常性损益的净利润为4.82亿元，较去年同期增长10.33%，归属于上市公司股东的净利润为5.16亿元，较去年同期增长1.89%。其中，加盟商业务收入占比为26.97%，直营业务收入占比为24.18%，电商业务收入占比为39.46%，其他业务（包括团购和家居）占比为9.39%（表20~表26）。

表20 富安娜营业收入构成及其变化情况

项目	2020年		2019年		同比增减（%）
	金额（亿元）	占营业收入比重（%）	金额（亿元）	占营业收入比重（%）	
营业收入合计	28.74	100	27.89	100	3.06
分行业					
纺织	27.87	96.98	27.10	97.16	2.86
家具	0.87	3.02	0.79	2.84	9.68
分产品					
套件	11.40	39.66	11.25	40.35	1.30
被芯	11.15	38.81	10.28	36.85	8.53
枕芯	2.22	7.71	2.34	8.40	−5.36
家具	0.87	3.02	0.79	2.84	9.68
其他	3.10	10.80	3.23	11.57	−3.77

项目	2020年		2019年		同比增减（%）
	金额（亿元）	占营业收入比重（%）	金额（亿元）	占营业收入比重（%）	
分地区					
华南	9.60	33.39	10.16	36.42	−5.50
华东	6.37	22.16	6.03	21.64	5.52
华中	3.27	11.39	2.72	9.75	20.30
西南	4.81	16.73	3.83	13.72	25.63
华北	2.20	7.66	2.14	7.66	3.06
西北	1.14	3.97	1.23	4.42	−7.41
东北	1.35	4.70	1.78	6.38	−24.14

表21　2020年富安娜各类销售渠道销售分析

销售渠道	营业收入（亿元）	营业成本（亿元）	毛利率（%）	营业收入比上年同期增减（亿元）	营业成本比上年同期增减（亿元）	毛利率比上年同期增减（%）
线上销售	11.35	5.77	49.12	1.27	0.28	3.64
直营销售	6.95	2.34	66.41	−0.54	−0.39	2.73
加盟销售	7.75	3.79	51.06	0.24	0.06	0.80
分销销售	0	0	0	0	0	0

表22　2020年富安娜门店分析

门店的类型	门店的数量	门店的面积（平方米）	报告期内新开门店的数量	报告期末关闭门店的数量	关闭原因	涉及品牌
直营	437	59376	30	47	合同到期、商场整改等原因	富安娜、馨而乐、维莎、酷奇智
加盟	1029	214396	35	99	疫情期间经营不善、合同到期、商场撤柜等原因	富安娜、馨而乐、维莎、酷奇智

表23　2020年富安娜分产品和地区的营业收入、营业成本、毛利率及其变化情况

项目	营业收入（亿元）	营业成本（亿元）	毛利率（%）	营业收入同比增减（%）	营业成本同比增减（%）	毛利率比上年同期增减（%）
分行业						
纺织	27.87	12.84	53.94	2.86	−1.43	2.01

2020/2021中国家用纺织品行业发展报告

项目	营业收入 （亿元）	营业成本 （亿元）	毛利率 （%）	营业收入 同比增减 （%）	营业成本 同比增减 （%）	毛利率比 上年同期 增减 （%）
分产品						
套件	11.40	5.12	55.06	1.30	−1.90	1.47
被芯	11.15	5.31	52.40	8.53	4.84	1.67
分地区						
华南	9.60	4.16	56.61	−5.50	−9.19	1.76
华东	6.37	2.97	53.36	5.52	1.20	1.99
华中	3.27	1.48	54.90	20.30	7.75	5.25
西南	4.81	2.50	48.07	25.63	20.85	2.06

表24 富安娜营业成本构成及其变化情况

行业分类	项目	2020年		2019年		同比增减 （%）
		金额 （亿元）	占营业成本 比重（%）	金额 （亿元）	占营业成本 比重（%）	
纺织（家用纺织品）/ 家具	材料	10.94	82.55	10.86	81.11	0.72
	人工	1.34	10.15	1.41	10.55	−4.77
	委托外加工费	0.11	0.80	0.11	0.85	−6.87
	制造费用	0.86	6.50	1.00	7.49	−14.07

表25 富安娜主要产品产、销、存及其变化情况

行业分类	项目	2020年	2019年	同比增减（%）
纺织（家用纺 织品）/家具	销售量	132481.91	133862.60	−1.03
	生产量	135902.60	131110.42	3.66
	库存量	46556.14	43135.45	7.93

注 销售量、生产量、库存量的单位为万套、万件、万个、万条。

表26 富安娜研发投入情况

项目	2020年	2019年	变动比例（%）
研发人员数量（人）	268	254	5.51
研发人员数量占比	6.21%	5.64%	0.57
研发投入金额（万元）	7017.60	7665.42	−8.45
研发投入占营业收入比例	2.44%	2.75%	−0.31

4. 梦洁股份（SZ002397）

2020年，面对突如其来的新型冠状病毒肺炎疫情，公司积极进行复工复产，同时，利用公司的制造优势，组织防疫物资的生产。虽然疫情控制后，市场逐步好转，但公司线下渠道的优势仍受到了影响，加之公司线上业务占比有限，影响了公司2020年的经营业绩。2020年，公司实现营业收入22.2亿元，同比下降14.73%，归属上市公司股东的净利润4492.04万元，同比下降47.39%（表27~表33）。

表27　梦洁股份营业收入构成

项目	2020年		2019年		同比增减（%）
	金额（亿元）	占营业收入比重（%）	金额（亿元）	占营业收入比重（%）	
营业收入	22.20	100	26.04	100	−14.73
分行业					
纺织	22.20	100.00	26.04	100.00	−14.73
分产品					
套件	8.22	37.02	10.27	39.43	−19.95
被芯	6.97	31.39	8.00	30.74	−12.94
枕芯	1.36	6.14	1.59	6.11	−14.32
其他	5.65	25.45	6.17	23.71	−8.49
分地区					
华东	2.91	13.12	5.03	19.32	−42.09
华南	1.03	4.65	2.99	11.48	−65.47
西南	1.14	5.14	1.44	5.51	−20.49
华中	14.95	67.36	12.66	48.61	18.16
西北	0.36	1.64	0.54	2.07	−32.40
华北	1.07	4.81	2.00	7.67	−46.51
东北	0.65	2.93	0.90	3.46	−27.68
出口	0.08	0.35	0.49	1.88	−84.28

表28　2020年梦洁家纺分渠道销售分析

销售渠道	营业收入（亿元）	营业成本（亿元）	毛利率（%）	营业收入比上年同期增减（亿元）	营业成本比上年同期增减（亿元）	毛利率比上年同期增减（%）
线上销售	4.31	2.98	30.95	0.40	0.33	−1.18
直营销售	8.67	4.43	48.88	−1.93	−0.96	−0.29
加盟销售	9.22	5.93	35.73	−2.31	−1.36	−1.04

表29　2020年梦洁家纺门店分析

门店类型	门店数量	门店面积（平方米）	报告期内新开门店数量	报告期末关闭门店数量	关闭原因	涉及品牌
直营	492	59689	111	176	经营不符合预期，商场调整、公司主动调整战略等	梦洁、寐、梦洁宝贝、梦洁家居
加盟	1573	291406	411	654	疫情期间经营困难，合同终止、公司主动调整战略等	梦洁、寐、梦洁宝贝、梦洁家居

表30　2020年梦洁股份营业收入、营业成本、毛利率及其变化情况

项目	营业收入（亿元）	营业成本（亿元）	毛利率（%）	营业收入同比增减（%）	营业成本同比增减（%）	毛利率比上年同期增减（%）
分行业						
纺织	22.20	13.33	39.94	−14.73	−13.01	−1.18
分产品						
套件	8.22	4.54	44.76	−19.95	−21.17	0.86
被芯	6.97	4.08	41.38	−12.94	−10.12	−1.84
枕芯	1.36	0.81	40.85	−14.32	−2.89	−6.96
其他	5.65	3.90	30.92	−8.49	−6.96	−1.13
分地区						
华东	2.91	1.85	36.37	−42.09	−45.91	4.49
华南	1.03	0.62	39.67	−65.47	−67.97	4.72
西南	1.14	0.67	41.11	−20.49	−25.24	3.75
华中	14.95	8.92	40.34	18.16	33.10	−6.70
西北	0.36	0.21	41.25	−32.40	−24.49	−6.16
华北	1.07	0.62	42.36	−46.51	−47.21	0.76
东北	0.65	0.38	41.61	−27.68	−24.65	−2.35
出口	0.08	0.05	28.64	−84.28	−86.36	10.84

表31　梦洁股份主要产品营业成本构成及其变化

产品分类	2020年		2019年		同比增减（%）
	金额（亿元）	占营业成本比重（%）	金额（亿元）	占营业成本比重（%）	
套件	4.54	34.05	5.76	37.57	−21.17
被芯	4.08	30.63	4.54	29.65	−10.12
枕芯	0.81	6.05	0.83	5.42	−2.89
其他	3.90	29.27	4.20	27.37	−6.96

表32 梦洁股份主要产品产、销、存及其变化情况

行业分类	项目	2020年	2019年	同比增减（%）
纺织	销售量	2614.82	2885.97	−9.40
	生产量	2673.82	3387.93	−21.08
	库存量	3352.36	3293.36	1.79

注 销售量、生产量、库存量的单位分别为万套、万件、万条。

表33 梦洁股份研发投入情况

项目	2020年	2019年	变动比例（%）
研发人员数量（人）	335	403	−16.87
研发人员数量占比	10.63%	10.86%	−0.23
研发投入金额（万元）	7672.31	8671.88	−11.53
研发投入占营业收入比例	3.46%	3.33%	0.13

5. 水星家纺（SH603365）

2020年，面对新冠肺炎疫情的冲击，公司积极应对，快速复产，全年实现营业收入30.34亿元，同比增长1.09%，归属上市公司股东的净利润2.75亿元，较上年同期下降12.99%；归属上市公司股东的扣除非经常性损益的净利润2.31亿元，较上年同期下降17.50%，经营活动产生的现金流量净额3.78亿元，较上年同期增长60.64%，年末归属上市公司股东的净资产23.57亿元，较上年末同期增长3.16%（表34~表37）。

表34 2020年水星家纺营业收入、营业成本、毛利率及其变化情况

分行业	营业收入（亿元）	营业成本（亿元）	毛利率（%）	营业收入同比增减（%）	营业成本同比增减（%）	毛利率比上年增减
分行业						
批发零售业	30.26	19.57	35.31	1.63	6.79	减少3.13个百分点
分产品						
套件	12.69	8.15	35.73	−2.29	5.77	减少4.90个百分点
被子	13.76	8.94	35	8.45	10.64	减少1.29个百分点
枕芯	1.99	1.25	37.25	−3.55	1.27	减少2.98个百分点
其他	1.83	1.23	32.64	−10.5	−5.77	减少3.38个百分点
分地区						
电商	15.11	9.65	36.1	24.03	32.99	减少4.31个百分点
东北	0.66	0.47	28.24	−31.82	−25.95	减少5.69个百分点
华北	2.15	1.49	30.7	−21.5	−13.12	减少6.68个百分点

分行业	营业收入（亿元）	营业成本（亿元）	毛利率（%）	营业收入同比增减（%）	营业成本同比增减（%）	毛利率比上年增减
华东	6.24	3.70	40.72	−1.16	−2	增加0.51个百分点
华南	0.70	0.46	34.36	−13.52	−8.27	减少3.75个百分点
华中	1.90	1.36	28.35	−27.24	−20.12	减少6.39个百分点
西北	0.72	0.50	31	−3.95	0.79	减少3.24个百分点
西南	2.63	1.84	29.95	−19.54	−14.29	减少4.29个百分点
国外	0.15	0.10	35.42	13.84	4.05	增加6.08个百分点

表35　2020年水星家纺分行业、分产品的成本构成

项目	成本构成项目	本期金额（亿元）	本期占总成本比例（%）	上年同期金额（亿元）	上年同期占总成本比例（%）	本期金额较上年同期变动比例（%）
分行业						
批发零售业	主营业务成本	19.57	100	18.33	100	6.79
分产品						
套件	主营业务成本	8.15	41.66	7.71	42.07	5.77
被子	主营业务成本	8.94	45.68	8.08	44.09	10.64
枕芯	主营业务成本	1.25	6.37	1.23	6.71	1.27
其他	主营业务成本	1.23	6.29	1.31	7.13	−5.77

表36　2020年水星家纺产、销、存及其变化情况

主要产品	生产量（万套、万条、万个）	销售量（万套、万条、万个）	库存量（万套、万条、万个）	生产量比上年增减（%）	销售量比上年增减（%）	库存量比上年增减（%）
套件、被子、枕芯	2030.78	2027.89	535.13	14.11	16.33	0.54

表37　水星家纺研发投入情况

项目	2020年	2019年
研发投入合计（万元）	6394.07	7612.95
研发投入总额占营业收入比例（%）	2.11	2.54
公司研发人员的数量	197	221
研发人员数量占公司总人数的比例（%）	5.98	6.34

6.梦百合（SH603313）

2020年上半年，美国对进口自柬埔寨、印度尼西亚、马来西亚、塞尔维亚、泰国、土耳其和越南的床垫启动反倾销调查，2020年10月，反倾销税调查的初步裁定结果公布，2021年3月，终裁结果公布。面对持续升温的贸易摩擦以及日趋复杂的外部环境，公司加快了全球产能布局的脚步。报告期内，新布局的西班牙新产能于2020年9月底进入试生产阶段，美国西海岸生产基地于2021年2月初开始投产。截至目前，公司在海外的五大生产基地均有序推进。全球产能布局使得公司具备快速调动全球资源的先发优势，本次反倾销初裁前，公司即充分利用灵活的产能资源，做出相应调整：美国市场涉及反倾销部分的产品由美国东部和西部的生产基地、西班牙的生产基地供货，受反倾销影响有限。

报告期内，公司实现营业收入65.30亿元，较上年同期增长70.43%，归属上市公司股东的净利润3.79亿元，较上年同期增长1.31%（表38~表44）。

表38　2020年梦百合营业收入、营业成本、毛利率及其变化情况

分行业	营业收入（亿元）	营业成本（亿元）	毛利率（%）	营业收入同比增减（%）	营业成本同比增减（%）	毛利率比上年增减
分行业						
家居用品	63.54	41.83	34.18	67.6	82.48	减少5.37个百分点
合计	63.54	41.83	34.18	67.6	82.48	减少5.37个百分点
分产品						
床垫	30.81	20.75	32.65	47.67	65.42	减少7.22个百分点
枕头	5.64	4.06	28.1	14.15	29.25	减少8.40个百分点
沙发	9.75	6.31	35.29	279.88	242.92	增加6.98个百分点
电动床	6.59	4.30	34.7	63.77	64.93	减少0.46个百分点
卧具	5.24	2.85	45.64	793.28	638.06	增加11.43个百分点
其他	5.50	3.56	35.39	11.74	48.02	减少15.83个百分点
合计	63.54	41.83	34.18	67.6	82.48	减少5.37个百分点
分地区						
境内	8.09	5.51	31.96	14.9	38.85	减少11.74个百分点
境外	55.45	36.32	34.5	79.63	91.6	减少4.09个百分点
合计	63.54	41.83	34.18	67.6	82.48	减少5.37个百分点

表39 2020年梦百合营业成本构成

项目		本期金额（亿元）	本期占总成本比例（%）	上年同期金额（亿元）	上年同期占总成本比例（%）	本期金额较上年同期变动比例（%）
分行业						
家居行业	外购产品	8.28	19.79	0.50	2.19	1551.04
	直接材料	23.11	55.24	16.72	72.94	38.2
	直接人工	3.43	8.19	3.15	13.76	8.67
	制造费用	2.95	7.04	2.55	11.12	15.58
	运杂费及其他	4.07	9.73			
	合计	41.83	100	22.92	100	82.48
分产品						
记忆绵床垫	外购产品	1.05	5.04	0.12	0.97	762.09
	直接材料	13.75	66.27	9.58	76.33	43.62
	直接人工	2.03	9.78	1.60	12.76	26.79
	制造费用	1.67	8.03	1.25	9.94	33.66
	运杂费及其他	2.26	10.87			
	合计	20.75	100	12.54	100	65.42
记忆绵枕头	外购产品	0.06	1.53	0.02	0.5	294.59
	直接材料	2.55	62.75	2.07	65.99	22.89
	直接人工	0.52	12.7	0.70	22.15	−25.88
	制造费用	0.32	7.8	0.36	11.37	−11.35
	运杂费及其他	0.62	15.24			
	合计	4.06	100	3.14	100	29.25
沙发	外购产品	3.24	51.33	0.00	0.21	82441.14
	直接材料	1.96	31.1	1.16	63.11	68.97
	直接人工	0.35	5.55	0.26	14.18	34.31
	制造费用	0.45	7.2	0.41	22.5	9.72
	运杂费及其他	0.30	4.82			
	合计	6.31	100	1.84	100	242.92
电动床	外购产品	0.26	6.04			
	直接材料	2.92	67.85	2.25	86.43	29.47
	直接人工	0.24	5.48	0.15	5.77	56.79
	制造费用	0.34	7.85	0.20	7.8	65.88
	运杂费及其他	0.55	12.77			
	合计	4.30	100	2.61	100	64.93

项目		本期金额（亿元）	本期占总成本比例（%）	上年同期金额（亿元）	上年同期占总成本比例（%）	本期金额较上年同期变动比例（%）
卧具	外购产品	2.32	81.54			
	直接材料	0.33	11.6			
	直接人工	0.06	2.15			
	制造费用	0.02	0.57			
	运杂费及其他	0.12	4.16			
	合计	2.85	100			
其他	外购产品	1.35	37.89	0.36	12.92	273.9
	直接材料	1.60	44.87	1.66	59.36	−3.6
	直接人工	0.23	6.6	0.45	16.01	−47.39
	制造费用	0.15	4.32	0.33	11.71	−52.93
	运杂费及其他	0.22	6.31			
	合计	3.56	100	2.79	100	27.52

表40 2020年梦百合产、销、存及其变化情况

主要产品	生产量（万件）	销售量（万件）	库存量（万件）	生产量比上年增减（%）	销售量比上年增减（%）	库存量比上年增减（%）
床垫	662.32	628.03	82.51	46.65	43.86	104.43
枕头	1060.57	1056.61	165.03	−2.61	1.57	2.84
沙发	68.43	80.47	15.97	40.11	72.92	295.37
电动床	39.85	41.64	10.46	20.15	66.22	0.20
卧具	11.65	58.8	12.91			

表41 2020年梦百合自有品牌和其他品牌收入、成本、毛利率及其变化情况

品牌	营业收入（亿元）	营业成本（亿元）	毛利率（%）	营业收入同比增减（%）	营业成本同比增减（%）	毛利率比上年增减（%）
自有品牌	14.42	9.56	33.7	41.44	75.83	−12.97
其他品牌	49.12	32.26	34.32	77.23	84.54	−2.6
合计	63.54	41.83	34.18	67.6	82.48	−5.36

表42 2020年梦百合各类门店的收入、成本、毛利率及其变化情况

销售渠道	营业收入（亿元）	营业成本（亿元）	毛利率（%）	营业收入同比增减（%）	营业成本同比增减（%）	毛利率比上年增减（%）
门店合计	19.74	10.81	45.22	428.57	527.49	−8.64
直营店	17.11	9.14	46.59	719.2	997.55	−13.55
其中：境内销售	0.56	0.23	58.82	54	49.22	1.32
其中：境外销售	16.55	8.91	46.18	858.83	1212.73	−14.51
经销店	2.62	1.67	36.3	59.49	87.74	−9.59
其中：境内销售	2.62	1.67	36.3	59.49	87.74	−9.59
其中：境外销售	0	0	0	0	0	0
线上销售	4.47	2.83	36.8	142.67	215.6	−14.6
其中：境内销售	1.13	0.63	44.87	48.92	83.38	−10.36
其中：境外销售	3.34	2.20	34.06	208.77	407.57	−25.83
大宗业务	39.33	28.19	28.33	21.65	38.84	−8.88
合计	63.54	41.83	34.18	67.6	82.48	−5.37

表43 2020年梦百合全球店铺情况

门店类型	上年末数量（家）	本年度新开（家）	本年度关闭（家）	本年末数量（家）
MLILY梦百合				
经销店	327	300	71	556
直营店	52	16	4	64
小计	379	316	75	620
朗乐福				
经销店	198	56	43	211
直营店	1	0	1	0
小计	199	56	44	211
MOR				
直营店	0	39	1	38
西班牙MATRESSES				
直营店	68	11	0	79
合计	646	422	120	948

表44　梦百合研发投入情况

项目	2020年	2019年
研发投入合计（万元）	11015.59	10122.99
研发投入总额占营业收入比例（%）	1.69	2.64
公司研发人员的数量	358	171
研发人员数量占公司总人数的比例（%）	11.26	11.45

7. 众望布艺（SH605003）

2020年9月8日众望布艺在上交所挂牌交易，成为中国家纺布艺行业第一股。公司此次公开发行股票2200万股，发行价为人民币25.75元/股，发行市盈率22.24倍，发行后总股本8800万股，募集资金总额为56650.00万元，扣除发行费用后，募集资金净额为50200.00万元。

公司主营业务为中高档装饰面料及制品的研发、设计、生产与销售。主要产品为装饰面料和沙发套，产品目前主要应用于沙发、座椅、抱枕等领域。

2020年公司实现营业收入4.95亿元，同比增长1.44%，归属于母公司股东净利润1.41亿元，同比增长12.93%（表45~表48）。

表45　2020年众望布艺营业收入、营业成本、毛利率及其变化情况

项目	营业收入（亿元）	营业成本（亿元）	毛利率（%）	营业收入同比增减（%）	营业成本同比增减（%）	毛利率比上年增减
分行业						
家具制造	4.91	2.84	42.11	1.62	2.22	减少0.34个百分点
分产品						
装饰面料	4.41	2.48	43.72	2.03	4.58	减少1.37个百分点
沙发套	0.48	0.34	29.78	1.58	-8.4	增加7.65个百分点
其他	0.03	0.03	0.22	-36.87	-35.96	减少1.43个百分点
分地区						
中国	0.97	0.49	49.72	-0.17	-18.56	增加11.36个百分点
美国	1.63	0.82	49.47	2.2	-0.54	增加1.39个百分点
越南	2.11	1.41	32.93	7.17	18.74	减少6.54个百分点
其他国家与地区	0.20	0.12	41.74	-31.88	-27.45	减少3.55个百分点

2020/2021中国家用纺织品行业发展报告

表46 2020年众望布艺成本分析

项目	成本构成项目	本期金额（亿元）	本期占总成本比例（％）	上年同期金额（亿元）	上年同期占总成本比例（％）	本期金额较上年同期变动比例（％）
分行业						
家具制造	直接材料	1.67	58.7	1.81	64.88	−7.51
	直接人工	0.26	9.28	0.35	12.72	−25.42
	制造费用	0.65	22.99	0.62	22.4	4.91
	运费	0.26	9.02			
	合计	2.84	100	2.78	100	2.22
分产品						
装饰面料	直接材料	1.40	49.07	1.50	53.75	−6.69
	直接人工	0.19	6.67	0.27	9.57	−28.72
	制造费用	0.64	22.6	0.61	21.9	5.49
	运费	0.25	8.85			8.85
	合计	2.48	87.19	2.37	85.22	4.58
沙发套	直接材料	0.25	8.89	0.27	9.86	−7.8
	直接人工	0.07	2.51	0.08	3.01	−14.62
	制造费用	0.01	0.23	0.01	0.31	−23.42
	运费	0	0.17			0.17
	合计	0.34	11.81	0.37	13.18	−8.4
其他	直接材料	0.02	0.73	0.04	1.26	−40.32
	直接人工	0	0.1	0	0.15	−31.89
	制造费用	0	0.17	0.01	0.2	−14.94
	运费	0	0.01			0.01
	合计	0.03	1.01	0.04	1.6	−35.96

表47 2020年众望布艺产、销、存及其变化情况

主要产品	生产量	销售量	库存量	生产量比上年增减（％）	销售量比上年增减（％）	库存量比上年增减（％）
装饰面料	2147.56	1996.44	233.01	8.85	7.74	22.93
沙发套	165931	161161	4504	0.7	−3.43	−7.48

注 生产量、销售量、库存量的单位，装饰面料为万米，沙发套的为套。

表48 2020年众望布艺研发投入情况

研发投入合计（万元）	1751.19
研发投入总额占营业收入比例（%）	3.53
公司研发人员的数量（人）	65
研发人员数量占公司总人数的比例（%）	9.94

8. 西大门（SH605155）

浙江西大门新材料股份有限公司于2020年12月31日在上交所上市交易，发行2400万股，发行价21.17元，发行市盈率22.99倍，实际募集资金5.08亿元，扣除发行费用5217万元，实际募资净额4.56亿元。

公司主要从事功能性遮阳材料的研发、生产和销售，主要产品包括阳光面料、涂层面料和可调光面料等，并逐步向功能性遮阳成品拓展。

2020年，公司实现营业总收入3.54亿元，营业利润0.88亿元，归属上市公司股东的净利润0.78亿元（表49~表52）。

表49 2020年西大门营业收入、营业成本、毛利率及其变化情况

项目	营业收入（亿元）	营业成本（亿元）	毛利率（%）	营业收入同比增减（%）	营业成本同比增减（%）	毛利率比上年增减
分行业						
遮阳面料制造	3.38	2.00	40.72	−13.07	−14.62	增加1.07个百分点
遮阳成品制造	0.15	0.10	30.48	−19.5	−19.78	增加0.24个百分点
分产品						
遮阳面料	3.38	2.00	40.72	−13.07	−14.62	增加1.07个百分点
遮阳成品	0.15	0.10	30.48	−19.5	−19.78	增加0.24个百分点
分地区						
中国大陆	1.25	0.79	36.25	−18.38	−19.54	增加0.92个百分点
中国大陆以外的地区及国家	2.29	1.31	42.49	−10.36	−11.81	增加0.94个百分点

表50 2020年西大门主营业务成本分析

项目	成本构成项目	本期金额（亿元）	本期占总成本比例（%）	上年同期金额（亿元）	上年同期占总成本比例（%）	本期金额较上年同期变动比例（%）
分行业						
遮阳面料制造业	材料、人工成本等	2.00	95.09	2.35	94.79	−14.62
遮阳成品制造业	材料、人工成本等	0.10	4.91	0.13	5.21	−19.78

项目	成本构成项目	本期金额（亿元）	本期占总成本比例（%）	上年同期金额（亿元）	上年同期占总成本比例（%）	本期金额较上年同期变动比例（%）
		分产品				
遮阳面料	材料、人工成本等	2.00	95.09	2.35	94.79	−14.62
遮阳成品	材料、人工成本等	0.10	4.91	0.13	5.21	−19.78

表51　2020年西大门主要产品产、销、存及其变化情况

主要产品	生产量（万平方米）	销售量（万平方米）	库存量（万平方米）	生产量比上年增减（%）	销售量比上年增减（%）	库存量比上年增减（%）
遮阳面料	2563.99	2508.49	664.63	−15	−11.66	5.27

表52　2020年西大门研发投入情况

研发投入合计（万元）	1318.34
研发投入总额占营业收入比例（%）	3.72
公司研发人员的数量（人）	74
研发人员数量占公司总人数的比例（%）	11.88

9. 卡撒天骄（HK02223）

截至2020年12月31日止，公司年度营业收入为309.3百万港元，对比2019年同期下降18.4%，公司拥有人应占溢利为16.1百万港元，对比2019年同期减少12.8%。

报告期内，经济活动受到了新型冠状病毒肺炎疫情的严重影响，但是，更多不同年龄层的消费者转向了在线消费，大大加速了电子商贸的普及，集团在过去几年对在线销售业务的投入也渐见成果。为了降低对实体零售收入的依赖，集团积极开拓商业客户市场。在销售策略方面，集团务求零售业务（包括自营及分销方面）、商业客户业务及在线销售业务共同发展，成为集团业务发展的三架马车。

截至2020年12月31日，集团共有197个实体店网点（2019年12月31日为229个），其中包括106个自营网点及91个由分销商经营的网点。面对零售市场受疫情严重打击及中国内地经营实体店的成本持续高企，报告期内集团在中国内地减少了20个自营网点和13个分销商网点，在中国香港增加了1个网点，以应对重点区域的需求，澳门的网点数目则维持不变。

10. 太平地毯（HK00146）

2020年度报告是太平地毯公司财政年度结算日由12月更改为6月后的首份年报。该财务年度报告涵盖2019年1月1日至2020年6月30日止的18个月。这18个月期间，集团的总营业额约7.38亿港元，经营亏损约0.35亿港元。2018年财政年度，集团的总营业额约为5.41亿港元，经营亏损约0.43亿港元。本报告期内，管理层进一步缩减经营成本，精简销售及分销活动取得良好进展，同时制造业务获得增产。由于这些利好因素，加上出售持有待售非流动资产获得一次性收益约0.11亿港元，2019年全年的经营亏损大幅减少至约0.05亿港元，较2018年经营亏损约0.43亿港元显著改善。

然而，受新型冠状病毒肺炎疫情影响，所有地区的良好进展纷纷中断。在应对疫情过程中，太平地毯的垂直整合措施发挥出重要作用。公司对生产、设计、销售及分销进行管控，令相关损害迅速得到控制。鉴于不依赖外部供应链，在保障员工健康的情况下国内生产线很快恢复，所有其他地区的员工工作时间也应需求减少而快速灵活安排。所有地区及部门均制定严格控制措施，以维持财务流动性、支持日常经营开支及尽量减少亏损。上述快速应对措施将2020年上半年的损失降至最低，尽管如此，截至2020年6月30日止的18个月期间，经营亏损仍由前12个月约0.05亿港元增加至全期约0.35亿港元。

为降低业务风险及支持美国市场发展，集团在佐治亚州阿代尔斯维尔设立地毯制造业务，现已全面投入运营。设立缘由虽是为了服务美国私人航空及住宅市场客户，但该设施也将会减轻美国进口关税增加带来的影响。

由于美国是太平地毯的最大市场，而中国为主要供应来源，因此中美之间的全球贸易冲突仍倍受关注，不过，太平地毯在美国的制造业务具有自然避险效果。

四、市值

市值是指一家上市公司的发行股份按市场价格计算出来的股票总价值，计算方法为每股股票的市场价格乘以发行总股数，是市场通过交易对某一企业形成的市场估值，反映一个企业在通过充分的市场对价交易后在某一时间点上形成的总价值。

在2020年12月31日这一交易日交易价格为基础计算的10家家纺上市公司市值见表53。

表53　主要家纺上市公司市值

人民币核算（亿元人民币）								
代码	公司简称	2014年	2015年	2016年	2017年	2018年	2019年	2020年
SZ002083	孚日股份	44.76	72.64	64.20	60.65	44.76	56.48	37.32
SZ002293	罗莱生活	72.31	128.01	94.39	110.25	65.26	75.45	103.09
SZ002327	富安娜	55.82	103.62	74.95	91.03	65.42	58.51	65.34
SZ002397	梦洁股份	29.61	69.36	55.20	51.60	32.06	37.44	37.98
SH603313	梦百合			92.14	64.39	50.42	70.51	121.25
SH603365	水星家纺				61.63	39.81	40.85	35.60
SH605003	众望布艺							25.85
SH605155	西大门							29.26
港元核算（亿港元）								
代码	公司简称	2014年	2015年	2016年	2017年	2018年	2019年	2020年
HK00146	太平地毯	4.99	4.77	4.92	3.25	3.08	2.27	2.44
HK02223	卡撒天骄	3.93	9.02	3.23	2.92	2.58	1.78	1.89

中国纺织建设规划院

2020年新三板家纺企业发展情况

中国家用纺织品行业协会产业部

截至2020年末，新三板挂牌企业8187家，其中家纺企业15家，行业企业数量趋于稳定，盈利能力和营运水平不断提升，尤其在新冠肺炎疫情的影响下，行业企业不断拓展线上渠道，取得了不俗的成绩。

一、新三板市场持续优化

2020年，新三板挂牌企业数量从8953家降至8187家，净减少766家，其中新挂牌企业135家，摘牌企业903家。当前，新三板改革取得阶段性成果，结构优化，融资能力提升，市场流动性提高，同时新三板企业整体经营效益向好，分层发展取得成效。

（一）2020年是新三板改革关键之年

从2019年开始，中国证监会启动新三板改革，2020年改革进入全面落地实施阶段并取得阶段性成功，主要体现在以下四方面。一是市场结构优化，设立精选层，形成"基础层→创新层→精选层"梯次递进的结构，截至2020年末，"精选层""创新层""基础层"挂牌公司分别为41家、1138家、7008家。二是发行制度优化，提升融资功能，除了引入公开发行制度以外，也对原有的定向发行制度进行优化。三是加强多层次资本市场有机联系，建立转板上市机制，转板主体是精选层挂牌满一年的企业，符合转入条件后可转向上交所的科创板和深交所的创业板。四是投资者结构优化，降低合格投资者门槛，并设置差异化投资者适当性标准，引入公募资金、社保基金、企业年金、养老金等长期资金参与新三板投资，极大地改善了市场流动性。

（二）整体质量向好，分层发展效果初显

2020年，已披露年报的所有新三板挂牌公司共实现营业收入14365.35亿元，与上年基本持平；净利润608.16亿元，同比增长7.23%，近七成公司实现盈利。以分层情况来看，"精选层"引领作用凸显，实现营收利润双增长，共实现营业收入376.31亿元，同比增长9.85%；共实现净利润40.97亿元，同比增长15.17%；净资产收益率达11.09%，媲美上市公司水平。"创

新层"继续发挥市场中坚力量，占总数14.52%的"创新层"公司实现了新三板市场38.47%的营业收入和45.68%的净利润。"基础层"总体保持收入规模的稳定增长，2020年超半数公司收入规模实现增长，营业收入在8000万元以上的公司占比为43.10%，比例较去年有所提高。

（三）市场活跃度提升，企业融资能力加强

2020年，新三板全市场日均成交5.33亿元，同比上升57.44%，全年换手率9.90%，同比增加3.90个百分点，市场合格投资者数量达165.82万，是上年末的7.12倍，市场活跃度明显提升。2020年，674家挂牌公司完成发行716次，融资338.50亿元，同比增长27.91%，其中公开发行融资105.62亿元，定向融资232.87亿元。

（四）企业研发投入持续加大

2020年，挂牌公司研发投入合计492.71亿元，同比增长3.22%；平均研发强度3.43%，较上年增长0.12个百分点，有1460家公司研发强度大于10%。生物医药、芯片等高新技术企业研发贡献作用突出，671家公司研发投入80.33亿元，6.08%的研发强度显著高于平均水平。

二、家纺行业数量稳定，质量提升

家纺行业挂牌新三板公司均在"基础层"，截至2020年底，共计15家企业，其中江苏斯得福纺织股份有限公司1家企业退市，无新增挂牌企业。总的来看，挂牌新三板的家纺企业数量趋于稳定，盈利能力和营运水平稳中向好，重视科技创新，积极布局线上渠道（表1）。

表1 截至2020年末挂牌新三板家纺企业情况

序号	公司名称	股票代码	地址	主营业务	内外销情况
1	凯盛家纺	833865	江苏海门	床上用品	内销为主
2	远梦家居	835735	广东东莞	床上用品	内销为主
3	名品实业	838032	湖南长沙	床上用品/科技家纺	内销为主
4	馨格股份	870531	江苏常熟	床上用品（功能性）	内销为主
5	苏丝股份	831336	江苏宿迁	床上用品（蚕丝）	内销+外销
6	太湖雪	838262	江苏苏州	床上用品（蚕丝）	内销+外销
7	中健国康	872256	天津	床上用品（健康枕被）	内销为主
8	百思寒	870854	浙江绍兴	床上用品（羽绒）	内销为主
9	利洋股份	870727	浙江宁波	布艺	内销+外销
10	富米丽	871878	浙江绍兴	布艺	外销为主
11	雅美特	870293	江苏常州	布艺（卷帘、百叶帘）	内销+外销

序号	公司名称	股票代码	地址	主营业务	内外销情况
12	多美股份	837450	广东广州	地毯	内销为主
13	优雅电商	836093	北京	家纺零售	内销为主
14	沐家家居	871138	浙江绍兴	家纺零售（跨境电商）	外销为主
15	中天丝路	872989	江苏无锡	家纺零售（跨境电商）	外销为主

（一）盈利能力乐观

2020年，挂牌新三板的家纺企业盈利能力整体乐观（表2）。15家企业共计实现营业收入37.66亿元，同比增长27.16%；共计实现净利润2.65亿元，同比增长1.5倍；毛利率整体稳定，营业收入5000万元以上的企业毛利率基本与去年持平。中天丝路、沐家家居、太湖雪、利洋股份4家企业实现营业收入与净利润的双增长，并且增长显著，主要是电商渠道拉动的，中天丝路和沐家家居两家家纺零售企业在疫情影响下，大力发展亚马逊等跨境电商平台并取得成功，利洋股份在国内市场的发展，线上渠道做出了极大贡献。另外，远梦家居、凯盛家纺、雅美特的营业收入减少，但净利润实现高位增长，影响因素包括成本的压缩、政府各项补贴以及企业合理投资等。

表2 2020年新三板家纺企业盈利能力指标

挂牌公司	营业收入		净利润		毛利率	
	万元	同比（%）	万元	同比（%）	（%）	较上年变化
中天丝路	150520	74.31	12640	174.02	34.66	-2.97
沐家家居	53040	60.56	5263	1539.82	77.65	0.50
远梦家居	50517	-7.06	2940	94.20	47.92	0.41
太湖雪	28756	25.72	2174	47.06	34.86	-4.83
凯盛家纺	23243	-6.18	1927	55.44	28.99	-0.15
利洋股份	14350	24.32	2260	90.71	37.53	0.37
雅美特	13578	-2.51	1188	45.55	24.85	1.71
苏丝股份	13168	-34.38	344	-24.28	34.71	2.98
富米丽	11768	-10.03	96	-83.52	11.88	1.36
馨格股份	5281	64.85	-347	53.41	4.26	6.38
名品实业	4595	-7.59	-478		28.91	-5.06
中健国康	3809	124.45	-441	-50.08	12.50	-13.90
百思寒	2486	9.45	-132	-127.93	31.79	-4.69
优雅电商	1156	-69.94	-462	-32.96	13.75	-18.28
多美股份	307	100.17	-452	-34.96	38.44	-2.78

（二）营运水平向好

2020年，15家企业共计实现经营现金流量净额3.31亿元，同比增长76.16%，高于净利润0.66亿元，其中7家企业经营现金流量净额实现增长，且多为规模较大的企业。应收账款周转率是反映企业应收账款周转速度的比率，用来衡量一定期间内企业应收账款转化为现金的平均次数，轻工业健康值在6左右，挂牌新三板家纺企业基本都在健康区间，其中三家零售型企业由于商业模式的不同而较高。存货周转率是企业一定时期主营业务成本与平均存货余额的比率，用于反映存货的周转速度，存货周转率越高，表明企业存货资产变现能力越强，存货及占用在存货上的资金周转速度越快，新三板家纺企业有10家公司较2019年实现增长。整体来看，新三板家纺企业营运能力较好，且较上一年水平有所进步（表3）。

表3 2020年新三板家纺企业营运能力指标

挂牌公司	经营活动产生的现金流量净额		应收账款周转率		存货周转率	
	万元	同比（%）	次	较上年变化	次	较上年变化
中天丝路	10730	105.66	10.53	2.46	13.23	2.36
沐家家居	3265	377.93	37.08	−12.14	0.99	0.08
远梦家居	8285	0.69	8.16	0.85	1.12	−0.05
太湖雪	943	624.27	11.76	1.80	1.80	0.30
凯盛家纺	6974	88.29	7.80	1.70	3.22	0.09
利洋股份	3642	657.94	6.28	0.25	7.26	0.75
雅美特	985	−23.91	5.26	−1.52	5.72	−0.34
苏丝股份	−998	−218.99	17.25	−6.29	0.73	−0.40
富米丽	257	161.59	0.08	−0.01	0.09	−0.03
馨格股份	−889	−1543.1	4.55	2.62	1.73	0.61
名品实业	214	−45.89	2.38	−0.31	0.94	0.06
中健国康	384	−120.96	19.01	13.28	1.41	0.81
百思寒	−106	−424.80	4.84	0.85	0.48	0.01
优雅电商	10	−96.83	70.53	42.91	2.20	−0.23
多美股份	−583	−30.66	6.09	3.61	0.29	0.03

（三）大力开拓线上渠道

近年来，行业企业大力拓展线上渠道，内销企业注重双渠道发展，而外贸企业在疫情的影响下，积极尝试跨境电商模式。凯盛家纺逐步加大产品线上销售的推广力度；百思寒一直以来致力于线上销售羽绒产品，近年来，在线上渠道的基础上，发展线下体验店；利洋股份在开拓国内市场时利用互联网思维，推进网上销售和电子商务平台建设，同时为了保证线上渠道的灵活和快速反应能力，单独设立天纵网络，负责公司所有线上店铺的运营、维护。中天丝路和沐家家居跨境电商业务开展顺利，拉动营业收入和利润显著增长。

（四）重视研发创新

2020年，共11家公司在年报中披露了研发费用，共计6911万元，基本与去年持平（表4）。其中6家公司实现增长，7家公司研发费用占营业收入比重的3.5%以上。行业新三板企业重视研发创新并取得了一系列成绩。远梦家居2020年取得专利权7项，作品著作权65项；苏丝股份荣列江苏省重点培育和发展的国际知名品牌，三项新产品荣获江苏纺织技术创新奖，一项新产品荣获2020年度国家"时尚创意产品"称号；中健国康重视产学研，与天津科技大学签署战略合作协议，公司荣获天津市两化融合管理体系贯标试点企业，其全资子公司深睡（天津）科技发展有限公司获国家高新技术企业认证；馨格股份产品定位从传统家纺产品升级为功能性保健家居用品，如开发远红外保健被、抗菌防螨及抗病毒系列床上用品；百思寒1200平方米的羽绒生活体验馆搭建成功，支付实现移动结账，超级旗舰店带来全新产品体验。

表4　新三板家纺企业研发费用指标

挂牌公司	研发费用（万元）	同比（%）	占营收比重（%）
远梦家居	1405	−6.35	2.78
苏丝股份	1115	−6.43	8.47
太湖雪	1099	4.02	3.82
凯盛家纺	838	19.09	3.61
利洋股份	711	7.62	4.95
雅美特	564	−17.00	4.15
中天丝路	539	55.20	0.36
中健国康	314	−30.39	8.24
名品实业	281	5.69	6.11
富米丽	45	207.07	0.38
馨格股份	1	−85.75	0.02

三、新三板家纺企业2020年运营表现

（一）床品企业

1.远梦家居用品股份有限公司

公司主要从事床上用品的研发、设计、生产与销售，主要产品包括芯类、布艺类、夏凉类和家居生活类产品。公司在商超销售渠道领域取得了较大的发展，是集研发设计、市场调研、采购基地、现代化的生产车间、自有物流于一体的床上用品企业。与永辉、沃尔玛

（Walmart）、家乐福（Carrefour）、易初莲花（Lotus）、大润发（RT-Mart）等多家连锁商超合作，在商超销售渠道领域具有一定竞争力（表5）。同时公司拥有自主品牌"远梦"。

2020年，远梦家居实现营业收入5.05亿元，同比下降7.06%，实现净利润2940万元，同比增长94.2%（表6）。利润的增长得益于公司在过去几年里对品牌和研发投入的不断加大、对商业模式的不断创新和完善，以及公司信息化程度的不断提高。在创新方面，一是继续加强品牌建设，对门店进行进一步改进与升级，同时调整产品研发新体系，打造健康睡眠产品；二是深耕商超渠道，充分发挥渠道优势；三是电商平台销售渠道发展加速，进一步推进零售转型，采取"轻促销、重营销"的推广策略；四是探索加盟经销商直营化管理。信息化建设一方面引入德国SAP系统，打通了生产、成本、库存、销售、财务、事务处理、客户交互、人力资源等系统间的信息壁垒；另一方面，公司开展"多网点微商城"项目，用数据化方式连通线下门店，为每个门店配备一个线上微商城数字平台。

表5　远梦家居主要客户情况

客户	销售额（万元）	年度销售占比（%）
福建闽侯永辉商业有限公司	8314	16.46
沃尔玛（中国）投资有限公司	3275	6.48
康成投资（中国）有限公司	2600	5.15
广东壹加壹连锁有限公司	2182	4.32
广州易初莲花连锁有限公司	2172	4.30

表6　远梦家居细分品类营收及毛利率

项目	营业收入（万元）	同比（%）	毛利率（%）
芯类	24317	-7.54	50.74
布艺类	16095	-5.76	45.39
夏凉类	4359	-20.12	48.23
其他家居	5008	0.36	43.31

2. 苏州太湖雪丝绸股份有限公司

公司是一家集加工、生产、设计、销售于一体的丝绸企业，产品远销亚洲、欧洲、非洲、美洲、澳洲等地。公司传承太湖流域五千年的蚕丝制被技术，研发五大系列产品：蚕丝被芯、真丝床品、真丝家居、真丝丝巾、真丝婴童，秉承"融汇中西"的设计理念，开创了别具特色的中国式高级定制公司。2020年，太湖雪实现营业收入2.88亿元，同比增长25.72%，实现净利润2174万元，同比增长达47.06%，主要是家纺产品的拉动（表7）。

太湖雪打造原创设计，拥有专业设计团队，专利技术累计获得52项，开创了"蚕丝被无污染手工拉网"制被新工艺。公司实施线上线下双渠道营销，线下主要通过直营专卖店、商场联营店、品牌加盟商、经销商等渠道开发客户；线上主要通过网络营销，增强线上平台的产品和企业形象宣传，以突破客户资源的地域性限制，扩大销售量（表8）。

表7　太湖雪细分品类营业收入及毛利率

项目	营业收入（万元）	同比（%）	毛利率（%）
被芯类	17519	36.45	32.64
套件类	4696	7.28	33.24
丝巾类	1690	−30.83	57.45
睡衣类	729	−13.44	45.44
枕套枕巾类	4123	73.83	35.03

表8　太湖雪主要客户情况

客户	销售金额（万元）	年度销售占比（%）
浙江天猫技术有限公司	5713.73	19.87
北京京东世纪贸易有限公司	2325.09	8.09
美国亚马逊（外销）	2246.81	7.81
上海东方购物电视有限公司	808.78	2.81
江苏京东信息技术有限公司	717.22	2.49
合计	11811.63	41.07

（二）科技型家纺企业

1. 湖南名品实业股份有限公司

公司是一家科技型家用纺织品企业，主要从事传统床上用品和创新型结构型家纺产品的研发、设计、生产和销售业务，并致力于新材料（面料、芯料及复合材料）、结构型家纺和智能家纺类（智能枕、垫等）产品的应用研发、生产和销售业务。公司拥有先进的研发设计中心，以市场需求为导向，深挖消费者隐性需求和消费痛点，与高等院校、科技型企业合作研发，已开始逐步实施知识产权授权收费模式，并取得了一定的成效。2020年实现营业收入4595万元，同比下降7.59%，毛利率28.91%。

2. 苏州馨格家居用品股份有限公司

2020年，产品升级转型已基本成功，从传统家纺产品升级为功能性保健家居用品，如远红外保健被、抗菌防螨及抗病毒系列床上用品等，将功能纤维融入家纺产品，通过不断提升技术含量来提高产品的竞争力。在老客户筛选上，保留优质客户并开发一线客户，如与罗莱生活、富安娜等品牌公司合作。加强品牌建设，开拓新市场，不断研发新产品，合理调配资源，细化管理，增强主营业务盈利能力。2020年实现营业收入5281万元，同比增长64.85%。

3. 天津中健国康纳米科技股份有限公司

公司的主要产品是功能性家纺用品和保健护具。公司重视研发设计，采用"自主研发+产学研相结合"的研发模式，已与天津工业大学、天津大学签订了产学研合作协议。同时，发展自主品牌，已经建立自主品牌"深睡"，"深睡"的拓展使公司的商业模式变为"ODM模式+普通产品销售+自主品牌"。公司拥有众多自有品牌，主要销售的品牌包括"亿民康""悦生活""深睡"等。其中,"深睡"是2012年申请的商标,2016年6月成立了全资子公司深睡(天津)科技发展有限公司,"深睡"产品以具有促进深度睡眠的健康家纺产品为主打产品,以其他家居产品为流量产品,向客户传达极致品质的产品,极致风格的设计,极致感受的体验,品牌定位为"轻奢"品牌,结合科技睡眠的理念,让睡眠与身体健康相结合。2020年实现营业收入3809万元,同比增长124.45%。

(三)布艺企业

1. 宁波利洋新材料股份有限公司

2020年,利洋股份实现营业收入1.44亿元,同比增长24.32%,实现净利润2260万元,同比增长90.71%,营业收入与利润的高增长主要是因为发展出口业务的同时,大力通过线上渠道发展内销。

公司原为传统的窗帘、塑料底座制造企业,产品主要通过线下出口销售。在发展过程中,公司逐渐意识到电子商务给传统行业带来的机遇和挑战,在稳步发展国外大型客户、推动产品国际化的同时,运用互联网思维,大力推进网上销售和电子商务平台建设,实现"线上线下双轨并举"。对于线上销售,目前全部为在第三方平台搭建店铺,且全部为B2C模式。与一般的纯电商不同,公司自有生产基地,全部线上销售产品为自产;为了保证线上渠道端的灵活和快速反应能力,公司单独设立天纵网络,负责公司所有线上店铺的运营和维护。2020年,在天猫、苏宁易购、京东开设旗舰店,在淘宝开设店铺,并且客服、仓储、销售、物流和退换货均由公司自主负责。

2. 常州雅美特窗饰股份有限公司

2020年,雅美特实现营业收入1.36亿元,同比下降2.51%,实现净利润1188万元,同比增长45.55%(表9)。公司致力于环保功能性遮阳面料的开发与生产,形成了一系列具有自主知识产权的窗饰面料生产专利技术,成为业内规模较大的卷帘、百折帘窗饰面料生产商。

表9　雅美特细分品类营业收入及毛利率

项目	营业收入(元)	同比(%)	毛利率(%)
卷帘	110759337.81	−2.87	24.69
百折帘	24001275.73	0.28	32.25
垂直帘	108530	−71.02	14.23
罗马帘	286611.54	−16.05	27.38

公司的研发模式以自主研发为主,设立了专门的研发部,培养了一批优秀的技术人才。结合客户需求、市场变动及技术革新等因素进行产品创新及技术研发,不断改进产品的技术工艺,提升窗饰面料的性能,降低生产成本,提高生产效率,并注重节能环保技术的运用。公司主要采取"以销定产"的生产模式,根据客户销售订单制定实际的生产计划,并安排组织生产。采用直接销售方式,将生产的卷帘、百折帘窗饰面料销售给客户,产品包括自制品和定制品两类,自制品为标准化产品,定制品为非标准化产品,根据客户个性化要求制作。

3. 浙江富米丽家纺股份有限公司

公司主要生产和销售各类高档窗帘窗纱、台布桌布、沙发布艺、坐垫靠垫等家纺产品，以出口为主，并且拥有自己的遮光布生产基地。近年来，公司在产品自主研发设计能力提升、供应商筛选机制建设、生产成本控制体系完善、销售拓展及售后服务体系健全等方面取得了较大的成果。公司将依托现有的销售渠道及成本领先优势，计划从单一的线下销售转变为线上线下双渠道发展，通过亚马逊电商平台建设，继续加强网络销售渠道和售后服务工作建设。

2020年，公司实现营业收入1.18亿元，同比下降10.03%，实现净利润96万元，降幅明显，主要受全球新冠肺炎疫情及与美国贸易摩擦的影响，国际物流受阻，市场需求下降，美元汇率变化使营业收入和利润下降明显。产品主要销往欧洲、南美洲、北美洲，其收入占总营业收入的比例分别为38.80%、29.97%、15.60%，与上年相比，受美国贸易摩擦影响，北美洲营业收入份额下降明显，在东南亚的业务拓展较快。

（四）跨境电商企业

1. 无锡中天丝路云联纺织股份有限公司

中天丝路主要从事家居综合类产品的"B2C"跨境电商业务。2020年中天丝路实现营业收入15.05亿元，同比增长74.31%，实现净利润1.26亿元，同比增长174%，跨境电商的发展带动高增长，其子公司无锡尚佰环球电子商务有限公司被无锡市商务局评为无锡市数字商务创新示范企业。跨境电商主要依托亚马逊（Amazon）、全球速卖通（Aliexpress）和Wish等第三方国际运营平台进行销售，电商平台使用协议具体条款如下。

（1）亚马逊。

①亚马逊对卖家开放的品类达20多种，销售某些品类的商品需要得到亚马逊的事先审批。只有注册专业销售计划的卖家才可以出售这些品类的商品。亚马逊限制这些品类的销售，以确保卖家的商品满足质量要求、上线标准以及品类的其他特殊要求。

②费用。亚马逊账户分为"专业销售计划"和"个人销售计划"两种。两种计划的主要区别在于费用结构和功能使用权限上。亚马逊专业销售计划费用包括：月租金39.9美元，销售佣金8%~15%。

③亚马逊物流服务。卖家发送商品至亚马逊运营中心，亚马逊存储并管理卖家的产品，顾客订购商品，亚马逊对商品进行检货包装并提供快捷配送，亚马逊用当地语言提供顾客服务。亚马逊物流收取仓储费及配送费，仓储费每月每立方英尺按比例收费；配送费包括订单处理费、取件及包装费用等，按件收取总费用。

④结算货款方式。可以在目标地点所在国家开设当地银行账户；使用亚马逊卖家货币转换器；使用亚马逊的合作收款方Payoneer作为收款方式，每14天进行一次结算。

（2）全球速卖通。

①卖家基本义务。遵守平台各类目的商品发布规则；尊重他人的知识产权；恪守诚信经营原则，及时履行订单要求，兑现服务承诺等。

②准入。无论是个体工商户还是企业主体，同一注册主体下最多可开6家店铺，每个店

铺仅可选择一种销售计划。年费按经营大类收取，如中途退出，按自然月返还未使用的年费；经营到年底的，返还未使用年费，使用的年费根据年底销售额完成情况进行奖励。

③物流。卖家可自主选择物流服务，包括但不限于菜鸟平台的线上物流服务商、菜鸟无忧物流或其他线下物流方式。但向部分国家发货平台有特殊规定的，卖家应按照该规定进行。

④放款。一般情况下，速卖通将在交易完成后向卖家放款。

⑤提现、佣金。卖家就享受的发布信息技术服务需要按照其订单销售额的一定百分比交纳佣金。

（3）Wish。

①成员资格。不能转让或者出售Wish商户账号和用户名给任何其他第三方。如果代表企业注册，本人需要证明权代表该企业签订本协议，且本协议的效力归属于该企业。

②费用和账款。根据双方的协议，Wish将从每笔交易中按一定百分比或按一定金额收取佣金。Wish会按一月两次的频率向商户支付订单的款项。如果这笔款项是净额，根据商户与Wish的收入分成或成本协议，从商户设定的价格中减去Wish的收费。

③配送。要求商家1~5天发货，并且使用信任的物流公司配送，同时提供有效的物流单号。

2. 浙江沐家家居科技股份有限公司

沐家家居是一家成熟的跨境电商企业，主营产品包括窗帘、靠垫、床品、桌布、围裙、沙发套、椅子套、餐垫、浴巾、户外家具罩等生活家居用品和家居户外用品等，产品主要面向美国、欧洲、日本等境外消费者。

公司产品主要采用"自主品牌研发设计+自有生产"模式，具备了较强的生产控制能力，一方面深加工及简单工序加工由外协厂商进行，整合了上游众多家纺企业的生产能力资源；另一方面主要生产工序在本厂进行，避免了对上游家纺企业的依赖。公司主要销售渠道分为亚马逊等境外电商平台销售和境外传统一般贸易销售，公司以境外传统一般贸易为基础，把握海外市场发展趋势，了解当地消费者需求，为公司亚马逊等境外电商平台销售业务提供了良好的支持，充分发挥公司自身优势，实现良性循环，促进销售业绩大幅增长。2020年公司实现营业收入5.3亿元，同比增长60.56%，实现净利润5263万元，毛利率高达77.65%

结语

2020年新三板市场改革取得阶段性成功，为中小企业提供了发展的良好环境。挂牌新三板的家纺企业数量趋于稳定，盈利能力和营运水平不断提升，重视创新研发，开展品牌建设，尤其在疫情之下，行业企业不断拓展线上渠道，取得不俗的成绩。但是行业发展也面临着行业竞争大、客户集中度高、各项成本高涨的压力，同时当前国际局势复杂，新冠疫情仍制约经济发展，行业企业面临诸多挑战，越是险阻，我们越该树立信心，在挑战中把握机遇，顺应形势，应用互联网思维，积极转型升级，向高质量发展，在国内国际双循环市场中找到自己的定位。

撰稿人：刘丹

行业规划

家纺行业"十四五"发展指导意见

家纺行业作为纺织三大终端产业之一，是传统民生产业，是科技与艺术融合的创意产业，是创造美好生活的时尚产业，在拉动内需增长、对外贸易、促进就业、建设生态文明等方面发挥着重要作用。"十三五"期间，家纺行业运行稳中向好，大家居产业发展格局初步形成，在品牌建设、标准质量、两化融合、设计创新、展会平台、跨界合作和多元渠道建设方面取得了进步，较好完成了"十三五"发展规划的目标和任务。

"十四五"时期是我国由全面建设小康社会向基本实现社会主义现代化迈进的关键时期，也是"两个一百年"奋斗目标的历史交汇期。面临百年未有之大变局，行业发展进入一个新趋势、新挑战、新机遇共同作用的关键发展阶段，需找准新定位、培育新优势、采取新举措，把握科技和产业变革的力量，在更加复杂的国际局势和新冠肺炎疫情的冲击中寻找新机遇，加快现代化建设，实现高质量发展。

一、"十三五"行业发展回顾

（一）行业运营持续稳中向好

"十三五"期间，家纺行业运行总体平稳，主要经济指标稳步提升。据国家统计局统计，2016～2020年全国规模以上家纺企业主营业务收入累计增长10.3%，年均增速为2%；利润总额累计增长38.8%，年均增速为6.8%。纤维消耗量超过1550万吨，占我国纺织成品纤维消耗总量的27%。出口规模稳定，高居世界首位，在全球家纺出口贸易中我国产品出口额占比稳定在40%以上。

（二）大家居产业格局初步形成

"十三五"期间，家纺行业积极打造全品类家居和个性化产品与服务，初步完成"大家居"布局，由一块布、一件产品，向整体软装和提供生活方式转变，显现出发展新优势。在"大家居"模式下，行业加强跨界融合发展，产品门类和品种日益丰富多彩。通过开辟"全屋定制"，满足个性化消费需求，打通软装和硬装，开拓行业发展新增长点。积极探索"产

2020/2021中国家用纺织品行业发展报告

品+服务"的现代产业发展模式，开展日常服务、家居洗护、婚房布置、软装定制等个性化专属服务，把产品的价值体现在提升生活品质方面。

（三）产业集群建设与时俱进

家纺产业集群稳步发展，已形成4个纺织产业基地市和25个特色名城（镇），区域特色品牌加快形成与完善，社会影响力不断提高，对行业和当地经济发展发挥了积极的促进作用。2016～2020年，协会统计的产业集群主营业务收入年均增长3%，利润总额年均增长2.3%。产业集群中的专业市场积极探索新渠道建设，采用信息化、互联网技术提升市场现代化发展，构建线上线下、批发零售、内销外销融合发展的新体系，市场中的电子商务、微商专区等得到快速发展。同时，行业依托各类平台资源，针对集群产业的集中度和发展特色，加快推进"机器换人""节能减排"等技术改造在集群中的实践与应用，加快建设新型现代化产业集群。研究提出了世界级家纺产业集群概念与特征，积极推进世界级家纺产业集群先行区的共建工作。

（四）品牌建设工作立体推进

"十三五"期间，家纺行业品牌培育工作持续开展，通过"中国家纺"整体品牌的打造，树立"中国家纺"国际新形象，涌现出一批区域品牌、消费品牌和制造品牌。

区域品牌对产业经济带动越发显著，产业集群紧紧围绕家纺产业做精做强，区域品牌与区域经济互促互进。众多集群以区域品牌形式亮相展会和对外开展交流，扩大了区域品牌的影响力。叠石桥和余杭荣获中国纺织工业联合会授予的中国家纺区域品牌试点地区；通州获得工信部产业集群区域品牌试点；滨州、海门、海宁被列为共建世界级家纺产业集群先行区。

企业品牌方面，加工制造品牌高端化发展，两化融合和智能制造进程明显加速，呈现出连续化—自动化—数据化—智能化的新型制造业模式，涌现出一批制造领军品牌；家纺终端消费品牌通过文化赋予、科技驱动、业态创新，在创造美好生活与传播时尚方面高歌猛进，增进了企业与消费者的互动与黏性，增强了品牌的市场活力与市场影响力。"十三五"期间，行业新增3家主板上市企业，5家企业和集群入围工信部"纺织服装设计创意试点园区"，16家企业入围工信部"中国纺织服装重点培育品牌试点"。

（五）质量工作迈上新台阶

自2017年起，家纺行业连续三年召开"中国家纺行业质量大会暨中家纺团体标准化技术委员会"年会，这是纺织行业中唯一连续多年举办的质量大会，通过质量大会对行业质量标准工作进行梳理和总结，推行首席质量官和质量合作社先进经验，注重从产品创新、技术改造、产业转型等方面强化行业质量提升。行业还结合国家知识产权局、工信部、中国纺联等机构开展了"中国专利奖""中国纺织工业联合会科学技术奖""纺织服装行业竞争力评价"等系列活动。4家企业入围国家知识产权局开展的"第二十一届中国专利奖"。

"十三五"期间，全国家纺标准化技术委员会完成制（修）定国家标准、行业标准47

项，尤其是国家标准《家用纺织品分类》的制定，解决了行业快速发展与产品分类体系相对缺失之间的矛盾，满足了消费者的终端需求，对行业发展具有十分重要的意义。同时按照国家标准化管理委员会的要求，对现有的行业标准体系进行了梳理，完成了家纺行业标准体系精简优化工作。团体标准方面，从2017年成立中家纺团体标准委员会以来，相继制定发布了《精品纯棉床上用品》《毛巾健康使用指南》《成品窗帘》等18项团体标准，为行业高质量发展和引导消费提供了重要支撑。

（六）两化融合加速推进发展

"十三五"期间，家纺行业两化融合步伐加速。行业技术水平不断提升，共获得14项中国纺织工业联合会科学技术奖，其中科技进步一等奖3项，技术发明一等奖1项，科技进步二等奖9项，科技进步三等奖1项。行业骨干企业在使用先进设备实现自动化连续化生产、采用MES系统提升企业智能管理水平、推广应用智能仓储系统、智能悬挂系统和智能输送系统等方面取得长足进步。家纺行业成品自动连续化生产取得跨越式大发展，新增具有先进水平的床品套件、芯被、毛巾、窗帘等自动化、连续化生产线装备千余台（套），生产效率和品质显著提升。

同时，行业积极推动家纺智能制造试点示范工程，共有6家企业被评为"智能制造示范企业"，包括智能毛巾生产线、智能被子生产线、智能件套生产线、窗帘连续化生产线等，其中梦洁是工信部评定的国家级示范企业。智慧门店开设数量逐年增加，云货柜、自助购货系统、会员管理等信息化技术不断应用，充分发挥大数据功能，行业信息化水平不断提高。

（七）设计创新能力明显提升

设计大赛、流行趋势研究与发布、非遗展、纤维展等交流活动有序开展，为设计师打造学习、交流和展示的平台。"十三五"以来，行业设计创新能力明显加强，同时，消费者对家纺产品的个性化需求进一步促进创新能力的提升。行业大赛规模扩大，形式不断丰富，新增设的"震泽丝绸杯"设计大赛，与"海宁杯""张謇杯"共同构成行业三大赛事。"十三五"时期，"三大赛事"参赛的作品达2.45万件（幅），聚集了企业开发、院校研究和中外文化的优势资源，促进了中国元素与国际流行的融合，为研发创新不断注入活力。

"中国家用纺织品流行趋势"发布规模和影响力不断扩大，"十三五"以来，每年参与企业百余家，征集产品数量近千种。非遗展助力传统文化与现代审美的融合创新，行业应用传统元素能力提升，为形成中国风格特色奠定基础。纤维艺术展将前沿的艺术文化成果和新技艺注入家纺设计发展中，对行业起到引领和指导的作用。"十三五"以来，连续三年配合工信部和中国纺联开展纺织创新产品推评工作，共有77件家纺产品入围"十大类纺织创新产品"。

（八）国际交流活动广泛展开

"十三五"期间，行业国际交往频次与深度明显加强，国际话语权和国际影响力不断提升。自2016年起，中国国际家用纺织品博览会分为春秋两季。"一年双展"差异定位，资源互补。春季展集我国纺织"五展联动"的优势，从拓品类、重品质、扩渠道、重品牌的角度推动家纺终端市场产业链优势整合、打造品牌家纺新高地。秋季展集聚行业优势资源，传达

2020/2021中国家用纺织品行业发展报告

行业前沿趋势，逐步完成从布艺展示向生活方式传达的华丽转身。

"十三五"期间，全国行业组织、地方行业组织、企业集团等多方组团参加国际展会、国际会议及开展实地调研，进一步加强国际交流与合作。一是充分利用国际纺联的平台，发挥担任国际纺联家纺委员会主席的有利条件，开展系列国际交流活动，深度接触和了解海外情况，探索国际品牌和市场的运营经验，拓展国际视野。二是宣传我国家纺行业发展情况，树立中国家纺行业的客观正面形象，提升我国国际话语权的同时，寻求更多合作伙伴，化竞争为合作互补，实现共赢。三是进一步促进家纺产业的国际合作，优化全球资源配置。

（九）跨界合作不断深入展开

"十三五"期间，家纺行业积极开展不同领域的跨界合作。一是与软装行业共同开展"软装论坛"等活动，提升产业链研发创新能力。二是加强与家具行业的合作，开展展会互动、实地调研、研讨交流等活动，实现跨界合作共赢。三是与中国缝制机械协会、中国纺织机械协会联合成立"家纺智能制造创新联盟"，搭建平台开展活动，助力家纺产业升级。四是与海尔集团联合成立海尔生态物联联盟，构建"产业+服务"的生态新体系。五是线上渠道更多地融入行业及地方会展等行业活动中，探索合作新模式，加快推进渠道创新。

（十）新渠道呈现多元化发展

随着互联网经济的发展，行业线上渠道快速发展，并且初步形成线上线下相结合的新零售模式。线上渠道稳健，一批品牌企业跻身天猫"双十一""亿元俱乐部"，直播带货大量引流，激活行业新增长。建设线上渠道的同时，更加重视用户体验，行业骨干企业加快线下店铺的升级换代，开设"洗护中心"、开展"服务到家"等形式，用专业、科技的服务提升行业在消费者心中的形象。专业市场也不断推出新的营销模式，微供市场采取社群营销，走个性化、多样化、品质化路线，深受年轻消费者喜爱。

二、"十四五"时期行业发展面临的形势

（一）新时期对行业发展提出的新要求

"十四五"时期，我国将在全面建成小康社会的基础上，开启全面建设社会主义现代化国家的新征程。面对世界百年未有之大变局和我国由高速增长阶段转向高质量发展阶段的深刻转型，中国经济发展的国内外环境已发生深刻变化。党的十九大明确指出，我国社会主要矛盾已经由"人民日益增长的物质文化需要同落后的社会生产之间的矛盾"转化为"人民日益增长的美好生活需要和不平衡不充分的发展之间的矛盾"，未来主要任务是如何满足人民日益增长的"美好生活需要"。高质量发展和创造美好生活是时代的要求，也是行业的奋斗目标和神圣职责。

（二）科技进步有利于行业高质量发展

党的十八大以来，我国高度重视科技革命的发展，并且正在迎来新一轮的科技和产业革命，科技创新正在引发社会生产力和生产关系的重大调整。完整的产业链，先进的科学技术，新型纤维材料，为行业高质量发展创造了有利条件。技术的交叉融合将使家纺产品的内涵不断丰富，应用场景不断拓展。产业生产运营加快向数字化、网络化、智能化方向转变，产业供给的精准化、柔性化、服务化水平将不断提升，绿色生产、回收利用技术的发展与产业化应用将不断深化。在新的发展时期，行业必须加快适应技术创新带来的产业格局调整，通过科技创新获取竞争新优势。

（三）国内消费升级加快释放市场潜力

"十四五"时期，我国消费结构将较快演变。随着国内经济提高和居民收入的增长，将推动消费结构升级和消费需求扩大。我国城乡人口结构还有相当大的变化潜力；与发达国家相比，我国居民的消费水平还较低，而基于美好生活需要的质量差距更大；健康消费理念及新一代消费群体的壮大，智能家纺、功能性家纺的需求将进一步释放；新零售带来新消费，线上线下融合发展，为行业转型升级和开拓市场带来契机。未来我国消费结构升级、消费需求增长将不断释放出消费市场潜力。

（四）国际市场仍然是挑战与机遇并存

国际形势正在发生深刻的变化，我国正处于重要战略期，机遇与挑战并存。我国提出的"一带一路"倡议持续发挥国际作用，经过"十三五"期间夯基垒台、立柱架梁，正在向落地生根、持久发展的阶段迈进，为家纺行业的国际布局奠定了基础。但也应该看到，国际局势愈加复杂，2018年开始的中美贸易摩擦，受美国等发达国家推动，国际经贸规则和全球治理体系正在加快重构。此次新冠肺炎疫情的暴发，将全球化的一些弊端放大，进一步强化了贸易保护主义氛围，我国纺织工业在全球价值链中低端位置谋求发展的空间越来越小，加快产业升级是行业发展的必由之路。

三、"十四五"时期行业发展的指导思想和目标

（一）指导思想

以习近平新时代中国特色社会主义思想为指导，全面贯彻党的十九大精神，牢固树立新发展理念，用"创新、协调、绿色、开放、共享"的五大发展理念引领行业发展，加快形成以国内大循环为主体、国内国际双循环相互促进的新发展格局。

坚持高质量发展，以高质量发展作为建设现代化家纺产业的基本路径，建设形成长效发展体制机制，推进产业转型升级和供给侧结构性改革，系统性构建高质量发展的新格局。坚持创新发展，加大研发创新投入，大力发展具有自主知识产权的名牌企业和产品，培育壮大

一批科技含量高、特色突出的骨干企业和小巨人企业，激发产业创新发展新活力，做强做大时尚家纺产业。坚持开放发展，充分用好两个市场和两种资源，积极融入"一带一路"建设与合作发展，打造新的产业格局和多元化国际市场，把抢占国际中高端产业链分工作为产业升级的战略推手，推进世界级产业集群建设，优化企业国际化布局。坚持协调发展，找准推进产业发展与生态环境保护的平衡点，全面推进绿色生产和绿色产品，重点在节能减排和资源循环利用等方面取得新的进展和突破，实现产业健康可持续发展。

（二）发展目标

1. 提质增效目标

不断提升行业发展内生动力，在有效控制成本、提高生产效率、创新发展空间、提升技术和质量水平等方面取得明显进展和改善，企业运营效率稳步提升，企业效益明显提高。

2. 结构调整目标

优化产业布局，构建以国内大循环为主体、国内国际双循环相互促进的新发展格局。不断激活国内潜在市场，优化建设多元化国际市场。大力发展共享经济，推进共享制造，共享资源，融合发展，做大做强时尚家纺产业。

3. 科技创新目标

研发投入强度不断提高，创新体系不断完善，创新能力显著增强。全面推进两化融合，加快新技术与产业的融合发展。互联网技术得到广泛应用，企业自动化、信息化水平大幅提升，数字化供应链管理能力显著增强。

4. 品牌建设目标

强化品牌基础能力提升，壮大做强一批制造品牌；强化软实力建设与国际化运营，壮大做强一批终端消费品牌；强化内部协同与特色构建，壮大做强一批区域品牌；强化品牌国际化发展，力争我国自主品牌国际影响力取得重大突破。

5. 质量标准目标

不断完善质量基础设施，加强标准、计量、专利等体系和能力建设，加强知识产权保护，加大打击假冒伪劣产品。推行全面质量管理，深入开展质量提升行动，产品质量稳步提升，行业标准化水平不断提高，标准引领作用明显增强。

6. 绿色发展目标

绿色生产和回收利用取得明显进展。绿色生产体系加快建设，清洁生产技术普遍应用，单位工业增加值的能耗、物耗及污染物排放明显下降。再生等绿色纤维应用量明显提高，边角料利用率提高10个百分点，废旧家纺产品回收利用关键技术和运作环节有新的突破，探索推进以旧换新业务和服务，形成家纺行业绿色制造体系。

四、"十四五"时期行业发展的主要任务

深入贯彻供给侧结构改革，坚持以高质量发展为基础，坚持"科技、时尚、绿色"的产业提升发展理念，深度实施转型升级，推动提质增效，促进产业融合发展、创新发展、高端

化发展和国际化发展，向世界产业链中高端迈进。

（一）深化转型升级，推进高质量发展

1. 构建绿色发展新模式

坚定贯彻绿色发展理念，推进家纺产业绿色发展新模式，全面提升环保意识，践行绿色发展责任。致力建设绿色工厂、绿色园区，构建从原料、生产、营销、消费到回收再利用的高端家纺产业循环体系。

加快采用新技术、新工艺和新装备，加快淘汰落后产能，优化流程，提高资源综合利用水平。加大再生纤维等环境友好原料的使用比例，推行生态设计，开发绿色家纺产品，提高产品能效环保低碳水平。加快回收利用进程，加强边角余料、废水热能以及废旧家纺产品的回收再生利用，大力推进床品、窗帘、毛巾等家纺产品以旧换新的业务和服务，切实提高回收利用综合水平。

专栏1 节能减排染整技术应用和推广工程

（1）前处理：高效短流程前处理，生物酶前处理，冷轧堆前处理，棉及其混纺织物低温前处理，机织物/针织物连续平幅前处理。

（2）染色：小浴比间歇式染色，低盐或无盐活性染料连续轧染，冷轧堆染色。

（3）印花：冷轧堆染色，低尿素活性染料印花，高速数码喷墨印花，数码+网印印花。

（4）后整理：多功能机械整理。

---

2. 提质增效高端化发展

深入推进发展方式的转变，提高行业发展的效益水平和质量水平。深化供给侧改革，推进企业管理创新，转型升级，提质增效。不断加大高技术含量、高附加值产品的开发与生产，实现产业高端化发展。加强标准引领，发挥先进标准对产业的技术支撑作用，促进行业质量整体提升。积极开展国际化标准工作，加大对国际先进标准的跟踪、评估和转化。在加强与国际中高端对标的同时，积极主持或参与国际标准和规则的制定，维护产业安全，引领行业高质量发展。

不断健全质量管理体系，牢固树立质量第一的意识，并将质量第一与满足需求相结合。鼓励企业应用卓越绩效、精益生产、可靠性设计等先进的质量管理方法，提高质量管控能力。推广质量管理小组、班组管理、质量攻关等群众性质量活动，提高企业全员全过程全方位质量管理水平。

3. 增强产业科技含量

推进国家级和省级企业技术中心建设，推进产业技术创新联盟建设，以骨干企业和科研机构、高等院校、院士团队及科技带头人团队为中坚力量，开展前瞻性、适用性的技术研发创新。围绕新型纤维材料、功能性面料和产品、智能家纺及时尚家纺加工技术和产品、节能减排和资源循环再利用技术等展开创新突破。加强产业链上下游、军民应用之间的协作创新。加大

新技术、新材料应用。建立创新机制和推广体系，有效扩大先进技术和装备的应用与推广。

深化两化融合，实施产业提档升级。通过推进家纺制造产业数字化、智能化转型发展，研究和把握消费动向，提升产业创新能力和生产效率，改善企业盈利状况，增强企业活力。应用"互联网+""大数据+"和"智能+"推进企业改造升级，加快自动化生产线的应用，提升企业智能化运营水平。打造柔性供应链平台，构建从产品设计研发到产品回收再制造的生命周期体系。加强智能化生产线及智能工厂的建设与示范，探索推进行业智能制造标准体系建设。加快推进数字技术在产业集群的应用，实现集群服务升级。应用互联网数字技术开展家纺行业与其他行业的合作与互补，整合共享资源，促进协同创新。

专栏2 产业数字化、智能化转型工程

（1）加快推进制造业数字化转型，实施大数据、云计算、人工智能、工业互联网等多种数字技术与家纺制造产业的深度融合发展。

（2）充分发挥数据要素的价值创造作用，促进家纺产业在设计研发、生产制造、仓储物流、销售服务等方面进行全流程、全链条、全要素的改造。

（3）通过数字技术在家纺产业的应用，实现从多方面改善生产环节的供给能力。

在研发设计领域，通过采用虚拟仿真、人工智能等数字技术，降低研发成本、提高研发效率，加速科学研究进程与科技成果的工程化、产业化，加快新产品上市速度。

在生产作业现场，依托物联网、大数据、工业互联网、人工智能等数字技术，实现对设备、生产线、车间乃至整个工厂全方位的无缝对接、智能管控，最大限度地优化工艺参数、提高生产线效率。

在品质管控方面，通过人工智能技术的使用，提升质检效率和水平，有效提升优良品率。通过区块链等技术建立产品追溯机制，提升供应链的透明度和可靠性。

（4）探索推进行业智能制造标准体系建设。以《国家智能制造标准体系建设指南》为指导，根据中国纺织工业联合会的统一要求，针对家纺作为纺织终端产业跨越生产与流通的特点，立足国内需求，兼顾国际体系，推进家纺行业智能制造标准体系的建设，积极发挥标准体系在推进行业智能制造健康有序发展中的指导、规范、引领和保障作用。

4. 加强自主品牌建设

发挥企业主体作用，建立多层次品牌建设立体格局，形成加工制造品牌、终端消费品牌、区域品牌及国际化品牌的共同发展。强化企业基础能力提升，培养壮大一批生产制造品牌；强化企业软实力建设与市场化运营，做强一批终端消费品牌；强化产业集群内部协同与特色构建，提升一批区域品牌美誉度和影响力；强化品牌国际化推进，实现世界品牌建设的突破发展。

鼓励骨干品牌企业高端化发展，向新型制造业转型，增强创新能力，强化资源整合，提高规模化、集约化经营水平，壮大行业领军企业队伍，带动床品、布艺、毛巾、地毯、餐厨用纺织品等行业企业升级发展。加快建设世界一流企业，大力提升领军企业的国际话语权和影响力，推动产业向价值链高端迈进。

加强宣贯品牌培育管理体系标准，完善品牌培育成熟度评价机制，推广品牌培育经验。加强品牌维护与推广，依托新一代数字技术加大对品牌企业和行业知识产权保护力度，开发基于区块链技术的产品溯源系统，有效解决假冒伪劣、图案款式抄袭等问题。鼓励企业建立品牌发展战略，科学开展品牌培育活动，增强品牌培育能力。发挥行业组织和中介组织作用，为企业提供品牌专业化服务。

5. 培养造就高端人才

完善人才培训体系，有序开展企业生产技术与管理培训，不断壮大人才队伍。鼓励企业开展员工质量素质教育行动，培养管理骨干和技术能手，提高企业运营水平。依托高校、科研院所和行业重点企业，培养行业发展的高端人才。支持行业组织和专业机构开展设计大师、营销大师、首席质量官、首席品牌官、品牌经理等培训，为产业高质量发展培养领军人才队伍。重视企业领导层梯队建设，有序推进企业接班人培养。

6. 提升时尚创新能力

大力发展时尚特色的现代家纺产业，以时尚创特色，以时尚促品牌，以时尚搭平台，促进我国家纺产业向价值链中高端延伸。加大对研发创新与企业品牌文化研究的投入，强化时尚创新能力建设，大力支持研发中心、设计师工作室的建立和运营。培育一批时尚重点企业和时尚重点品牌，提升时尚创意设计，增强品牌营销能力。建设时尚创新平台，加强家纺时尚研究、交流与传播，通过设计大赛、流行趋势的研究与发布，壮大行业设计师队伍，形成一批时尚设计大师，提升时尚国际话语权。通过时尚资源的集成创新，发挥创造美好生活的职能，打造引领消费潮流的新型产业业态。

专栏3　时尚品牌、时尚大师、时尚平台建设工程

（1）时尚品牌建设。制定实施家纺时尚品牌培育计划，推动企业开展时尚创意设计、时尚供给与新渠道建设，打造具有快速反应特色的柔性化产业生产供应链，培育一批有具有中国元素和时代特色、具有国际影响和具备引领世界潮流能力的优势品牌。

（2）时尚大师建设。以工业设计为基础，开展行业时尚大师重点塑造工程。组织展开我国及世界家纺文化与特色的研究，形成时尚家纺文化生态体系，以时尚创特色，培育一批具有鲜明特色风格和国内外市场影响力的时尚设计大师。

（3）时尚平台建设。依托行业重点产业集群和重点骨干企业，建设时尚创意、展示与发布的平台（基地）。开展设计大赛，发布流行趋势、时尚指数、时尚报告，举办家纺时尚周、品牌推广等活动。利用行业会展、媒体网站等多维度的加强时尚家纺的传播力度，不断提高我国家纺时尚产业的市场影响力和国际影响力。

（二）加强结构调整，促进区域协调发展

1. 提高区域协调发展水平

在新的发展时期，加强区域合作，加速区域产业转型升级，促进区域间的协调发展和

平衡发展，建设一批特色明显、优势突出、公共服务体系健全的新型产业集群。优化产业布局，切实解决发展不平衡不充分的矛盾，满足人民日益增长的美好生活需要。大力提高协同制造、精益制造和绿色制造水平，以高品质、高性能、高时尚引导消费升级，不断提升国内外市场辐射面和影响力。

2. 构建共享制造产业新模式

顺应新一代信息技术与制造业融合发展趋势，在产业集群中探索发展共享制造新模式，优化资源配置，提升产出效率。一是制造资源共享，围绕制造环节，将分散、闲置的生产资源集聚起来，弹性匹配、动态共享给需求方。二是建设具有区域产业特色的共享工厂，集中配置通用性强、购置成本高的先进生产设备，打造分时、计件、按价值计价等灵活服务模式。三是创新能力共享，围绕集群企业灵活多样且低成本的创新需求，发展汇聚社会资源的产品设计与开发能力共享。四是服务平台共享，重点针对中小企业，提供物流仓储、产品检测、设备维护、验货验厂、供应链管理、数据存储与分析等共性服务。

通过发展共享经济，促进集群企业优化运营和转型升级发展。同时，大力加强中小微企业经营理念的转变，建设规范、现代的企业经营模式。加快改善中小微企业的作业环境，加快装备升级换代，切实保证产品品质安全、操作人员的身心健康与安全，促进产品内在品质的提升。积极探索中小微企业专精特新的发展路径，培育发展一批主营业务突出、竞争力强、成长性好、专注于细分市场的专业化"小巨人"企业。

3. 打造世界级家纺产业集群

重点培育有一定发展基础的集群向世界级纺织产业集群发展。加深其产品制造和流通在全球价值链和供应链的作用，加强培育具有世界影响力的区域品牌，建设具有较强创新能力和充满活力的创新生态体系，提升区域产业和品牌的世界影响力。加快推进世界级家纺产业集群先行区的建设，加强其技术引领、标准引领、产品引领、趋势引领的行业"风向标"地位，发挥引领和推动全国乃至全球行业发展的作用和功能。

专栏4　建设世界级产业集群

（1）产业规模位居世界前列。

（2）产品制造和流通能够深度嵌入全球价值链和供应链，已形成具有世界影响力的区域品牌。

（3）具有较强的创新能力和充满活力的创新生态体系。

（4）在世界同行业中具有较大影响力，具备有技术引领、标准引领、产品引领、趋势引领的行业"风向标"地位。

通过世界级产业集群和现代化集群的建设，推进区域产业与小城镇建设的协同发展，有效推动集群产业所在地区现代物流、电子商务、设计研发、贸易中介、旅游文化和住宿餐饮的提升发展，推动地区楼宇经济。同时，小镇经济也将促进地区产业集群的建设和发展，实现家纺产业与区域生产性服务业和生活性服务业的共同发展与繁荣。

（三）强化内循环，拓宽产业发展空间

1. 加强需求侧管理与导向

以需求为驱动，以时尚家纺产业为基础，建设新型供应链的需求驱动模式，促进供应链与零售链的融合与创新。同时，通过高质量供给和产品创新扩展新的消费需求，把扩大内需与产业链升级相结合，做大市场和产业。通过数字经济促进消费新业态、新模式、新场景的应用，推进产业的商业模式创新，加快产业向流通终端延伸。加快发展线上线下融合的新零售模式，创新扩容老渠道，打造建设新渠道。同时，利用科技创新培育新消费模式和消费增长点，不断完善大家居新业态，创造消费需求，促进消费升级。

专栏5 渠道创新工程

（1）加强消费市场研究，密切关注消费群体、消费结构、消费需求及消费升级的发展与变化，不断完善产品与渠道建设

（2）大力推进新零售，关注网络时代的网络原住民流量经济及"网红+直播+电商"新模式的动态与发展，对产品的生产、流通与销售过程进行升级改造，促进产业商业模式的创新。

（3）社交营销。充分利用社交网络营销的参与性、分享性与互动性强的特点，通过准确掌握目标受众的具体信息进行精准营销，降低营销成本。发挥"多对多"信息传递模式符合网络用户需求的特点，形成更好的传播效果。

（4）跨界整合。通过流通跨界、产品跨界和技术跨界，整合资源，打造创新的渠道模式。

（5）国际渠道。不断推进和完善跨境电商体系建设。

---

2. 融合发展"大家居+大健康"

顺应新时期消费需求，支持产业向"大家居+大健康"延伸，融合发展，拓展产业新的应用领域。从大家纺到大家居，从生活用品到健康功能，跨界融合家具、软装、饰品、医疗医药、康护保健等产业，从一块布到一个家，从家纺产品到全新的生活理念，通过大家居、大健康消费模式激发国内有效需求。不断开发生产具有保健功能的特色产品，推广健康消费，促进消费升级，激活潜在需求。

3. 加强服务提升供给质量

实施先进制造业与现代服务业深度融合，通过建设服务型制造业促进家纺产业延伸与增长，进一步增强市场竞争实力。加快家纺产业从生产端向流通领域、向消费群体延伸。运用大数据加强个性化、多样化的消费服务，延伸服务内涵，实现精准服务。深度挖掘用户需求，加强创新设计，丰富产品种类，创新营销手段。不断拓展个性化定制、总集成总承包、全生命周期管理、系统解决方案、增值信息服务等职能。通过发展服务型制造业，推动企业拓展产品服务能力，提升客户价值，推动产业向价值链中高端延伸。

4. 加快专业市场转型升级

融合发展，提升家纺专业市场专业化、智慧化、国际化发展水平。产地型专业市场要进一步加强家纺先进制造业和以智慧市场为核心的现代服务业的深度融合。加强专业市场智能导购系统、智慧服务系统、精准营销系统、会展综合管理服务等系统的建设，打造智慧商城，促进区域品牌建设。实施商户企业数字化水平的提升工程，推动线上线下深度融合的经营管理模式创新。优化专业市场零售业态，推进实施市场商户围绕批零兼营转型升级。进一步促进内贸外贸融合升级发展，深入推进内外贸结合市场试点和市场采购贸易方式试点，推进跨境电商产业园建设，引导商户企业"走出去"，拓展海外渠道，提升国际市场占有率。

（四）优化外循环，开创国际化新局面

1. 稳步推进产业国际化布局

推进产业国际化进程，支持骨干企业和产业集群进行全球化布局，进行全球资源配置，在扩大开放中获得更有力的资源、技术、人才、资金的支持。通过国际循环促进产业的进一步合理化和高级化，促进国内产业链和价值链在国际经济体系中实现不断攀升。借"一带一路"倡议有利时机，鼓励企业"走出去"进行全球化战略运作，利用国际市场的优势资源，结合企业自身的发展需求在海外建立研究中心、营销网络、生产加工基地、原料基地等设施和机构。同时，加强与国际品牌企业、品牌经销商的合作，建立新的国际合作体系，不断提升中国家纺行业国际影响力。

2. 加强多元化国际市场建设

结合世界经济格局，调整优化我国家纺产品出口格局。通过品种、品质和附加值的提升，巩固和提高在传统发达国家的市场份额。积极开拓"一带一路"市场、新兴经济体和发展中国家市场，从多元化国际市场上寻求新的增长突破口。通过与"一带一路"沿线国家和地区的深入合作，把"一带一路"建设成为贸易往来、产业协作和共同发展的战略平台。借东盟亚洲十五国自由贸易协定签订的有利时机，积极扩大东盟及亚洲地区的贸易。同时，积极关注自由贸易区和自由贸易港的建设，加大对南美市场的开发，加强对非洲等区域潜在市场的拓展，加速形成新的国际循环。

五、措施与建议

（一）加大支持实体生产企业

重点研究实体生产企业面临的困难，加大政策扶植力度，降税减费，切实减轻企业负担，增强企业抗风险能力。改善融资环境，加强金融体系对实体经济的服务，降低信用贷款门槛，减少审批手续，鼓励提供贷款减息和免息补贴。加强政策引导，推动产融合作对接，拓宽行业企业融资渠道，鼓励优质社会资本支持行业发展。加强产品质量、知识产权保护等方面的市场监督和执法，营造公平、有序的竞争环境。加强市场监管，降低渠道成本，不断健全电商交易体系、物流配送体系、信用监测体系等配套制度，促进产业流通渠道的规范健康发展。

（二）加强消费端引导与服务

在发挥行业组织和生产企业对终端消费引导作用的同时，充分发挥社会各类媒体公益宣传的强大功能，营造科学消费、健康消费的社会氛围，引导消费升级，激活潜在消费市场。加强对消费者消费需求和消费心理的研究，不断丰富产品种类和功能，不断创新产业的商业模式，满足消费者多样化、个性化的需求。加强消费服务，把对消费者的服务贯穿到设计、生产、销售及售后的各个环节。

（三）强化产业服务平台功能

加强行业信息平台、技术平台、市场平台等服务平台的建设。扶持龙头企业发展，从品牌建设、研发投入、人才引进、融资等方面给予支持，鼓励龙头企业成立研究中心，发挥引领行业作用。同时，充分发挥平台作用，帮助中小企业发展与升级。进一步扩大中国国际家纺展及辅料展等行业知名展会影响力，进一步推进企业参加海外展会及交流活动，促进企业拓展市场。不断完善家纺协会官网、统计网络等行业平台的建设，设立行业人才和资源数据库，为企业提供对外交流、市场信息和技术咨询服务。

（四）加快信息化建设与升级

积极推动家纺行业数字化、信息化进程，在行业中推广建立智能制造生产体系。支持行业数字化经济发展，将家纺行业数字化转型纳入新型基础设施投资支持政策的范围，加大对行业工业互联网平台、大数据中心等建设的支持力度，加快发展数字化管理、智能化生产、网络化协同、个性化定制、服务型制造等数字化转型新模式。支持产业集群加快建设服务广大中小企业的工业互联网平台，提升中小企业的数字化能力。鼓励行业专业市场发展平台经济，深化电子商务应用，提升线上线下融合发展水平。

（五）支持产业优化海外布局

在复杂的国际局势中，保持外贸格局稳定，积极推动行业海外布局。建议加大信贷投放，扩大出口信用保险覆盖面，降低进出口合规成本，加快跨境电商等新业态发展，提升国际货运能力。建议政府支持行业专业市场探索贸易新模式，鼓励企业建设海外仓和分市场，打造海外产业集散地。把握"一带一路"合作机遇，科学走出去，实现生产要素的全球化配置，提升中国家纺行业的国际影响力。

（六）积极发挥行业协会作用

充分发挥协会组织作为政府和企业桥梁纽带的职能，强化行业协会在市场调查、运行监测、行业研究、产业规划、品牌建设、人才培养等方面的功能与作用。支持协会做好行业综合服务，深入开展信息咨询、技术推广、贸易展览、市场拓展、新闻宣传等服务工作。支持协会主持和参与行业公共服务体系建设，不断提升为行业企业服务的质量和水平。

中国家用纺织品行业协会

专家论坛

纺织品服装消费升级发展趋势研究

张倩 华珊

内需市场是新中国纺织工业从逐步建立产业体系到进入制造强国第一梯队的基本动因和坚实保障。纺织行业始终把满足国家发展和人民生活需要作为出发点和落脚点，持续提升供给保障能力，优化供给结构，在我国经济社会发展的不同历史阶段均发挥了支撑国民经济和保障民生的重要作用。2021年，我国进入"十四五"发展新阶段，在全面建成小康社会目标顺利实现、以国内大循环为主体的"双循环"新格局加快构建的背景下，纺织行业以高质量供给满足、引领和创造国内需求，充分满足人民对美好生活的新期待，既是战略机遇，也是时代要求，更是行业的不懈追求。

一、我国纺织品服装消费历程回顾

伴随着国民经济和社会发展，我国内需市场不断演进，与纺织行业发展之间的互动关系也不断发展变化。

（一）满足衣被基本需求，力担解决温饱重责大任

中华人民共和国成立之初，我国经济基础薄弱，居民收入和消费水平很低，1952年，人均GDP仅119元，城镇化率仅有12.5%，恢复发展经济和解决温饱问题是首要任务，保障穿衣盖被基本生活需求则是纺织行业的核心任务。中华人民共和国成立初期，裁布做衣做被是主要消费方式，棉布凭票限量供应，人均棉布产量仅7尺；1952年，全社会穿着类消费品零售额为51亿元，人均仅8.8元。

纺织行业从20世纪50年代开始大力建设棉纺织基地，强化自主装备配套，积极发展黏胶纤维（当时称人造棉）、腈纶（当时称人造羊毛）等化纤原料，加快发展针织工业，丰富衣料选择。特别是70年代，我国引进技术兴建四大合成纤维基地，成为纺织行业供给能力的突破性转折。我国化纤产量1957年仅有200吨，1980年增加到29万吨，1990年达到165万吨；纺织纤维加工总量从中华人民共和国成立初期的几十万吨增加到1978年的276万吨，1990年达到630万吨。

1983年，我国取消棉布限量供应，标志着纺织行业初步具备了足量满足内需的能力，

在衣食住行基本生活需求方面率先完成"温饱"保障目标。笔挺耐穿的"的确良"、轻盈保暖的人造毛毯、绚丽多彩的人造丝背面、结实耐穿的锦纶弹力袜等商品大量进入城乡居民家庭，购买成衣逐步成为重要的消费模式。1985年全国穿着类消费品零售额增加到717亿元，1990年达到1182亿元（图1）。

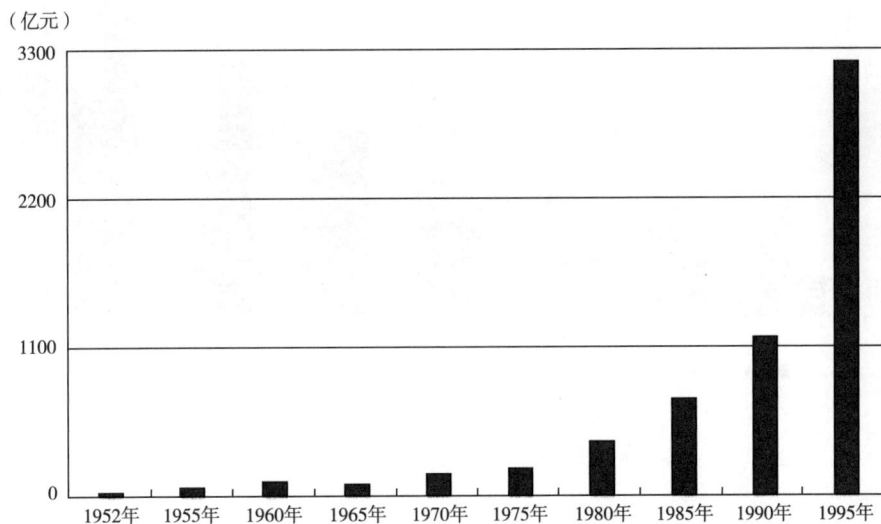

（亿元）

图1　我国穿着类社会消费品零售额
数据来源：中国统计年鉴

（二）强化物质供给与销售网络建设，巩固产业发展立足基点

20世纪80年代末期，我国全面完成解决人民温饱问题的历史任务，踏上小康社会建设道路。90年代，伴随着改革开放成效累积，国民经济实现稳健发展，人民生活水平稳步提高，国内市场需求也开始从数量满足转向品质提升，解决人民日益增长的物质文化需要与生产力发展水平之间的矛盾成为核心发展导向。1990年到2000年，我国人均GDP从1663元增加到7942元，城镇化率从26.4%提高到36.2%，城乡人均可支配收入从904元增加到3722元。

在宏观环境不断变化的背景下，纺织行业作为市场供给方也发生了重要改变。伴随着纺织行业生产技术革新以及国有企业改革、民营经济崛起，我国纺织服装市场从卖方市场彻底转变为买方市场，主动适应内需成为行业发展关键方向。纺织行业立足挖掘内需潜力，着力丰富产品花色品种，精纺棉制品、化纤仿真产品大量涌现，涵盖服装用纺织品、装饰用纺织品（现称为家用纺织品）、产业用纺织品的完整终端大类产品体系正式建立，面向工薪阶层和农村市场的自主服装品牌起步发展。建设国内市场销售体系成为纺织行业对接内需的重要途径，专业交易市场加快发展，品牌企业开始搭建自主销售网络，并从生产型向生产经营型转变。

20世纪90年代，扩大轻纺行业出口创汇是重要的国家战略，加工贸易快速发展，我国纺织品服装出口总额于1994年跃居世界首位。但这一时期，国内市场始终在纺织行业销售中占据主体地位，出口产品仅占全国产量的三分之一左右，内销稳固占据行业发展基本立足点地位。1995年，全国穿着类商品零售额达到3200亿元，比1990年增加1.7倍。2000年，我国城镇和农村居民人均衣着消费支出分别为500元和96元，比1990年分别增长1.9倍和1.1倍（图2）；按城乡人口加权计算，全国衣着消费支出总额十年累计增长2.4倍。

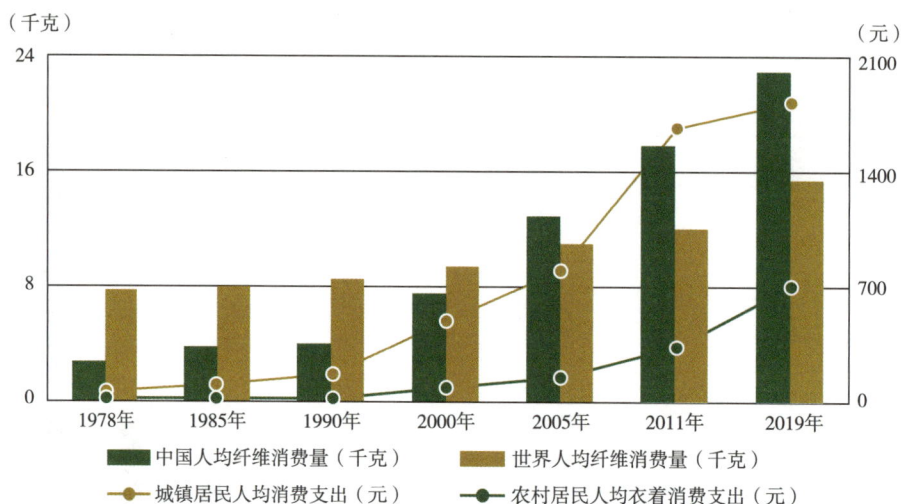

图2　世界及我国人均纤维消费量、我国城乡居民人均衣着消费支出情况
数据来源：The Fiber Year，国家统计局，中国纺织工业联合会

（三）深化供给侧结构调整升级，强化内需市场战略重点作用

进入21世纪，我国把握住加入WTO的重大历史机遇，坚持转变经济发展方式，深入推进供给侧结构性改革，国民经济社会发展水平和质量稳步提升。2001~2020年，我国人均GDP年均增速达到11.7%，2019年人均GDP突破1万美元，2020年GDP总量迈上百亿元台阶，城镇化率超过60%。新型城镇化和农业农村现代化建设推进，城乡基础设施升级，居民居住条件改善，社会保障体系完善，生产生活服务业蓬勃发展，一系列成就为内需消费增长提供了有力支撑，纺织服装商品内需进入提速与提质并举的黄金时期，内需市场成为纺织行业平稳发展的首要驱动因素。特别是在2008年国际金融危机后，国际市场进入长期低迷期，内需市场在稳步增长、调整结构方面的绝对主力作用日益增强。2018年，中美贸易摩擦升级，在国际贸易形势日益复杂的形势下，促进形成强大的国内市场正成为重要的经济发展战略。

我国加入WTO为纺织行业提供了重大的发展机遇，通过深度融入国际产业分工合作体系，纺织行业的出口竞争力得到了大幅提升。但内需市场仍是行业的销售主体，内需纤维消费量在纤维加工总量中的占比以及内需纤维消费增量规模均超过出口。纺织行业坚持将内需市场作为首要发展动力，积极统筹利用国际产业链优质资源，满足国内需求，激发内需潜力，并在发展中呈现以下特点。

一是多角度满足国内市场消费和国民经济相关领域应用需求。伴随着国民经济发展，我国纤维需求领域突破传统穿衣盖被，向着家居装饰以及医疗卫生、土工建筑、交通运输、结构增多等更加多元化的领域扩展。家用纺织品在21世纪初实现快速发展，占纤维加工量的比重从2000年的19%提高到2007年33%的历史高点，至今仍保持在27%。产业用纺织品应用潜力稳步释放，占纤维加工量的比重从2000年的13%提高到2019年的29%。家纺及产业用纺织品行业立足内需市场的特征更加明显，产品内需比重均明显高于服装行业。2019年，我国人均纤维消费量达到23千克，是世界人均水平的1.5倍，纤维消费量和消费结构均达到中等发达国家水平。而2000年，我国人均纤维消费量为7.5千克，尚未达到当时全世界人均9.5千克的水平。图3所示为1980~2019年我国纺织行业三大终端产品纤维消费量所占比重。

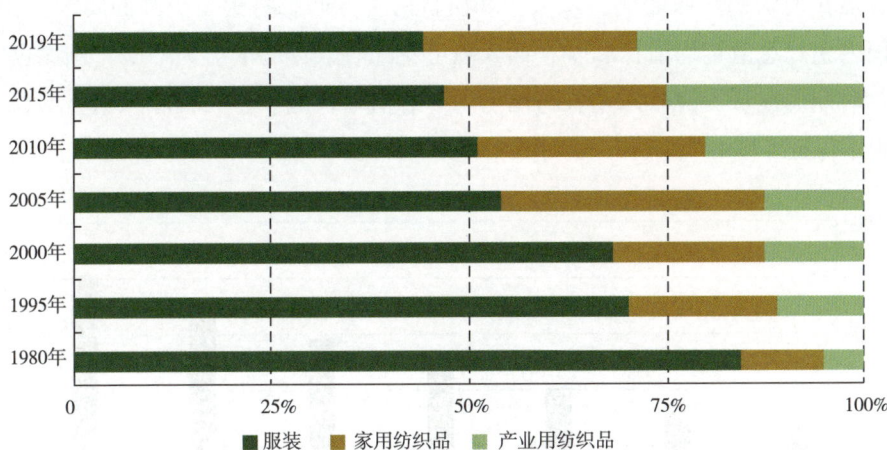

图3　我国纺织行业三大终端产品纤维消费量所占比重
数据来源：中国纺织工业联合会

二是以科技持续创新满足内需升级需要。纺织材料的研发与应用创新对纺织行业满足并引领内需发挥着重要作用，各种差别化、功能性纤维新材料支撑和驱动了全产业链的产品创新。精细制造、柔性制造、大规模定制以及智能制造等优质、先进技术不断升级，不仅驱动生产效率与产出品质持续提升，在国内制造成本大幅提升的情况下，保持了纺织服装产品的高性价比，面对日趋多层次、多角度的个性化需求，纺织行业也具备了日益增强的快速反应能力。

三是自主品牌取得重要发展成就。以持续提升的居民收入为基础，面向城乡不同消费群体的纺织服装自主品牌全面崛起，质量、设计、文化内涵、社会责任形象等品牌构成元素日益完善，线上线下相结合的营销网络全面覆盖从乡村小镇到一线城市的多层级消费市场。以自主品牌为立足点，纺织行业获取了更加全方位的升级发展动力和更加安全可控的产业体系立足基点。随着我国决战脱贫攻坚，决胜全面建成小康社会，下沉市场潜力显著释放，2011~2019年，农村居民人均衣着消费支出年均增长11.7%，是改革开放以来增长最快的阶段，高于同期城镇居民衣着消费支出增速9个百分点。

四是跨行业、跨界融合创新稳健起步。近年来，纺织行业与信息网络、文化创意及其他现代生产、生活服务业的融合创新不断深化，成为新时期行业更好适应和引领内需升级的主流路径。电子商务是迄今发展成效较显著的领域，根据中国纺联流通分会测算，2011年，我国服装家纺产品网络零售额仅有2200亿元，2019年已达到1.7万亿元。自2015年国家统计局开始公布全国网上零售数据后，穿着类商品的网上零售额至2019年一直保持两位数增长。

二、"十四五"时期我国纺织品服装消费升级的趋势和特点

（一）居民收入水平增长将带动纺织品服装消费

2019年，我国人均GDP超过10000美元，人均可支配收入也达到30733元，进入消费快速增长阶段，居民对纺织品服装消费从数量和质量两个方面都将提出更高的要求。2013~2019年，人均国内生产总值年均增长8.3%，而人均可支配收入年均增速为9.0%，国家也明确提出"十四五"时期居民可支配收入增长与国内生产总值增长同步，居民收入稳步增长是消费水平提升的根本保证（图4）。

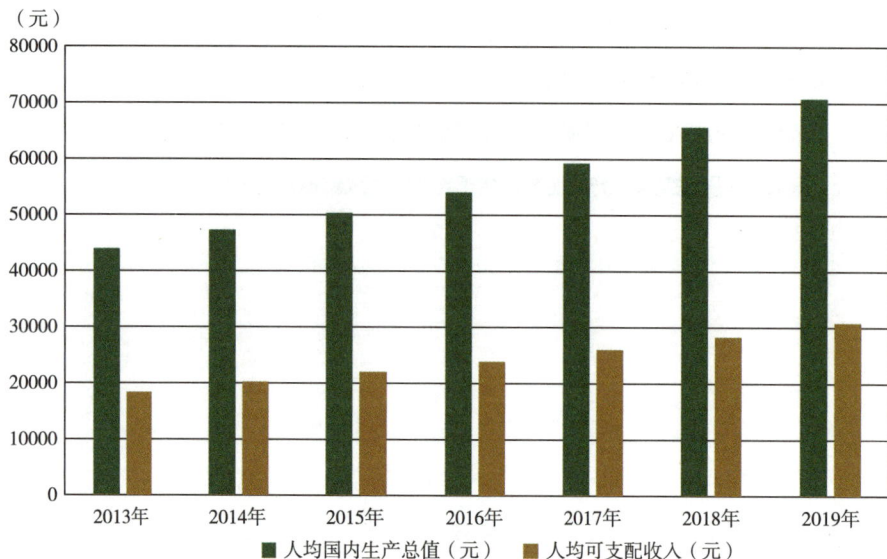

图4　我国人均国内生产总值和人均可支配收入
数据来源：国家统计局

（二）与发达国家相比，我国仍有较大消费价值量提升空间

2019年，我国人均纤维消费量已达到23千克，从这个角度看，我国内需纤维增量的提升速度将会逐步放缓。但从价值量角度看，2019年，美国、意大利人均衣着消费支出折合人民币达到近8000元，德国、日本等国也普遍达到6000元以上，而我国2019年人均衣着消费支出为1338元，城镇居民也只达到1832元（图5）。这表明，通过附加价值提升，纺织行业在内需市场中依然有广阔的空间。附加价值的提升既包括由科技创新带来的品质、功能附加值，也包括品牌创新带动的供给模式与服务模式创新附加值，以及满足表达个性、愉悦精神乃至传承民族文化需求所带来的附加值。

（三）弥补纺织品服装消费结构性不平衡存在较大的市场空间

我国纺织品服装消费还存在明显的结构性不平衡。2019年，我国城镇居民人均衣着类消费支出1831.9元，是农村居民人均衣着消费支出713.3元的2.6倍。2013年，城镇居民人均衣着类消费支出是农村居民的3.4倍，说明城乡居民衣着类消费方面的差距仍然较大，但是幅度在

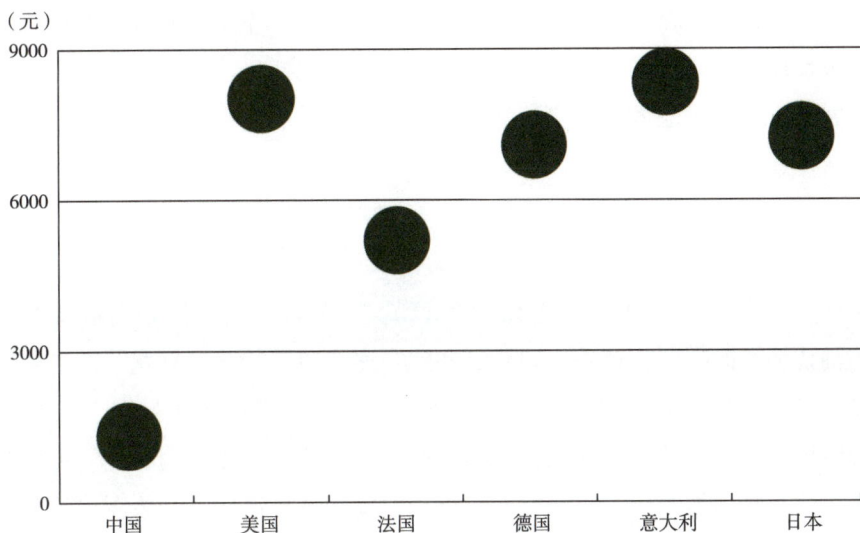

图5　2019年我国及部分发达国家人均衣着消费支出
数据来源：国家统计局，根据美国经济分析局、欧盟统计局、
日本统计局相关统计数据测算

逐步缩小（图6）。随着城镇化率不断提高，根据国家"十四五"规划，2025年城镇化率将达到65%，同时农村居民消费水平不断提高，弥补纺织品服装消费结构性不平衡存在较大的市场空间。

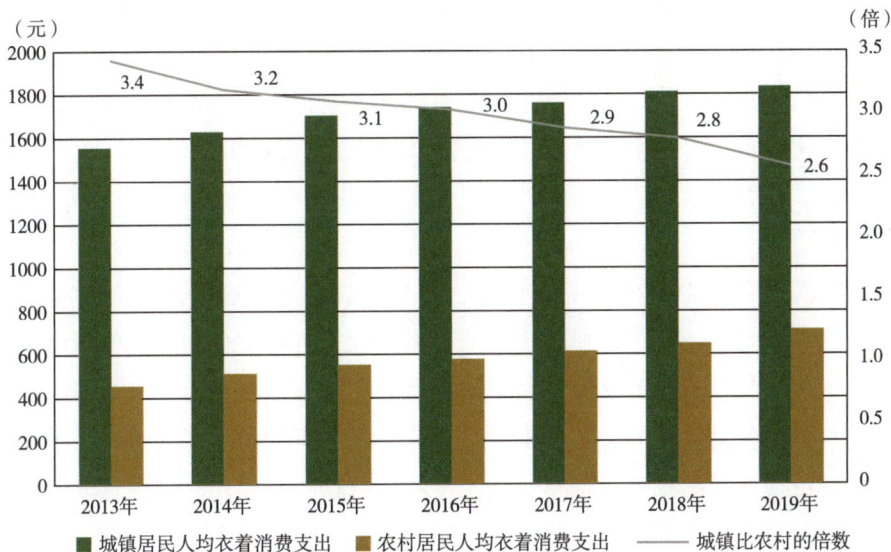

图6　我国城镇和农村居民人均衣着消费支出
数据来源：国家统计局

三、消费升级对纺织品服装供给能力的提升不断提出新要求

"十二五"以来，我国内需消费市场已经呈现出明显的消费升级特征。2020年，我国人均衣着消费占人均消费支出总额的比重为5.8%，而2000~2010年这一比重一直在9%以上。同期，居民在改善居住、交通通信、医疗健康等方面的消费比重上升。美国和日本等经济发达

国家的人均衣着消费占消费支出的比重分别为2.3%和3.9%。未来，我国在全面建成小康社会基础上进一步发展经济，提升人民生活水平，人均衣着消费量的增长必然放缓，价值提升则是必然的发展重点，纺织品服装的供给能力随着消费升级的要求必将从产品功能、效率、品质、品种、品牌等各方面不断提升。

（一）研发能力升级

纺织品服装消费的不断升级对纺织纤维材料、工艺技术提出原始创新、源头创新的要求，行业的科技创新能力要从过去"跟跑、并跑"逐步向"并跑、领跑"方向转型。以消费升级为驱动不断提升行业创新能力，首先是加快建设以市场需求为导向、以龙头企业为主体、产学研用相结合的科技创新体系，构建从原材料创新到终端应用功能创新贯穿的全产业链创新模式；其次是增加终端需求研究的比重和力度，紧扣消费者升级需求的关键诉求，全产业链合作寻求解决方案；三是加强交叉学科、跨领域合作创新平台建设，将新材料、信息化、智能化等领域的新技术衍生应用到纺织品服装领域。

（二）制造能力升级

提升工艺、装备和精细化管理水平，保障产品制造的高品质和高效率。运用先进适用技术加快设备更新和技术改造，采用科学管理工具提高企业生产管理效率，强化网络基础设施建设，加快企业数字化改造提升。扩大化纤全流程智能制造、棉纺全流程智能制造、数字化网络化环保型印染装备、数字化全成型针织设备、高速织造设备等先进设备的应用，推进机械臂、机器人、智能物流系统、在线质量监控系统等智能化软硬件在纺织领域的应用，加快智能吊挂、智能化缝制、柔性化控制系统等服装和家用纺织品领域关键技术的研发和应用。

（三）设计能力升级

提升服装、家用纺织品终端产品设计能力，提升自主品牌影响力和产品附加值。促进文化与产品设计深度融合，将非物质文化遗产等中华优秀传统文化、当代美学内涵和流行趋势融入产品，形成一批承载民族文化的纺织服装自主品牌。提高贯通全产业链的综合设计能力，将前端的材料研发和技术研发落实到最终产品的设计研发上，提升纺织品服装设计的科技创新水平。广泛应用数据挖掘等信息化技术开展流行趋势研究、时尚创意设计和精准数据营销。加强消费者研究，针对城市乡村、不同年龄段、不同地域、不同活动场景等开展需求研究，以专业化设计引导时尚消费行为。加强纺织品服装领域时尚设计人才队伍建设，完善设计师培养体系，加强复合型创新设计人才的培养，积累一大批具有多元文化背景、跨界能力和国际视野的新一代设计师。

（四）营销能力升级

积极运用新一代信息技术，建立品牌与消费者之间的深层次连接，形成基于数字决策的智慧营销模式。近年来，我国互联网消费快速增长，特别是新冠肺炎疫情发生以来，适应宅经济的"指尖消费"表现抢眼。根据艾瑞咨询《电商新生态助力经济复苏——疫情下零售消费洞察报告》，截至2020年3月，手机网络购物用户规模超过7亿，网络支付和网络购物较2018年分别增长27.9%和16.4%。随着消费者社交、互动、即买即得等需求增长，应积极探索新模式、新业态，通过平台融合、社群融合、场景融合，促进纺织服装品牌企业与互联网产业、现代服务业的跨界融合发展。

（五）绿色发展能力升级

在国家绿色低碳发展的战略指导下，纺织品服装绿色消费需求将持续增长。纺织品服装制造领域坚持可持续发展，以绿色化改造为重点，加快构建绿色低碳循环发展体系，推进全产业链高效、清洁、协同发展，为市场提供优质的绿色纺织品服装。引导绿色消费，倡导消费理性、崇尚自然、追求健康舒适的纺织品服装绿色消费观，鼓励重复使用和再生利用。推进废旧纺织品回收和再利用体系建设，研发推广纤维再生循环利用技术，推动建设若干覆盖全国重点城市的废旧纺织品资源化回收、分拣、拆解、规范化处理基地。

中国纺织工业联合会产业经济研究院

海宁家纺杯
中国国际家用纺织品创意设计大赛

China International Home Textiles
Design Competion Awards

主办单位

中国家用纺织品行业协会
中国国际贸易促进委员会纺织行业分会
法兰克福展览（香港）有限公司
浙江省海宁市人民政府

承办单位

中国家用纺织品行业协会设计师分会
海宁市许村镇人民政府

协办单位

海宁市家用纺织品行业协会
海宁市许村镇时尚产业新生代联合会
海宁中国家纺城股份有限公司

支持单位

中国版权协会
中国版权保护中心

更多详细信息请登陆中家纺官网：www.hometex.org.cn

中国国际家用纺织品
产品设计大赛
China International Home Textiles
Design Competition Awards

2011

DESIGN
张謇杯ZHANGJIANCUP

主办单位

中国家用纺织品行业协会
中国国际贸易促进委员会纺织行业分会
法兰克福展览（香港）有限公司
南通市人民政府

更多详细信息请登陆中家纺官网：www.hometex.org.cn

第六届
震泽丝绸杯

中国丝绸家用纺织品创意设计大赛

主办单位

承办单位

大赛官网

中国家用纺织品行业协会
江苏省苏州市吴江区人民政府

中国家用纺织品行业协会设计师分会
江苏省苏州市吴江区震泽镇人民政府

更多详细信息请登录大赛官网：www.zzscbds.com

研发创新

弘扬国风　创新设计
——"海宁家纺杯"2020中国国际家用纺织品创意设计大赛综述

贾京生

2020年是极不平凡的一年，当新冠肺炎在全球肆虐，中国采取了积极、科学、全面的措施来应对这场突如其来的灾难，最终战胜了疫情并取得了胜利。在防疫的同时，"海宁家纺杯"2020中国国际家用纺织品创意设计大赛于8月5日如期在海宁许村正式拉开帷幕。本届大赛的家纺创意画稿组收到来自143家单位报送的2116幅作品，整体软装设计组收到790幅作品，两个组的参赛作品共计2906幅。在疫情的影响下，本届大赛无论是参赛作品的数量，还是设计作品的质量，仍然有显著增长和提高。取得这样辉煌的成绩来之不易，也充分说明大赛18年的迅猛发展和厚积薄发，使大赛的影响力越来越大、凝聚力越来越强。这对家纺行业设计人才的培养，激发企业原创设计水平，搭建高质量、全国性的赛事平台，起到了积极的促进和引领作用（图1）。

图1　家纺创意画稿组评审现场

本届大赛在浙江省海宁市公证处的全程监督下，严格依据大赛规则，经过专家评委会的层层遴选，评选出铜奖以上作品，在"中家纺"官网上公示一周后，最终确定，家纺创意画稿组：金奖1名，银奖3名，铜奖4名，优秀奖20名，入围奖若干名；整体软装设计组：金奖1名，银奖3名，铜奖5名，优秀奖20名，入围奖若干名。

本届大赛呈现出四个特点，一是弘扬国风、传承文化主旋律；二是强盛国风、创意揽胜展实力；三是设计交流、智慧跨界新融合；四是传播交融、信息互动大平台。

一、弘扬国风、传承文化主旋律

本届大赛以弘扬中国国风、传承中华文化、创新家纺设计为主旋律，这与国家倡导的"创造性转化、创新性发展"思路和"四个自信"的理念紧密相结合，在此基础上凝练并确立了本届大赛的核心内容与主题："国风·揽胜"，即以东方文化为灵感，以中国审美气韵为核心，凝练提取中华文明中经典、优秀的设计元素，设计创造出既融合国际时尚创意视野，又具有中国风格的、形式新颖的家用纺织品创意设计作品。

大赛的主旋律，既深挖历史悠久、博大精深的中国文化，又紧密结合国际时尚趋势与国内市场设计需求，设计出既有文化底蕴，又时尚适用的家纺产品。当今"80后""90后"和"00后"的年轻人，是在信息时代、全球化渗透语境中长大的，接受的网络信息较多，受西方文化艺术观念影响也较多，对中国传统文化的了解、认知不够深入，所以大赛主题正是强调创意设计中的"四个自信"，尤其要强调"文化自信"和"设计自信"，通过主题赛事的引导、激活，认知与认同中国传统文化艺术的当代价值，挖掘与继承中国传统文化艺术的精神与精髓，不断提高中国家纺设计的原创性与设计话语权，传播东方的中国设计美学、文化自信与设计自觉（图2、图3）。

在大赛主题与主旋律确定的同时，组建了具有权威性、引领性、前瞻性与公正性的组织机构。为确保大赛弘扬国风、传承文化主旋律，本届大赛的评审委员会由行业协会代表、家纺企业代表、艺术设计院校代表、产业集群代表及国内外学术专家共同组成，全方位、多角度、时尚性、国际化，对参赛作品的评审更具专业性和权威性，将大赛主题主旨"弘扬国风、创新设计"的主旋律落到了实处。

图2　家纺创意画稿组评委合影

图3　整体软装设计组评委合影

二、强盛国风、创意揽胜展实力

本届大赛的参赛作品，从整体的创新水平与创意力度来看，展现出创意的新风格、创新的新形式、创造的新内涵与设计的适用性。很多参赛设计作品，在紧扣大赛主题、突出主题核心、深挖主题意蕴方面，都有显著的突破与创意。本届大赛主题"国风·揽胜"，不仅是对2019年大赛主题"国风·大观"的延续，同时还有更广层面、更深层次的新延展。"国风·揽胜"中的"国风"主题设计，有两层含义，一方面是以东方文化为灵感，以中国审美气韵为核心，凝练提取中华文明中经典、优秀的设计元素，设计创造时尚的中国风；另一方面则是融合国际时尚，进行新的突破，设计创造国际风。"国风·揽胜"中的"揽胜"主题设计，也有两层含义，一方面是从历史积淀的源头与国际时尚的流行上揽胜，设计创造出崭新的创意作品；另一方面是大赛作品中构成揽胜的竞争局面，即通过大赛形式，优中选优、揽胜出问鼎高水平的设计佳作。

总览今年的参赛作品，无论是参赛作品的数量，还是参赛作品的质量，都有进一步提升。作为参赛的主力军，"90后"与"00后"的新一代设计师们，能够让设计作品既贴合赛事主题，又把握时尚趋势与国际流行。尽管参赛作品中有些设计还不够成熟，但青年设计师们敢做敢闯的蓬勃朝气，让每一幅作品个性十足、多元多样且新颖时尚。中国家用纺织品行业协会副会长、高级工艺美术师、大赛评审委员会执行主任王易，针对今年全球疫情状态下的大赛指出："受疫情的影响，今年大赛从招赛开始就遇到了各种问题，但同时这也是对大赛的挑战。有'危'就有'机'，大赛组委会积极采取各种应对措施，最终参赛作品和参赛单位不仅没有减少，反而较去年还有所增长。这说明'海宁家纺杯'创意设计大赛经过18年的积累和发展，确实已经做出了品牌效应，得到了各设计单位和参赛者的认可，经受住了突发变化的考验。"

本届设计大赛作品形式多样、新颖独特的创意设计让评委们眼前一亮，有的被作品的创新点吸引，有的被作品的艺术个性打动。评委对家纺创意画稿组的金奖作品《流觞·曲水》（图4）点评道："这款地毯图案设计作品，灵感源于中国东晋书法家王羲之的《兰亭集序》，作者以自身感悟和理解在与古今对话中再现一帧曲水流觞、兰亭宴集的画面。作品以装饰性写实花鸟、兰亭等元素构成新中式风格的地毯图案。大地在满铺的结构上，采用黄河九曲十八弯的构图，预示着中华文明生生不息的力量。花团锦簇，飘逸多姿，疏朗之处不平淡，繁花密草，愈显生机。传统润色，纹样繁缛中见真章，颇见设计者一丝不苟的功力。安静舒雅的配色既能体现出传统文化的意蕴，又不失现代时尚美学的风范。图案在衍生设计上能很好地将地毯图案的元素应用到床品设计上。同时该图案兼顾沙发、墙纸、装饰挂件等软装饰设计，还有服饰品设计等，体现了设计者在图案扩展应用和衍生品设计上的广泛性和实用性。"家纺创意画稿组的银奖作品《璀璨》（图5）则另辟蹊径，从著名的敦煌壁画艺术汲取灵感并展开创新设计，设计作品具有新颖性和个性化，同时还突出了时尚化，彰显了创造力。评委评价赞誉道："此作品以世界文化遗产的敦煌壁画为切入点，从璀璨的敦煌壁画艺术中汲取造型与色彩元素，结合现代时尚色彩与潮流趋势，设计出系列家纺创意设计作品《璀璨》。设计作品不仅紧贴大赛设计主题"国风·揽胜"，而且将中国艺术遗产中精湛、深邃的内涵与形式，凝练出时尚的图案之形与丰富的图案之色，十分微妙细腻，图案造型在似与不似之间拿捏得恰到好处。尤其是色彩的丰富性、细腻性与微妙性，表现出特有的美感与魅力，色彩的层次感与把控力也显得十分突出。"银奖作品《归庭》

《流觞·曲水》

"此地有崇山峻岭，茂林修竹，又有清流激湍，映带左右，引以为流觞曲水，列坐其次。"作品灵感来源于魏晋书法家王羲之写的《兰亭集序》，初读《兰亭集序》，就被诗中描绘的文人雅趣的情景吸引，所以想用自己的理解再现当时曲水流觞、兰亭宴集的画面。整体配色选用蓝绿色系，安静而祥和。主要元素选用了国画中常见的竹子、兰亭、梨花、牡丹等元素，营造素雅安静的氛围。作品主要适用于中式地毯、家用纺织产品等室内软装中。

图4 家纺创意画稿组金奖《流觞·曲水》（辛颖 清华大学美术学院）

图5　家纺创意画稿组银奖《璀璨》（张弼超　青岛大学）

（图6）清秀灵动之气与清新静雅之风，让评委由衷赞誉道："竹，秀逸有神韵，象征着人的品格。绿色的勃勃生机，富有生命力。它们无不在生活中体现出美好的寓意，清新、静雅之处多了几分归的惬意与庭的闲暇。作品丰富了生活空间，体现了对自然的感悟和内心的平静。并在形、色、意上交相辉映，互相融合，完美地诠释了大赛的主题，这也是设计作品的根本所在。"

整体软装设计组的参赛作品在数量上超越了2020年，质量上也有明显提升。获得整体软装设计组金奖的作品《墨居》（图7），在突出大赛主题、创新设计形式上有新的探索。评委点评："该作品在整体设计上对本次大赛的主题理解较深入，对中国水墨的线条和色彩进行了解构和重构，将中国水墨的表现性元素进一步抽象化，使整体的氛围营造与器物设计充满了浓郁的中国风，但又能与传统中式的线条与色彩拉开距离，符合现代的审美习惯，朴素而不单调，简约而充满雅致的情境、山水缥缈、宁静致远。"

概言之，家纺创意画稿组与整体软装设计组的参赛作品，都在各自的创造性上有所突破。家纺创意画稿组的参赛作品在创新性、时尚性的基础上，突显创造性和想象力，在无形的概念设计上进行了前沿性探索，并取得了成功；整体软装设计组的参赛作品在创意性、适用性的基础上，彰显了设计的务实性、空间的具体性与生活的使用性。

图8、图9所示为整体软装设计组银奖，图10所示为整体软装设计组铜奖。

设计说明：灵感来源于诗句"空山竹瓦屋，犹有燕飞来"。作品意在表达一种对清雅、幽静、舒适生活的向往。遥望山外看清竹，盼燕归。画面呼应主题，整体选用了清新淡雅的绿色调，以竹子、山为主体，归燕环绕林间，使人感到身心放松。可应用于壁纸、床品、沙发等领域。

1	2
3	
4	5	6

- 1.A版主花型图
- 2.壁纸应用效果图
- 3.沙发应用效果图
- 4.床品应用效果图
- 5.壁纸应用效果图
- 6.椅子应用效果图

图6　家纺创意画稿组银奖《归庭》（傅晓彤　清华大学美术学院）

图7　整体软装设计组金奖《墨居》（陆嘉微　浙江纺织服装职业技术学院）

图8　整体软装设计组银奖《鹤舞九天》（廖丽莎　苏州大学）

行山

整套具特色，风之个性常多选择洁净使近方人块的区面探设生案以色面直探化活主案的和平单设代为设，和平单体现化设和家接整干有点为线不为方。

图9　整体软装设计组银奖《行山》（刘世超　湖北美术学院）

生命印记

生生不息的生命，
是最宝贵的传承，
用大胆的撞色和交织的彩带，
将生命的印记连接在一起，
记录这一份传奇。

整体配套设计采用蓝黄色的强烈对比，增加生活趣味性，让房间色彩多元化。画面中跳跃的动物剪影、几何结构与层叠的山峦、传统水纹相交映，在是传统意境与现代图形的碰撞。增添一份灵动之美。

图10　整体软装设计组铜奖《生命印记》（刘恋　北京服装学院）

三、设计交流、智慧跨界新融合

"海宁家纺杯"创意设计大赛举办18年来，主办方与承办方均坚定执着地秉承这样一个理念：大赛不仅是家纺设计作品的展示与评比，而且还是中国家纺行业交流互动、智慧跨界的交流盛事，是家纺行业、产业集群、艺术院校、设计师及设计工作室跨界交流互动的舞台，更是对中国家纺设计行业、市场、设计、产品及应用可持续发展的智慧碰撞与深度的思想交流。"海宁家纺杯"创意设计大赛已经是一个很成功的家纺设计师的汇聚平台，是家纺设计师展现自我设计水平和设计作品的展示交流平台。"随着大赛18年来厚实积累，未来的大赛会在此基础上，进一步加强家纺设计师与企业、行业、市场之间的深度融合，把'海宁家纺杯'创意设计大赛打造成一个有设计影响力的泛时尚生态平台。通过大赛的创新设计作品激活传统的设计资源，影响行业、企业原有的审美和设计思维。反过来，再让设计师深入了解企业的真正需求，用行业企业的力量影响设计作品和设计教育的发展，让创意设计更加'接地气'，创造出更大的实用价值。"王易副会长高度概括总结大赛平台的重要意义与赛事价值，这也是大赛的最终目的。

在大赛评选现场，大赛平台的搭建与作品场景的布置，两千余幅画稿通过承办方的统一打印张贴，营造出赛事的气势恢宏与竞赛的百花争艳。参赛作品整齐有序地组织、张贴，为参赛作品提供了一个公平、规范的评选环境，也让评委们能够全方位了解作品的水平。大赛评委青岛大学美术学院副院长侍锦教授说："'海宁家纺杯'创意设计大赛对于院校的纺织专业来说，是专业教学中非常重要的一个赛事，它是学校教育和社会实践之间一个非常好的连接平台，不仅可以促进教学，同时也是检验教学成果很好的方式之一，对于学生的专业成长起到了非常好的作用。作为创意类大赛，其实很适合院校的学生，天马行空甚至可能有点儿偏离市场，但也正因如此，可以给市场注入更多的新鲜血液，促进行业的创新发展。我看到本次大赛中有不少作品具有一定的突破性，这正是学生或者说年轻设计师的特点，但是还有很多作品似乎陷入了一种范式，被一些设计元素限制了。我认为学生的优势应该是用创意改变市场，而非适应市场。当然我也欣喜地看到，今年的参赛作品在贴合主题方面都做得很不错，在东方审美意境的表现上也越来越娴熟。"

吉林（东樱）美家纺居室用品有限公司董事长李巍对整体软装设计组的作品评审时说道："通过本次评审，我惊喜地发现，在'海宁家纺杯'创意设计大赛的推动下，'产、学、用'在朝着一个方向与目标持续融合推进。通过赛事的引导，近年来的参赛作品从设计创意到产品创新再到消费应用过程中，对于时尚的产业化、商品化理解日趋成熟。作为大家居范畴中的软装家居领域，纺织品所占比例最大。本届参赛作品，通过色彩、结构的设计组合，将创意变成生活化的商品提升速度明显。谈及仍需提高之处，我认为部分参赛设计师的设计作品离生活还有距离。所有的设计来源于生活，再超越生活。我感觉部分设计师对于国风的理解，在色彩和符号的应用上还稍显单一，未来，设计师应在如何吸收世界时尚语言，演绎中国传统文化方面进一步研究探索"。

18年来，作为承办大赛的中共海宁市许村镇党委书记杜莹池，深有感触地说道："未来我们将更多地去思考如何提升赛事与当地产业、企业的深度融合，通过大赛数字化转型的深入，将赛事、时尚与企业的转型相结合，让各方资源能够切实参与其中，起到真正的引领作用。通过'海宁家纺杯'大赛近年来的数字化转型，通过线上评比，主办方对画稿进行了有效的收集保存。未来，在充分吸纳赛事资源的同时，我们会将原料、面料、画稿、成品等分别纳入数据库中，吸引产业链各端口的参与，为产业、企业、院校、人才提供更加优质的服务平台，推动行业高质量发展。"

浙江艺术职业学院美术系孙煜珑副教授说："我认为这次的大赛主题彰显出在中华优秀传统文化上进行创意设计的理念，结合学校很多的课程参与到大赛当中，对学生来说是一件非常好的事情，同时，也有利于提升课程效果。院校学生参加这样的大赛也是一个很好的实践机会，可以和国内外其他院校以及设计工作室的设计师同台竞技，能够激发学生更多的设计灵感，甚至是设计潜力，提升学生的竞争意识和竞争力，对于未来他们走向社会具有很重要的意义。"

资深评委、鲁迅美术学院染织服装设计系教授庄子平针对参赛作品中的一些问题毫不掩饰地说道："我一直很关注'海宁家纺杯'创意设计大赛，参赛作品数量也是连年上升。从今年参赛作品的水平上看，我认为院校作品的参与也是择优报送的。但是从作品技法运用的角度来讲，手绘作品感觉还是略微少了些，毕竟手绘技法设计的作品会更有'温度'。虽然因为时代以及印染技术的发展，计算机绘图也有易于转化为成品、作品清晰度高等优势，但同样也容易出现元素的死板运用和堆砌、拷贝、复制等现象，甚至是传统纹样的直接挪用，这些是不利于设计创新发展的。不仅如此，参赛作品的'碎片化'也时有出现，既有传统文化、现代文化、东西方文化的碎片化，也有视觉图案、图像、图形信息的碎片化。"

总之，大赛是真正的设计艺术交流与智慧跨界碰撞的绝佳平台，是家纺创意设计作品水平的纵向性大检验，同时，也是行业、院校、产业集群、企业与市场横向探讨家纺设计的智慧大碰撞。

四、传播交融、信息互动大平台

从本次大赛的赛事过程与社会影响来说，这是一次传播赛事评审过程、展示创意设计亮点、交流创意设计发展趋势的大舞台。其中，参赛作品信息的迅速传播与创意观点激烈碰撞，是这次大赛时空交融的又一个亮点。自从2020年3月大赛启动开始，多次发布招赛宣传推广信息。充分利用先进的信息技术，采用各种信息媒介手段，做到了赛前的未雨绸缪、赛中的积极推进、赛后结果向行业社会及时报道，策划宣传力度大、传播时间长、影响时空广，达到了宣传推广的新高度。大赛的家纺创意画稿组与整体软装设计组在赛前准备与布展过程，分别以图片和视频的方式进行现场报道。尤其是"中家纺"官微、"海宁家纺"小程序、"中国国际家用纺织品创意设计大赛现场图片直播"、"线下、线上、评议等各个环节的评审活动直播"等传播媒介，受到社会各界的关注与实时点评，在社会层面、行业领域、设计界、高校师生中产生了积极而广泛的影响（图11）。

同时，各新闻媒体及时跟进报道，参与宣传推广，使大赛成为社会以及全行业关注的焦点。如中国纺织报以标题《中国潮国际风 揽胜人才——"海宁家纺杯"家纺创意画稿组

图11 评委们在反复斟酌获奖作品

正式开评!》和《七大评委品评"海宁家纺杯",这些创意画稿有何过人之处?》进行全面报道;"中家纺"官微分别以《"国风·揽胜"的主题下,施展自己无限的创意才华!》、《品评大赛 预判趋势——"创意画稿组"评选圆满结束》、《强劲"国风""揽胜"软装——2020"海宁家纺杯"全部评审工作圆满结束!》为标题,进行了及时、深入、全面的采访与报道,多方位的信息互动、多渠道的传播交融,构成一道动人而新颖的风景线。

清华大学美术学院

附:"海宁家纺杯"2020中国国际家用纺织品创意设计大赛评审委员会名单

评审委员会主任

杨兆华 中国纺织工业联合会副会长、中国家用纺织品行业协会会长

评审委员会执行主任

王 易 中国家用纺织品行业协会副会长、高级工艺美术师

创意组评审委员会委员(按姓氏笔画排序)

杜莹池 中共海宁市许村镇党委书记

呼 嵩 孚日集团股份有限公司研发部经理

鲁建平 海宁市天一纺织有限公司总经理

侍 锦 青岛大学美术学院 副院长教授

孙煜珑 浙江艺术职业学院美术系副教授

谢慧慧　南方寝饰科技有限公司副总裁

庄子平　鲁迅美术学院染织服装设计系教授

软装组评审委员会委员（按姓氏笔画排序）

崔　岩　湖北美术学院纤维艺术设计教研室主任副教授

高　阳　广州燮玮装饰设计创办人

李　巍　吉林省（东樱）美家纺居室用品有限公司董事长

鲁金州　海宁市金佰利纺织有限公司董事长

赵　罡　苏州工艺美术职业技术学院手工艺术学院院长，博士，副教授

新闻发言人

贾京生　清华大学美术学院教授

立足高远 前瞻行业
——"张謇杯"2020中国国际家用纺织品产品设计大赛综述

"张謇杯"大赛组委会

"张謇杯"中国国际家用纺织品产品设计大赛始创于2006年，以"公平、公正、专业、创新"为办赛原则，以引领设计潮流为导向，以服务行业企业与设计师为宗旨，以提升中国家纺设计水平为目标，为企业及设计师提供交流展示平台。

2020年是"十三五"完美收官之年，纵观整个"十三五"期间，我国家用纺织品行业正经历产业转型升级，向高质量发展阶段迈进，借着行业发展的东风，"张謇杯"设计大赛也得到了长足的发展。"十三五"期间，张謇杯共收到海内外参赛作品1979套（件），累计参赛企业421家，参赛设计师504人。参赛企业和设计师覆盖全国26个省市和自治区，国外参赛作品来自韩国、美国、日本、澳大利亚等14个国家和地区，大赛已成为家纺品牌文化推广的窗口、设计师交流的平台，是中国权威、专业、有影响力的家纺产品设计赛事，为家纺行业设计水平的提升贡献了一份力量（图1）。

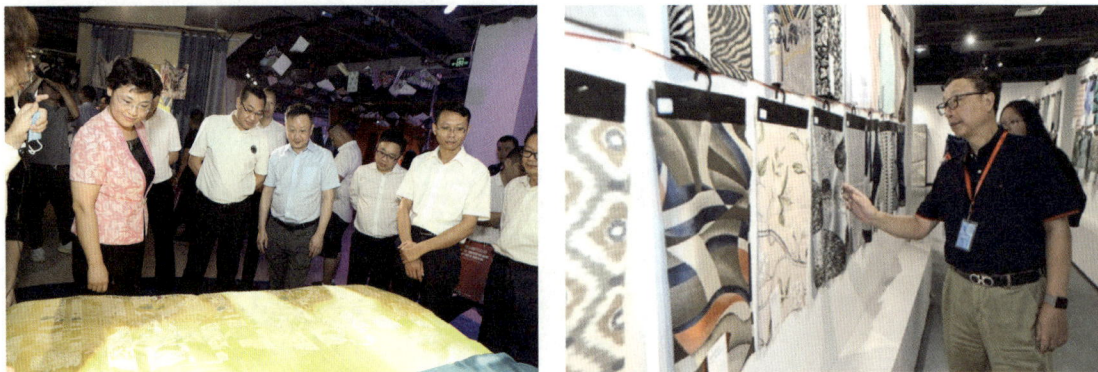

图1 "张謇杯"评审现场

一、新的形势与挑战带来新的发展机遇

2020年是困难与机遇共存的一年，突如其来的新冠肺炎疫情给国家经济和百姓生活带来了巨大的冲击。在全球疫情肆虐下，我国纺织行业率先复苏，跑出了加速度，展现出强大的韧性，在互联网经济和设计创新的驱动下，新业态、新产业、新模式迅速崛起，行业逆势增长优势凸显。"张謇杯"设计大赛紧随今年行业发展新态势，以2021中国家纺流行趋势"潮流·生活"为主题，让潮流引领设计，时尚改善生活。要求参赛作品需贴合2021中国家纺流行趋势的主题和方向，在兼顾艺术性的同时，必须确保产品的功能属性，同时鼓励在新材料、新工艺、新功能方面的创新，参赛作品要能够投入消费市场，为消费者所认可，并在生产、使用或回收环节注重环保意识。

纺织品设计是提升产业转型升级的重要手段，也是行业发展的内在驱动力，"张謇杯"设计大赛的设立就是促进我国家纺设计产业发展的重要举措。2020年"张謇杯"设计大赛在逆境中奋发，总共有一百多家海内外企业、院校、个人设计师总计507套作品参赛，涵盖床品、巾被、布艺、家居装饰、艺术品摆件等各个门类。其中不乏国内龙头企业的最新设计作品和家纺非物质文化遗产精髓作品，代表了行业发展的新高度。同时还有不少创意功能性家纺产品和海外艺术家纺作品为大赛增色，参赛作品的丰富程度是历年大赛参赛作品门类覆盖最多的一届。在疫情的影响下，参赛作品的数量表明行业对大赛的认可度，说明大赛已成为家纺设计领域的一盏明灯，大赛的发展迎来了新的机遇期。

二、给设计师新秀提供展示的平台

大赛力推中国家纺原创设计，同时顺应纺织行业着力推动"大师、大牌"的发展方向，线上线下评选同步，推名品荐新人，为好产品造势，为行业发掘人才，共克难关的同时给我国家纺行业发展探寻新路径。

今年大赛的一大亮点是进一步完善了"未来设计师之星"的个人奖项，鼓励设计师个人参赛，给设计师提供展示的机会（图2）。今年有113位设计师参赛，获得优秀奖以上的有18人，获得中国家纺"未来设计师之星"的有5人（图3）。不少获奖设计师都形成了自身成熟的设计理念，在产品研发过程中，从面料到款式，从款式到成品，从成品到整体陈列效果，都具有独特的见解和主张，大赛为设计师提供了展现才华的机会。如今年的"未来设计师之星"获奖设计师就始终坚持"为生活而设计"的设计理念，师法自然，从自然界的万物生灵中提炼源源不断的灵感，不断触动善于发现美的眼睛。感性的发现，理性的思考，将与人们朝夕相处的自然元素融入产品设计和研发中去，不断在自然中感受设计，在设计中读懂生活。设计作品把东方古典风与简约时尚的当下潮流相结合，整体效果大气，而细节也尽显灵动，中式图案的秀美配合流行色的运用，成就了浑然天成的效果。这些优秀设计师的涌现为家纺行业未来的发展提供了无限的希望。

图2 获奖的设计师

图3 未来设计师之星耿男男的参赛作品《隐》

三、倡导用时尚引领行业发展

　　"张謇杯"设计大赛倡导家纺时尚设计典范，2020年起，大赛以中国家纺流行趋势为主题，以时尚为依托，引导行业设计发展潮流，也给参赛者更多的创作空间，同时推广中国家纺流行趋势的普及，为家纺行业高质量发展提供依托。

　　今年大赛主题是中国家纺流行趋势，这给参赛者以广阔的灵感空间和丰富的时尚潮流参考资料。在科技和艺术共同高速发展的当今时代，家纺产品和人们的日常生活中密不可分，是人们日常不可或缺的生活必需品，在满足保暖舒适的基本需求外，让家纺产品紧跟甚至引领时尚潮流，让时尚源于生活又服务于生活。今年的参赛作品中有不少这样的体现。如获得银奖的作品《时蕴》（图4），创作灵感紧贴哑光（FADE）主题，强调自然、精神与人造世界相结合的极简新美学。设计的灵感来源于菱形几何和席纹纹样共通性的结合，具备均衡的线面和对称性，从视觉上给人稳定和谐的感觉，两种纹样都在时代的更迭中做到了经久不衰的流行。作品将它们进行很好地结合，深沉的暖棕色和柔和高雅的米白色作为主色调，以至简为魂，以精美为骨，以柔软为皮，将时代中不朽的潮流蕴藏其中，奢华内敛，尽显高贵，引领潮流，推陈出新。在原来平面效果的床组上，大胆地技术革新，用线条的美和色彩进行工艺处理，采用提花工艺和电脑绣花元素，使平面布艺富有立体感和柔软性，整个床组具有欣赏价值和实用价值，体现出不同的时代感与时尚感。作品在传统中透着现代，在现代中体现典雅，以一种东方的美学观念来控制节奏，它所营造的意境，是自然朴实、亲切简单却又内涵丰富，显出大家风范。设计中放弃过度的装饰，达到灵性与科技之间的相互平衡，通过柔和的线条，简单的形状和清淡的颜色结合在一起，营造出令人赏心悦目的和声，面料柔软、舒适、透气性，以满足感官的体验，诠释了时尚潮流的内涵。

图4　银奖作品《时蕴》（江苏南星家纺有限公司　陈莉、张菊红）

四、坚持文化传承为大赛使命

今年有很多优秀的非物质文化遗产作品参赛，是"张謇杯"设计大赛的一大亮点。蜡染、蜡画家纺产品和云锦、刺绣手法，无论从图案、色彩还是织造工艺上，都充分反映了中华传统文化的博大精深。难能可贵的是，这些非物质文化遗产参赛作品结合现代的色彩和图案纹样创新，使之适宜今天的家庭生活使用，使经典获得新生。

今年参赛的非物质文化遗产传承人将中国传统手工艺技法结合现代时尚的图案艺术与潮流趋势，设计并制作出充满人性化、情感化、适用化的生活用品。采用真丝面料、麻布、棉布为基础，花纹以中西结合，通过不同手工技艺，如手绣、手编、手锁、影绣等不同技法完成，将纹样展示在布与艺之间，典雅优美的色彩，清新自然的图案，细腻的手工艺术，所有的元素都传递出人性化和情感，体现了人们对美好生活的向往。既表现了对传统手工艺的传承与传播，又彰显了传统手工艺在当代的应用（图5）。

图5　范琪琪的参赛作品工艺垫

2020年是"张謇杯"设计大赛十五周年，克服疫情带来的重重困难，赛事获得了全行业的好评，十五周年的献礼让行业认识到一个专业的比赛对全行业发展的积极意义。未来"张謇杯"设计大赛将继续深化改革，利用好明年大赛资源整合的绝佳机遇，增强对行业的影响力，继续发挥中国流行趋势的引导作用，推原创设计、设计师新人和展现企业品牌文化的作品，把大赛打造成家纺设计领域的标杆，更好地为行业发展服务（图6）。

图6　"张謇杯"中国国际家用纺织品产品设计大赛组委会

撰稿人：贾昊

附："张謇杯" 2020中国国际家用纺织品产品设计大赛评审委员会名单

评审委员会主任
杨兆华　中国纺织工业联合会副会长、中国家用纺织品行业协会会长

评审委员会执行主任
王　易　中国家用纺织品行业协会副会长、高级工艺美术师

评审委员会委员（按姓氏笔画排列）：
王　建　南京艺术学院设计学院纺织品与纤维艺术设计系主任

刘晓蓉　云南民族大学教授、联合国教科文组织传统手工艺复兴与发展推广人

郑新蓝　浙江嘉泰工艺品有限公司董事长、总设计师、全国十佳"最美手艺人"、浙江
省工艺美术大师

贾京生　清华大学美术学院长聘教授、博士生导师

钱雪梅　江苏工程职业技术学院家纺设计专业负责人、江苏省家用纺织品设计品牌专业
带头人、高级家纺设计师

翁和生　上海市家用纺织品行业协会名誉会长、教授级高级工程师

崔萍萍　意大利服装设计学院客座教授、意大利康斯坦丁设计集团亚太区设计总监

新闻发言人
阎维远　天津美术学院艺术设计研究院副院长、艺术创作研究中心副主任

"震泽丝绸杯" 2020中国丝绸家用纺织品创意设计大赛综述

张毅

2020年是极其不平凡的一年。突如其来的新冠肺炎疫情席卷全球，迟迟难以谢幕。

应防疫要求规定，以"丝·聚"为设计主题的"震泽丝绸杯"第五届中国丝绸家用纺织品创意设计大赛的启动仪式从原定的3月中旬中国国际家用纺织品及辅料（春夏）博览会推迟到8月下旬的秋冬家纺展举行。经过近半年的招赛，本届大赛共收到参赛作品2199件，国内设计类院校组织参赛多达120余家。纵观2020第五届"震泽丝绸杯"设计大赛，众多的优秀作品赋予丝绸新灵感、新内涵和新定义，为震泽丝绸产业注入新的发展动力，同时也推动中国丝绸家用纺织品设计不断迈向新的高峰。

一、大赛又添新亮点——落实推进知识产权保护

第五届"震泽丝绸杯"创意设计大赛与江苏省版权局合作，实现了参赛作品一键式版权登记功能，该功能也成为"震泽丝绸杯"创意设计大赛又一张闪亮名片。

大赛评审委员会执行主任、中国家纺协会副会长王易谈道："中国家纺协会一直以来倡导原创、保护原创，所以本届大赛达成了与江苏省版权局的合作，免费为参赛作品提供版权登记服务。希望能为参赛者打造一个越来越健康纯净的竞技平台，为行业与中国原创设计的发展出一份力。"

震泽镇镇长沈俊霞说："相比以往，本届大赛既有'量'的提升，更有'质'的飞跃，呈现出赛事影响更广泛、参赛方式更先进、版权登记更便捷等亮点。"

本届大赛强化了"秀场"到"市场"的转换，推进了"创作"向"版权"的延伸，加速了"招赛"到"引才"的转变。将大赛作为吸引项目、人才落地的重要平台，广泛吸引项目、人才、资本、技术等创新要素向震泽集聚，做大做强丝绸主业，延伸"丝绸+"业务链条，探索跨领域深度融合新模式，在有风景的地方培育新经济。

二、防疫时代的丝绸产品创意设计——设计师更加关注时代与国家的发展

正如中国纺织工业联合会副会长、中国家用纺织品行业协会会长杨兆华在本届大赛启动仪式

上指出的那样："中国家纺设计的精神内核正在逐步确立，设计文化的样貌也趋于多元成熟化。"

大赛评委对本届大赛的作品进行了积极的评价，并寄语未来的设计师。

华尔泰国际纺织（杭州）有限公司董事长徐博华："此次评审给我很大的感触和启发，虽然参与者大部分是学生，但是能感受到他们在纹样创造、整体造型和创新方面的能力。在评审的过程中，很多画稿从主题、创意到技法都非常棒，因此我也一直在考虑：它们应该怎么用？用到哪里起去？给谁用？所以，在这里我提出一点建议：同学们在创作的时候应该想清楚——我设计的产品是用什么工艺来完成？用于什么地方？如果有可能的话，最好给消费群体做个画像，这样设计方向就会更加精准。同时，我认为手绘是很重要的能力。现在计算机制作方面的技术工具非常多，可以提高工作效率，但是手绘是基础，能够很直接地表达设计师的情感。这两者并不矛盾，将他们融合起来使用，可以提升和互补，对设计师的创作会更有帮助。"

苏州大学艺术学院教授、博士生导师张晓霞："我是第二次担任'震泽丝绸杯'的评委，感觉今年的参赛作品比我第一次来的时候进步了很多，作品的风格展示和技巧运用都更加成熟了。"

文化创意品牌"羿"创始人王文博："通过现场的参赛作品可以看出，设计师在创作过程中更注重整体感觉、更加关注艺术的表现，这是一个好的趋势。'震泽丝绸杯'设计大赛经过几年的发展越办越好，参赛的作品也越来越重视创意，重视艺术展现。"

浙江罗卡芙家纺董事、副总经理兼设计中心总监："第一次来参加'震泽丝绸杯'创意大赛的评审是非常震撼的。看到有这么多的年轻人参与到大赛中，作为企业代表来说非常感动。家纺行业是一个非常需要年轻人关注的行业，让更多的年轻人了解、参与和建设这个行业，'震泽丝绸杯'设计大赛做到了。因此，组织这样的大赛是非常有意义的。在大赛的评审过程中，我看到了现代年轻人的设计审美和设计取向：一个是熟练地应用中国元素，并用现代的表现手法去结合；还有一些设计师选择的是一些现代元素，但是会用比较传统的手法再进行创新。这就恰恰契合了当今时代的发展，明确了国际流行趋势的方向。"

山东工艺美术学院现代手工艺术学院王斌副教授："'震泽丝绸杯'设计大赛区别于行业中的其他比赛，是一个以丝绸为载体进行的专品大赛，在行业内具有一定的导向性和引领性，受到了大家的认可，品牌优势明显。"

吴江区震泽蚕丝同业公会会长朱文超："大赛的举办对震泽而言可以说意义重大。一是可以看到大量高水平的参赛作品，让本地的企业认识到自身的创新创意差距；二是通过大赛，不仅宣传了千年的丝绸古镇震泽，还吸引了优秀的设计人才，促进了震泽当地的经济发展，达到了双赢。如今，市场竞争十分激烈，因而也凸显出原创作品的重要性。通过与大赛获奖作品签署版权协议，这些优秀的作品经过细节改进，提升了当地品牌的整体格调，增加了震泽丝绸产品的整体市场竞争力。"

广州市纺织服装职业学校党委书记黄素欢："今年的参赛作品总体来说有很多创新点，让我感到惊艳和震撼。有些作品对中国传统文化的解读非常深刻，既追求时代感，又能很好地把握传统文化的精髓，从色彩、构图到线条等各个方面都比较到位；有些作品能够应用国际流行趋势的色彩和元素，既贴近市场，又同时具备创新创意。从这些作品中我能感受到当代年轻人蓬勃向上、追求梦想、敢于创新的特点和精神。大赛促进了应用、艺术方面的发展，给院校的师生提供了一个很好的交流和展示平台，对于院校的学科建设和专业改革也有很大的启发。这个平台既是对参赛者设计水平的检阅，更是指出了行业需求的方向。"

三、"十三五"收官之年——五届大赛成果丰硕

第五届"震泽丝绸杯"创意设计大赛的举办恰逢"十三五"收官之年。回顾大赛五年来的发展，正如本届大赛"丝·聚"的主题：汇聚全国纺织设计人才，凝聚全国丝绸企业实力，凝练中国丝绸设计文化，聚合力量，共同吹响丝绸家纺强劲复苏的号角。同时这也是迎接"十四五"开局之年的新一届"震泽丝绸杯"大赛的出发赛道。

五年来，"震泽丝绸杯"从无到有，不断茁壮成长。今后将继续以弘扬中国传统文化为目标，以创新丝绸文化为核心，不断培育生态、厚植土壤，通过对自身的一次次提升超越，为中国丝绸家纺产业的高质量发展持续注入动能与活力。

正如震泽镇党委书记顾全所说："江苏丝绸在苏州，苏州丝绸看震泽。当前，我们正在积极推进丝绸振兴工程，希望通过"震泽丝绸杯"中国丝绸家用纺织品创意设计大赛，充分挖掘丝绸独特的历史底蕴和传统文化，把蚕桑丝绸这一文化因子转化为震泽发展的宝贵资源，努力实现丝绸家纺产业的提升。"

江南大学

附件一：第五届"震泽丝绸杯"中国丝绸家用纺织品创意设计大赛评审委员会名单

评审委员会主任

杨兆华　中国纺织工业联合会副会长、中国家用纺织品行业协会会长

评审委员会执行主任

王　易　中国家用纺织品行业协会副会长、高级工艺美术师

评审委员会委员（按姓氏首字母排序）

黄素欢　广州市纺织服装职业学校党委书记

倪　静　浙江罗卡芙家纺董事、副总经理兼设计中心总监

王文博　文化创意品牌"羣"及上海饰爵SAGE设计公司创始人

王　斌　山东工艺美术学院现代手工艺术学院副教授、纤维染织教研室主任

徐博华　华尔泰国际纺织（杭州）有限公司董事长

张晓霞　苏州大学艺术学院教授、博士生导师

朱文超　吴江区震泽蚕丝同业公会会长、苏州辑里丝绸有限公司总经理

新闻发言人

张　毅　江南大学设计学院教授、硕士研究生导师、高级家纺设计师

附件二：大赛金奖、银奖、铜奖作品介绍

金奖 GOLDEN AWARDS

《律·变》

设计者：倪一丁
就读院校：鲁迅美术学院
指导老师：吴一源 / 宋晨功

设计说明：
《律·变》以点成线，以线成面。灵感来源于海边的礁石。单个零散独立，聚合起来则线面优美成一画面。点以相互交叠连续的方式表现曲线的优美弧度，以表"聚"之意味，丝丝缠绵相聚成面。

专家点评：
作品巧妙地将纤维艺术的视觉感与数码图形相融合，围绕大赛主题，以"聚"与"散"的节奏为主导，用点线面的表现手法演绎了自然之美，自然形态的返璞归真和精致自由得以完美体现。
作品在题材、构思和艺术表现力上均有一定的创新，值得肯定。应用到织物产品上，既贴合流行也能凸显个性。

银奖 SILVER AWARDS

《青铜·格》

设计者：陈丛汝
就读院校：苏州大学
指导老师：张婉霞

设计说明：
设计灵感来自于中国传统的青铜器和蜡染纹样。背景采用线性纹样和三星堆人图像，利用各种肌理和粘贴的手法使画面更加丰满，相互交叠给人一种秩序性和丰富性。利用碎片式的肌理图案模拟青铜坑洼的质感，富有趣味性。肌理的层次感也使画面更加多姿多彩，有一种浓厚的传统底蕴。提取了青铜器中的主要色彩，采用中国传统文化作为纹样也是希望这项艺术瑰宝能够以更多层次的技法展现。使现代与传统在画面中重聚。可适用于服装设计与家纺类制品等。

专家点评：
该作品将青铜器和蜡染这两种传统文化意象、符号元素进行解构与重组，是不同文化内容之间、传统与现代之间的碰撞聚合，较恰当地反映了大赛主题。作品凝练出现代时尚的图案造型与丰富色彩，将形与色在似与不似之间表达得恰好处，尤其是对色彩的层次感与把控力较为突出，在色彩的丰富性、细腻性与微妙性上都表现出了特有的美感与魅力。
作品的主图可以应用到床品、服装、服饰、沙发面料和家居产品等整体配套设计上，体现出作者对衍生设计的巧妙应用和对整体的把控能力。

《韵致》

设 计 者：李祖慧 / 钱孔兰
就读院校：浙江理工大学科技与艺术学院
指导老师：罗中艳 / 董洁

设计说明：
设计灵感：中国水墨给人一种清爽悠扬的感觉，水墨以自身独特的韵味和丰富的文化内涵活跃在各个领域中，也植根于时尚家居装饰中，是中国人文精神里的时尚先锋。设计定位是中高端豪华别墅区，定位人群是四十到六十岁的白领，采用织花工艺。中式水墨的装饰画结合简约风的家居装饰，安静且充满意境、仙气十足，营造出完美的东西方邂逅，搭配起来毫无违和感，和谐共生。

专家点评：
新中式是近年来兴起的具有中国传统韵味和国际时尚趋势结合的审美产物，尤其是在家居装饰领域大放光彩，是能够融入现代生活而毫无违和感的中国古典艺术的提炼。现代新中式讲究写意的空灵感和装饰的高级感。本款设计通过设色将满铺的画面拉开空间层次并突出重点，暗部的肌理底纹退居底层又增加了质感，调性十足。化繁为简是设计传统题材的重要原则，作者用抽象线条表现松石，轻松强化了简洁感，避免了学生设计容易显得稚嫩的问题，设计手法成熟，对市场和应用也有一定了解，值得肯定。

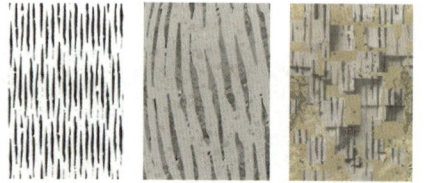

《丝·聚》

设 计 者：张茹
就读院校：山东工艺美术学院
指导老师：毛正

设计说明：
丝绸之路见证了中华文明的传承与创新，承载了中国人民与世界交流的智慧与情感。作为多种文化的混合体，丝路文化依托于文化交流的实际过程，产生了一系列文化交融的丰硕成果。在本图案的设计中，以沙漠的暖色为底色，加之赋予不同的凯理效果显现丝绸之路的不平凡历程。在这坎坷的历程中，以马匹、驼队为载体，传递着商业与文化沟通、汇聚、升华的文化符号。皮影作为汉唐时期最突出的文化，代表着作为东西方文化的典型融合，更加彰显了"一带一路"的光辉成果。大屠从俯视的角度更加见证了数千年的丝路文化融合、交流与创新。中华文明的未来必将是开放性和包容性的，也不断吸取来自外部世界的文明元素，内化为自身。

专家点评：
该作品在构图方面比较有交互感，纵向的粗细线条和横向云纹、山纹的交错，节奏感很强，如大与小的节奏、粗与细的节奏、刚与柔的节奏、动与静的节奏……作品的造型结构非常优秀。
从色彩上看，黄褐色调有气氛而不单调，在同类色中又有所变化。同时中国元素表现充分，有中国风的风范。如果在细节的把控上再考究一些，整幅作品就能够再有提升。

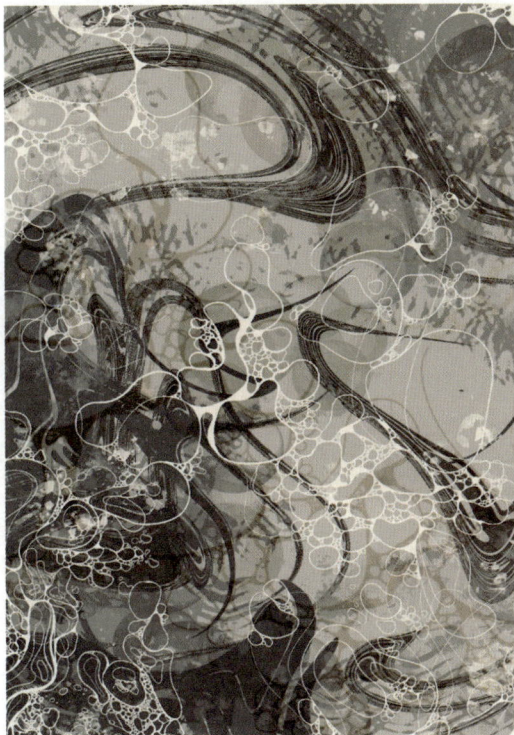

銅獎 SILVER AWARDS

《泡·墨》

设 计 者：董芯铭
参赛单位：天津美术学院
指导老师：王利

设计说明：
作品以泡沫为设计灵感来源，通过实践中的面料改造提取纹样，与水墨相结合，融入了东方气息。将中国抽象的水墨之美融入现代创新审美之中，使图案中的"泡沫"不仅仅是一种抽象元素，还是一种复合的多元化存在。
目标人群：30-40岁，中高等收入人群。材质：纯棉，真丝。设计产品方向：服饰，床上用品（床单、被套、枕套、抱枕）、软家具、沙发等。

专家点评：
作品给我的第一感觉是肌理感强，表现力度佳。大小块面结构分布合理有序，气泡在画面中处理得既有纵深感，又有旋律性。建议以其他配色方案再做推敲，如更加柔美的色彩会更利于表现出丝绸的流动感和柔顺性。

銅獎 SILVER AWARDS

《闲梦·芳春》

设 计 者：黄茵
就读院校：苏州大学
指导老师：张晓霞

设计说明：
"君到姑苏见，人家尽枕河。古宫闲地少，水巷小桥多。"这是一个令人迷醉的江南水乡之梦。苏州是一个清丽婉约的小城，古典园林最为代表，太湖石堆叠的假山，玲珑俊秀、洞壑盘旋，精雕细琢的花窗，带来惊人的美和宁静的和谐。作品以花窗、湖石、桂花为设计元素，与苏州的小桥流水、粉黛青瓦相结合，用一种有趣的表现手法装饰画面。丝巾四边用苏州花窗元素和太阳照射出的光线做装饰，画面分为亮暗两大板块，亮面以苏州园林的景物为创作灵感，暗面描绘的则是美丽的苏城。

专家点评：
这幅作品非常契合大赛主题。将姑苏的园林、假山、花窗、小桥流水等代表性元素汇聚到了一起，以巧妙的构图形式体现出江南水乡的独特景观，再配以点线围绕抽象元素，增加了作品的生动性和趣味性。色彩搭配雅致沉稳，适合应用于丝巾等配饰产品，应该会有很好的市场接纳度。

铜 奖
SILVER
AWARDS

《记忆·碎片》

设 计 者：刘蓉蓓
就读院校：浙江理工大学

设计说明：

本案灵感来源于丝绸之路上大量输出的瓷器与其金缮工艺，色彩提取群青、天青、金沙、墨色等，同时将海上与陆上丝绸之路的路径抽象成直线、曲线、折线，并分别在其中勾饰水波、风沙、卷云细节纹样，精致典雅，国韵盎然，不失当代设计感，更易被年轻群体接纳，有利于优秀传统文化内涵的发展传播。另外，采取织造、烫金等工艺制成家具、灯饰、家纺产品等运用到室内软装，可提升空间视觉效果与生活品质。

专家点评：

此作品以米灰为主色调，蓝色作点缀，整体搭配温润优雅。虽然"丝绸之路"是常见的题材，但作者从全新的视角出发，将传统用于陶瓷中的金缮工艺体现在了图形设计上。运用拼贴的手法，结合水纹和沙漠的肌理，以修补碎片之意，重现丝绸之路这一古老的文化之旅。

铜 奖
SILVER
AWARDS

《生机》

设 计 者：尹子毅 / 罗明军
就读院校：青岛大学 / 清华大学美术学院
指导老师：郑春 / 彭卫丽 / 侍锦 / 张宝华

设计说明：

灵感来源于潘通色发布的 2021 流行色概念，静穆的灰色和活跃的黄色代表后疫情时代中绽放的希望之花，如花怒放，如梦似幻。再辅以蓝紫色对比黄色，增加画面色彩的丰富效果。题材上配以古生物造型元素，表现返璞归真的效果。工艺采用数码印染。适用于丝绸产品。

专家点评：

色彩是这幅作品的亮点，大胆的互补色彩的应用，抓住了观者的眼球。作品通过紫色渐变、黄色渐变的撞色效果营造出海洋深处的幻象。现在的网络素材非常丰富，但是照搬或简单的通过电脑制图软件处理后使用是非常不可取的。而作者虽然应用了网络素材，但虚实的圆点图形在渐变色的帮助下能与素材巧妙地融合在一起，而且与主题故事连接起来，同时视觉效果又非常吻合流行趋势，都说明了作者是有自己独特的想法并经过了认真思考的，是一个值得肯定的应用案例。

2020/2021 中国家用纺织品行业发展报告

2021
TRENDS

China International Trade Fair for Home Textile and Accessories

中国家用纺织品流行趋势

中国家用纺织品行业协会

BOUND

Spirit
of the Season
界限
本季精神

In a world marked by the proliferation of extremists and polarizations, and where opinions are increasingly radical and irreconcilable; in a context of uncertainty and isolation produced by environmental, economic, societal and identity mutations, we must recreate connections. We must reestablish the dialogue between cultures and generations. Rediscover the harmony between man and nature. Rebuild the bridges that span the past and the present. Rethink the connection between humans and technology. And although the work awaiting us is daunting, it also provides an incredible field of opportunities! Recreating bonds means rethinking points of contact to be able to associate, harmonize, federate, and why not, even create healthy friction? It means restoring positive interactions that generate dynamism and energy.

Connection (for weaving new ties). Consideration (among people). Creativity (to work together to move the world forward). Today, these three ancestral mainstays find new expressions for creating sustainable balance.

当今世界，极端主义、两极分化思想不断蔓延，充斥着一些激进而不可调和的观点，令环境、经济、社会和身份等营造了一个充满不确定的孤立环境，在这种情况下，我们必须重新建立联系。

我们必须重建跨文化和世代的对话，重现人与自然的和谐，重造穿越时光的桥梁，重审人类与科技的关系。尽管摆在我们面前的工作十分艰巨，但同时也带来了一次绝好的机会！重建联系，意味着需要重审联系的意义，要能够支持、协调、联合，甚至是创造良性冲突，这也意味着有积极互动令活力重现。联系（旨在连结新的纽带）、关爱（人与人之间）、创造力（团结共进以推动世界发展），今天，这三个祖传的支柱为我们创建可持续的平衡找到了新的表达方式。

TENDERNESS / SENSITIVE / COCOON /
ECO-CONSCIOUS / APPEASE DAILY LIFE
柔和/敏感/蚕茧式住所/生态意识/安抚日常生活

COZY WARMTH
暖自心生

01. Zero Waste Luxury
零浪费的奢侈品
02. Under-Control Reality
现实在掌握之中

When reality feels chaotic, harrowing or oppressive, it's time to tell it differently. Time to repaint life using gentle, caring, cozy, colorful filters. Put kindness back on the essential list. Take care of ourselves and others. Take time out and concoct comfort-cocoons for regenerating. A population of ultra-sensitive souls keeps bad vibes, fake news and haters at bay. They've stopped trying to hide their traumas and wounds and display them valiantly in a quest to learn how to live with them. Bursting with personal emotion, a repertoire of bandage colors, balm-like textures, reassuring nostalgia and homemade creations helps us re-appropriate our inner bazaar. From this comes something more cheerful and luminous, a subtle balance of soothing natural elements and technology in slow mode that helps us learn how to communicate with our fellow beings.

当现实让你感到一团糟、痛苦和压抑时，是时候换种方式倾诉了：用温柔、关爱、舒适、多彩的滤镜重新描绘生活；重新把善良找回重要事项清单上；照顾好自己和他人；抽时间打造安逸的家居，以焕发新的活力；拥有极度敏感的灵魂，将坏气氛、假新闻和讨厌的人拒之门外，他们不再极力地掩饰自己的创伤，而是勇敢地展示出来，并学会如何与之共处。带有强烈个人感情色彩的怀旧对象和自制的创意作品，能够像五彩绷带和香膏状质感般抚慰人心，帮助我们重塑内心的秩序。由此会产生更令人愉悦的美好事物，令人舒缓的自然元素与缓慢的科技，两者之间达成了一种微妙的平衡，让我们能够更好地与同伴交流。

· 152 ·

2020/2021中国家用纺织品行业发展报告

COLOURS
色彩

TENDER & ARTY
亲切及艺术气息

A soft, modest harmony of luminous pastels and natural beiges inspires cocooning. Strengthening this warm, comforting range are brown and green, while a metalized gold adds a touch of radiance.

柔光色与自然米色适度柔和，启发了蚕茧式的生活方式。棕色和绿色加强了这种温暖舒适感，抹上一笔镀金色更显得熠熠生辉。

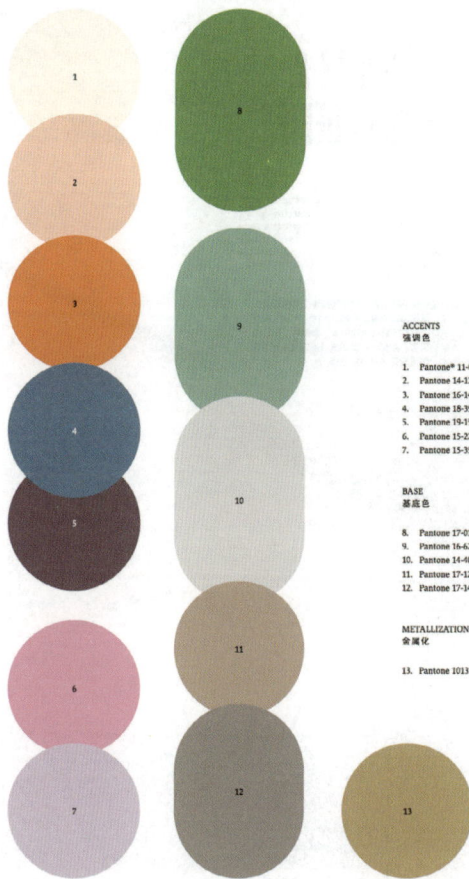

Photo: Bloem @ Nelly Rodi

1
2
3
4
5
6
7
8
9
10
11
12
13

ACCENTS
强调色

1. Pantone® 11-0107
2. Pantone 14-1228
3. Pantone 16-1459
4. Pantone 18-3916
5. Pantone 19-1524
6. Pantone 15-2217
7. Pantone 15-3508

BASE
基底色

8. Pantone 17-0133
9. Pantone 16-6216
10. Pantone 14-4002
11. Pantone 17-1223
12. Pantone 17-1418

METALLIZATION
金属化

13. Pantone 10131C

MATERIALS
材料

Seeking protection against what may sometimes be an aggressive lifestyle, welcome to a world of soft sensitivity where materials and their touch provide comfort and wellbeing.
Soft and cocoon-like: materials are voluminous, cosy, light and fluffy in angora, foamy polyamides and wool/acrylic/Lyocell blends. Winter terrycloth and washed finishes for extra puffy effects. Even fleece, polar fleece and corduroy qualities are ever lighter and puffier.

寻求庇护的港湾，远离激进的生活方式，欢迎来到一个柔和敏感的世界，这里用柔和、触感温暖的衬质，为您提供舒适而幸福的生活。柔和蚕茧式材料：这种材料宽松蓬大，手感舒透、轻盈而蓬松，是安哥拉羊毛、泡沫聚酰胺和羊毛/丙烯酸/莱赛尔纤维的混合物。冬季厚绒布和水洗的表面处理能提供额外的膨胀效果。羊绒、摇粒绒和灯芯绒的质地更是从未有过的轻盈蓬松。

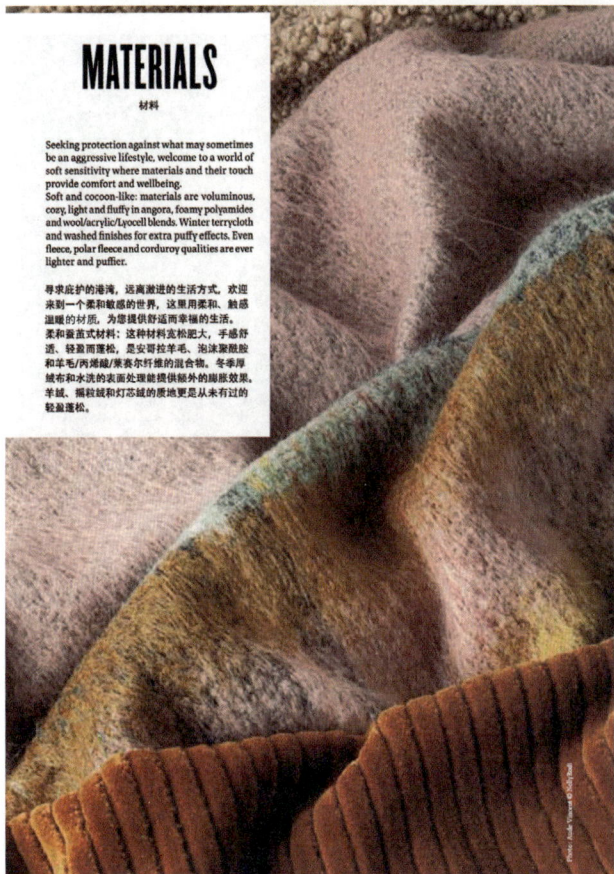

Photo: Aude Vincent @ Nelly Rodi

Toast Design

Crisp Sheets

Rh Ruby&Child

Sage + Clare

Urban Outfitters

Lapuan Kankurit

Sustainable cashmere by Everlane

Photo: Aude Vincent @ Nelly Rodi

Sea Pebble Rug by Donna Wilson

Cold Picnic

Rh Ruby&Child

Hortensia Chair by Belenger Studio

PRINTS & EMBROIDERIES

印花及刺绣

Focus on hand-sketched motifs featuring still lifes and naive, gouache floral patterns. As if improvised, tachist patterns take center stage with smears, drips and traces, water-colored landscapes, imaginary gouaches, streaky, uncontrolled contours, soft geometrics and rounded maxi structures.

专注手绘装饰图案，以静物画和花卉水粉画为主，结构图形主要是水抹、水流、水迹、水彩多绘、天马行空的水粉图案、条纹形、不受控制的轮廓、柔和的几何图案以及圆形马克西结构，仿佛像是即兴创作一样。

Photo: Anie Vincent @ NellyRodi

Normann Copenhagen

Eskayel

© NellyRodi

Petite Friture

© NellyRodi

Normann Copenhagen

Paperpoly

2LG Studio

HKliving

Anthropologie

ESSENTIALS / OUT OF TIME / SPIRITUAL / ANCESTRAL / HANDMADE
要素 / 时间之外 / 精神 / 古老 / 手工制作

PAST FUTURE

新旧交融

01. Premium Traceability
可追溯的品质
02. Indigo Is The New Black
靛蓝染 新潮流

In our age of globalization and standardization, it's important to create connections between human beings, but also between epochs and cultures, while ensuring that each one has the space and time necessary to fully express their treasures. It's the vital condition for preserving savoir-faire, ensuring the transmission of techniques and rites, and maintaining ties between generations. It's also a way to rediscover the natural world and protect the environment. In a new horizontality, consumers shed their passive role to become active and actors, working alongside brands to help create a better world. They demand authenticity, universality, transparency, sincere commitment and local manufacturing. In a dual movement, we look back and reconnect with our origins at the same time as looking forward to a field of infinite possibilities outfitted with the best that technological and space explorations have to offer. Rebuilding the future, without renouncing the past.

在这样一个全球化和标准化的时代，建立人与人之间的联系非常重要，时代和文化之间建立联系亦是如此，同时，还要确保每个人都有充分表达热爱所需的时间和空间。这是为人处世的关键条件，确保了技术和礼节的传承，维系着代际关系。这也是一种重返自然以及保护环境的方法，消费者在一个新的水平状态上由被动变为主动，开始发挥积极的作用，与品牌一起为创造一个更美好的世界而努力。消费者要求真实、普及、透明、真诚的本地化制造。这是一次双重运动，我们在追本溯源的同时又对一个配备最新技术充满无限可能的领域满怀期待。回首过去，重建未来。

Photo: Oxygene Alexandra @ NellyRodi

2020/2021 中国家用纺织品行业发展报告

COLOURS
色彩

OUT OF TIME
时间之外

This powerful palette blows hot and cold. Expressing this duality are natural, telluric tones recalling wood, fire and earth combined with the dark, mineral colors of deep skies and dense rocks. Conjuring the cold gleam of stones, metalized silver adds mineral sophistication.

主色调夸张地展现着冰火交织的色彩，以代表地球的自然色调来表现这种双重性，让人不禁联想到木头、火焰、泥土，深邃的天空和致密的岩石。金属银色更增添了矿物的精致质，令人想到石头发出的冰冷微光。

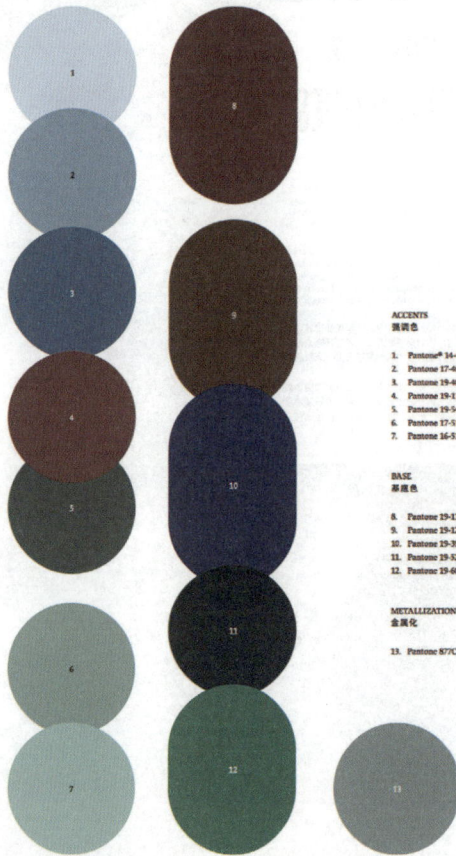

ACCENTS
强调色

1. Pantone® 14-4110
2. Pantone 17-4015
3. Pantone 19-4026
4. Pantone 19-1331
5. Pantone 19-5411
6. Pantone 17-5107
7. Pantone 16-5106

BASE
基底色

8. Pantone 19-1327
9. Pantone 19-1218
10. Pantone 19-3933
11. Pantone 19-5220
12. Pantone 19-6026

METALLIZATION
金属化

13. Pantone 877C

MATERIALS
材料

As if drawn from prehistory or the bowels of the earth, almost raw, wild materials appear. Surface aspects are prioritized and are either very wild or very mineral in grainy crepes, rustic hemps, patinated leathers, 3D-treated denim, devoré linens and jacquards crackled to resemble molten lava.

这些接近原始野生的材料，就像是从史前或地球中心提炼出来似的。
物料的重点是要突出表面部分，看起来非常狂野或粗犷，例如颗粒状绉纱、粗麻、古铜色皮革、立体处理的牛仔布、烧花亚麻布和裂纹提花织物，恍如熔岩般。

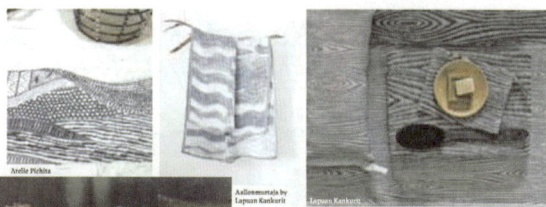

Arelle Pichita

Aallonmetsis by Lapuan Kankurit

Lapuan Kankurit

PRINTS & EMBROIDERIES

印花及刺绣

A primitive inspiration for designs suggesting markings, imprints, vegetal matter and aspects that seem to have been drawn from deep under the ground (veined marble effects, sedimentary rock strata, etc.)
Blurry speckled aspects, camouflage jacquards, halftone or hatched effects, sinuous stripes inspired by the structure of agates, rocks and geological strata, flowers, palmettes and camouflage patterns as if rusted and oxidized by the elements.

来自远古的设计灵感，令人联想到动物的斑纹、痕迹、植物杂质外观，就像是从地底深处取出的一样（有纹理的大理石效果、沉积岩层等）。
模糊的斑点外观，迷彩提花，半色调或阴影效果，玛瑙石激发的曲折纹路灵感，岩石及地质层结构，花、软玉、迷彩图案以及仿生锈和氧化元素。

Calvin Klein Home

Le Résistance by Sanne De Wolf *Collection X by Glamora* *HK Living*

© NellyRodi © NellyRodi © NellyRodi © NellyRodi

EXCESS / ORNAMENTATION / EXPRESSION / EXTRAVAGANCE / ECCENTRIC
过度／点缀／表达／铺张／怪异

BOLD CLASH

酷炫冲击

01. Virtual Creativity
虚拟创造力

02. Division,
The New Age Of Acceptation
分歧，新包容时代

Reviving bonds doesn't mean only smoothing out frictions. And on the contrary, some choose to cultivate clash! Not with aggression, but in expression. They cultivate a connection with themselves and others that arouses curiosity, stimulates imagination, expands boundaries, invites us to rethink prejudices and the way we do things, and makes a lasting impression on our minds and times. No apologies. No procrastination. But with innate coolitude. The aesthetic aspect is primordial and spotlights bold, flamboyant, theatrical, avant-garde accents, while exaggerating the coded norms of elegance. Lines are sharp. Volumes imposing. The radical design mixes and scrambles influences, designers and epochs. Color, forms and attitude prepare a revolution in an explosion of freedom and spontaneity. And all with one aim: shake everything up, transform it all – beginning with ourselves – and reinvent the world exactly as it should be – extraordinary!

重建连结并不只意味着把摩擦除掉。相反，有些人则选择建立更多冲突！这不在于挑衅，而是表达的一种。建立了自己与其他人的联系之后，他们会产生好奇心，从而激发他们的想象力，跳出界限的束缚，让我们重新去审视偏见以及我们一贯做事的方式，这给我们的思想和时代都留下了持久的印象。不妥协、不拖拉、天生冷静。其外观具有原始冲击力，着重于细节，表现大胆而华丽，戏剧效果极强，用夸张的手法来定义优雅的标准。线条清晰，数量惊人，激进的设计融合并打乱了各种潮流、设计师和时代感。色彩、形式和态度皆自发地酝酿着一场自由革命，所有这些都只有一个目标：摆脱一切，改变一切——从我们自己开始——重新改造世界，让世界有他应有的样子——非比寻常！

2020/2021中国家用纺织品行业发展报告

COLOURS
色彩

FLAMBOYANT RIGOUR
艳丽庄严

An opulent, majestic palette inspired by couture colors. Regal gold, intense, sumptuous blues and flamboyant reds and pinks are combined with the more understated classical shades of dark green and cameo pink.

富丽堂皇且蓉美华丽的主色调，其灵感来自于高级定制时装的颜色。皇家金、高贵蓝、艳丽红、炫彩粉与低调内敛的深绿色和浅粉色古典色调结合在一起。

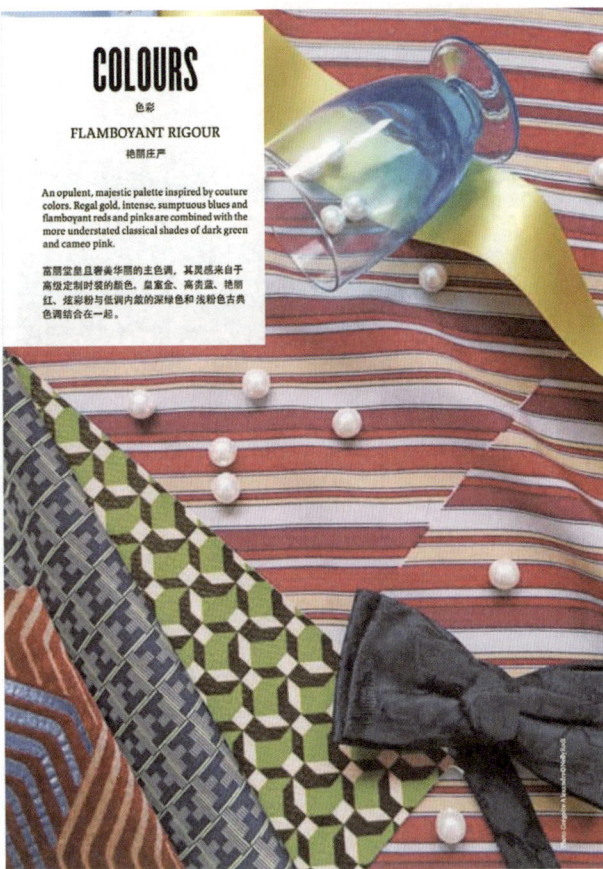

ACCENTS
搭调色

1. Pantone® 17-0330
2. Pantone 19-5420
3. Pantone 19-4033
4. Pantone 19-3217
5. Pantone 19-1557
6. Pantone 18-1354
7. Pantone 17-0839

BASE
基底色

8. Pantone 14-3710
9. Pantone 19-2311
10. Pantone 19-4025
11. Pantone 19-0608
12. Pantone 15-0000

METALLIZATION
金属化

13. Pantone 10118C

MATERIALS
材料

In this reign of allure and prestige, materials borrow their codes from palace decoration in a highly ornamental style updated and repurposed. Maxi jacquards and fancy fabrics, button-padded velvets, precious braids, colorful faux furs, quilted surfaces and beaded floral embroideries. Stealing the show, these materials beg for center stage!

为烘托充满魅力和名望的氛围，材料选用富丽装饰物料，可升级及可再利用，极具装饰性。有马克西提花织物及花哨的布料、纽扣覆盖的天鹅绒、珍贵的饰带、彩色的人造毛皮、绗缝表面和串珠花卉刺绣。暗赢夺主，这些材料太抢风头了！

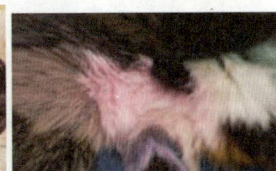

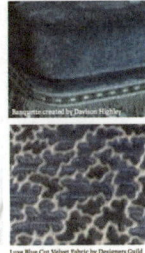

Cipria sofa by Edra

Photo: Paul Rousteau © NellyRodi

Kluove Studio

Debbie Lawson

Al18 photography by Simon Upton

Banquette created by Dawson Highboy

Nico Ihlein

Rose Dining Chair by And Objects

Luxe Blue Cut Velvet Fabric by Designers Guild

Reinaldo Sanguino

PRINTS & EMBROIDERIES
印花及刺绣

Focus on patterns inspired by elegant bouquets of flowers, ranging from XXL to the most discreet (linear volutes on mini damasks, tie jacquards, waistcoat stripes).
Aristocratic scarf or monogram patterns, classic tapestries twisted with tags and disturbed by unexpected combinations for borderline mix & match effects. Here lighthearted baroque decoration is mixed with a sense of humor.

无论是整体还是细节，重点都聚焦在灵感源于优雅花束的图案（迷你锦缎、领带提花、西服马甲上的线性旋涡图案）。
类贵气派的围巾或交织字母图样、卷曲看标牌的古典挂毯，通过各种出乎意料的组合营造出混搭效果。这里，巴洛克装饰自带一丝幽默感，让人感到轻松愉快。

Abbas Dining Chairs by And Objects

Marble Cave Velvet Fabric by Timorous Beasties

Bidjar Klingerona Rum by Jan Kath, Haghnazari

BsP Gallus

Odd Matter Studio

Lesita Gonzalez

Pierre Frey

HK Living

Blue Shaker

© NellyRodi

KEYPOINT
要点

		COZY WARMTH 暖意心生	PAST FUTURE 新旧交融	BOLD CLASH 酷炫冲击

MATERIALS
材料

COZY WARMTH
COZY VELVET
SOFT TOUCH
BOUCLÉ FURS
WADDED
舒适的天鹅绒
触感柔软
卷曲细毛
一团团的

Pantone® 11-0507
Pantone 14-1228
Pantone 16-1459
Pantone 18-3916
Pantone 19-1524
Pantone 19-2227
Pantone 15-3508

PAST FUTURE
NATURAL & TEXTURED
3D-TREATED DENIM
DEVORÉ LINENS
JACQUARDS CRACKLED
自然有质感的
3D处理的牛仔布
烂花工艺亚麻布
裂纹提花织物

Pantone® 16-4130
Pantone 17-4015
Pantone 19-4026
Pantone 19-4411
Pantone 17-5027
Pantone 16-5126

BOLD CLASH
BUTTON-PADDED VELVETS
JACQUARD VELVET
COLORFUL FAUX FURS
PRECIOUS BRAIDS
纽扣覆盖的天鹅绒
提花天鹅绒
彩色人造毛皮
珍贵的饰带

Pantone® 17-0930
Pantone 19-5420
Pantone 19-4093
Pantone 19-3237
Pantone 19-1557
Pantone 18-1354
Pantone 17-0839

PRINTS & EMBROIDERIES
印花及刺绣

COZY WARMTH
FLORALS TO MIX
SOFT GEOMETRY
ABSTRACT OUTLINES
CUTE PICTOGRAMS
混合花饰
柔和的几何图案
抽象轮廓
可爱的象形图

Pantone 17-0133
Pantone 16-6216
Pantone 14-4002
Pantone 17-1219
Pantone 17-1418

METALLISATION
金属化
Pantone 10133C

PAST FUTURE
PLANT FOSSILS
SCREENED EFFECTS
INTENSE LANDSCAPES
LINE-DRAWN
AND STIPPLED MOTIFS
植物化石
遮蔽效果
浓郁风景
线条及点彩装饰图案

Pantone 19-1327
Pantone 19-1218
Pantone 19-3933
Pantone 19-5230
Pantone 19-6026

METALLISATION
金属化
Pantone 877C

BOLD CLASH
HACKED CLASSICS
GRAPHIC STRIPES
MAXI FLOWERS
MONOGRAMS
入侵经典
带图案的条带
马克西花
交织字母

Pantone 14-3710
Pantone 19-2311
Pantone 19-4025
Pantone 19-0608
Pantone 15-0000

METALLISATION
金属化
Pantone 10118C

2020/2021 中国家用纺织品行业发展报告

相关行业

2020年中国棉纺织行业运行分析

中国棉纺织行业协会

2020年是极不平凡的一年，新冠肺炎疫情肆虐全球，国际形势风云突变，我国棉纺织行业的发展面临着前所未有的挑战。随着国内疫情的有效控制，棉纺织行业积极推动复工复产有序进行，在国家积极构建"双循环"经济发展新格局的战略下，行业发展逐步恢复，纵观全年，棉纺织行业在抗疫情、稳就业、保民生、促发展等方面发挥了重要作用。

一、整体运行情况

1. 纱布产量有所下降

受疫情对棉织品出口的影响，2020年上半年，棉纺织企业开工不足、需求下降及出口受阻。根据中国棉纺织行业协会（以下简称中棉行协）统计数据会商结果显示（表1），2020年全行业纱线产量1641万吨，布产量460亿米，同比分别降10.3%和17.9%；原料使用方面，棉纤维用量600万吨，同比下降13.0%，非棉纤维用量1127万吨，同比降幅小于棉纤维，下降8.4个百分点，其在原料中的有所提升，同比提高1.2%，非棉纤维的替代作用维持延续。

表1　2020年棉纺织纤维用量及纱、布产量

项目	数量（万吨、亿米）	同比（%）
纤维总用量	1727	−10.1
其中：棉纤维用量	600	−13.0
非棉纤维用量	1127	−8.4
全行业纱产量	1641	−10.3
全行业布产量	460	−17.9
其中：色织布产量	24	28.4
牛仔布产量	17.5	22.2

注　纤维用量单位为万吨，纱、布产量单位为亿米。

数据来源：中国棉纺织行业协会

2. 景气逐步恢复

棉纺织行业景气度2020年整体呈现前低后高、逐步恢复态势。第一季度，受新冠肺炎疫情影响，我国棉纺织行业经受了严峻考验，开工不足，市场冷清，景气度欠佳；第二、第三季度国内疫情虽有所缓解，但受国外疫情暴发蔓延的影响，景气度虽有所回升，但整体处于枯荣线下方。

在国家"双循环"战略的推动下，进入第四季度，随着国内市场的不断复苏，下游市场逐步活跃，产销明显好转，棉纺织行业景气指数逐步恢复到枯荣线上方并持续到年底，市场运行不断向好，见图1。

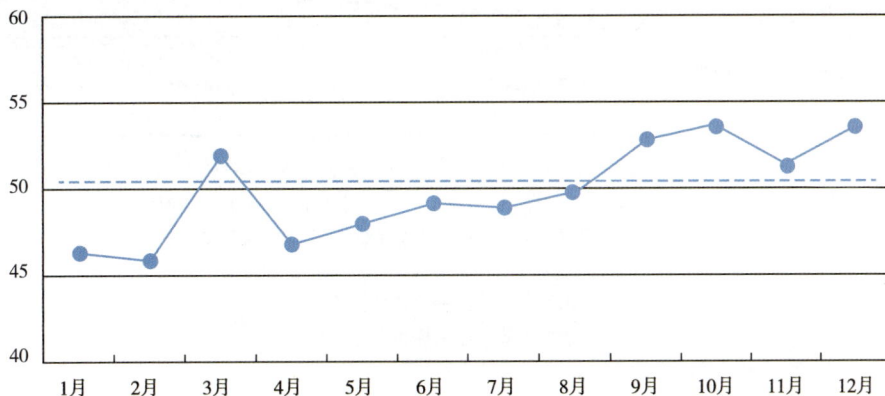

图1 2020年棉纺织景气指数变化图

数据来源：中国棉纺织行业协会

3. 出口市场下滑明显

2020年上半年，欧美多国在新冠肺炎疫情全面暴发后防控不力，疫情在下半年再次反弹加剧，纺织品零售消费市场严重受挫，大批国际订单延期或取消，导致我国棉纺织品出口市场经受了严峻的考验。我国棉纱、棉布出口下滑明显，出口金额同比分别较2019年下降31.7%和20.5%（表2）。

表2 2020年棉纱、棉布出口情况

项 目	金额（亿美元）	同比（%）
棉纱出口额	10.9	−31.7
棉布出口额	99.1	−20.5

数据来源：中国纺织品进出口商会

二、2020年行业运行特点

1. 原料价格波动加剧

2020年棉纺织原料价格总体呈现先抑后扬的走势，如图2所示，在第一季度企业开工不足，下游市场惨淡，棉花价格从13000元/吨不断走低，最低跌破11000元/吨。第二季度，随着企业复工复产，行业运行逐步恢复，棉花价格逐步企稳回升。第四季度，受美元大肆投放、大宗商品普涨及纺织企业补库等因素叠加刺激，棉花价格一路飙升至15000元/吨以上，维持小幅震荡至年末。全年来看，棉花价格波动幅度超过30%，整体涨幅10个百分点。

黏胶短纤以及涤纶短纤等棉型化纤产品价格走势基本与棉花价格走势一致。

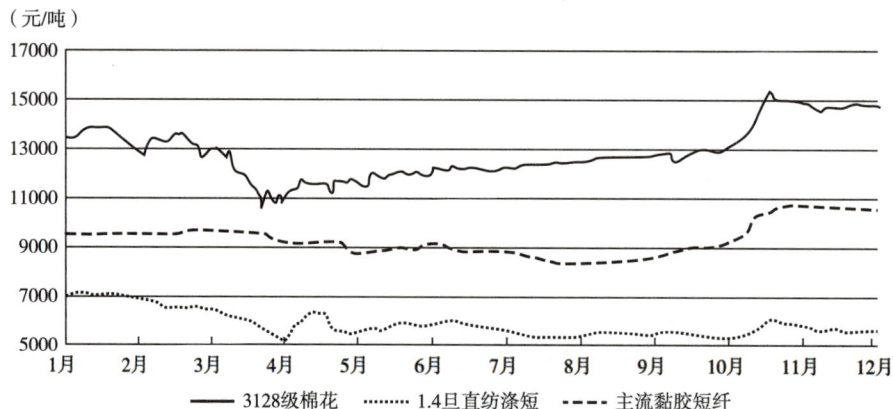

图2　2020年主要棉纺织原料价格走势
数据来源：中国棉纺织行业协会

2. 产品价格前低后高

棉纺织品价格走势如图3所示。第一季度，总体与棉纺织原料价格走势保持一致，企业处在赶制年前订单的生产阶段；在第二、第三季度，棉纺织品的价格并未跟随原料价格上行，而是处于持续下跌的态势，9月由于疫情影响国内市场惨淡、国际市场出口受阻，纯棉32支×32支 130×70 2/1 47英寸斜纹坯布价格最低跌至4.4元/米，32支纯棉纱线价格为18440元/吨；进入第四季度，在原料价格上涨的带动下，以及"金九银十"传统旺季的到来，产品价格恢复明显，11月同品种坯布最高价格涨至5.25元/米，纱线价格为23050元/吨。纵观全年，纱布价格涨幅分别为8.33%和13%。

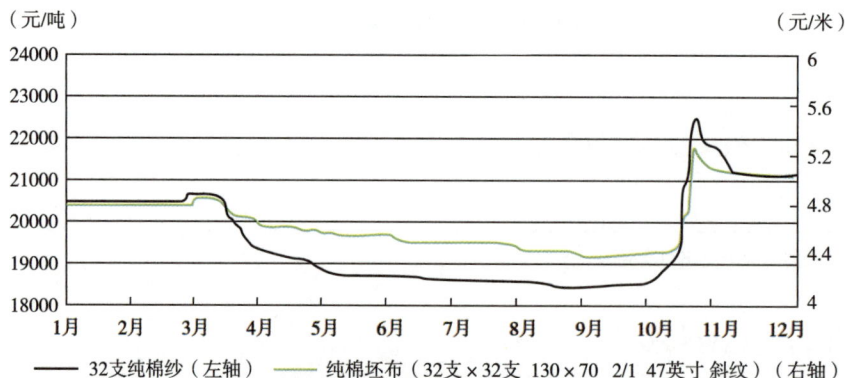

图3　2020年棉纺织典型产品价格走势
数据来源：中国棉纺织行业协会

3.行业运行明显承压

中棉行协跟踪的近三百家重点企业数据显示，2020年，棉纺织企业主营业务收入累计同比下降8.62%，主营业务成本累计同比下降8.43%，利润总额累计同比下降13.83%，出口交货值累计同比下降19.59%，工业增加值累计同比下降9.03%，亏损面累计同比扩大0.83个百分点，行业运行承受了一定的压力，如图4所示。

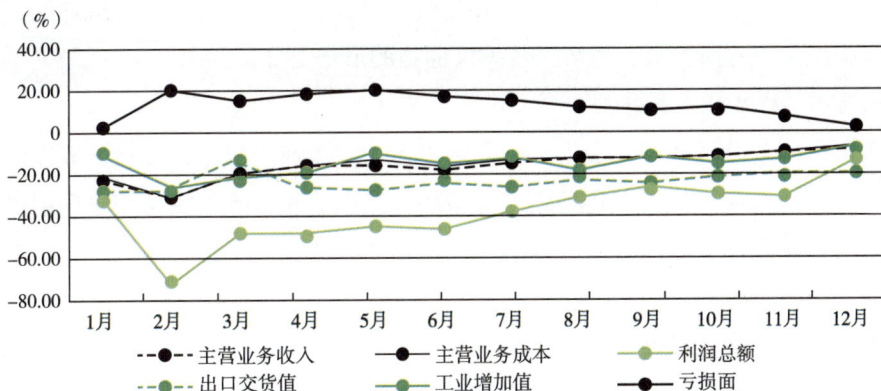

图4　2020年棉纺织行业主要经济指标累计变化情况
数据来源：中国棉纺织行业协会

虽然2020年棉纺织行业主要经济指标累计均出现不同程度的下降，但分阶段来看，在第二季度以后，随着国内疫情防控初步取得成效，企业相关指标降幅逐渐收窄，亏损面不断缩小。国家出台相关减税降费措施减轻企业负担，加之下游市场逐渐复苏，行业运行态势逐步好转。

4.产品结构持续优化

（1）非棉纤维替代明显。涤纶短纤、黏胶短纤等非棉类化学纤维的不断创新和发展为棉纺织行业产品差异化打开了新的发展空间，非棉纤维比重持续提升，替代作用明显。2020年非棉纤维占棉纺织原料的比重为65.3%，较上一年度提升了1.2个百分点（表3）。

表3　2020年棉纺织原料比重变化表

项目	棉纤维占比（%）	非棉纤维占比（%）
比重	34.7	65.3

数据来源：中国棉纺织行业协会

（2）家纺产品比重稳定。随着城镇化进程的持续推进，住房条件的不断改善及人们对美好生活的向往，床上用品的需求旺盛。2020年用于制作家用纺织品及装饰类产品的宽幅棉织物（幅宽大于250厘米）在棉织物中的占比为38%，在我国人均纤维消费量的上升的过程中比重保持稳定（表4）。

表4　2020年不同幅宽棉织物比重表

项目	宽幅棉织物（%）	常规幅宽棉织物（%）
比重	38	62

数据来源：中国棉纺织行业协会

三、2021行业展望

1.世界经济形势复杂严峻

2021年，全球经济有望出现恢复性增长，但仍存在诸多的不确定性。美国在大规模宽松政策推动下，市场信心有所恢复，欧洲多国受疫情冲击严重，复苏缓慢，日本的经济前景也较为暗淡。当今世界正面临百年未有之大变局，中国也正迎来新的历史机遇期，但逆全球化、贸易保护主义等有所抬头，世界经济发展面临的形势更加复杂严峻。

2.“双循环”战略强大支撑

为应对国内外复杂严峻的发展形势，我国提出“双循环”战略，加快形成以国内大循环为主体、国内国际双循环相互促进的新发展格局。我国率先在抗击疫情斗争中取得了决定性的胜利，社会经济秩序有序恢复，在国内超大市场规模的支撑下，棉纺织行业将抓住新时期的发展机遇，稳步向前迈进。

3.科技、时尚、绿色推动高质量发展

“科技、时尚、绿色”已成为棉纺织行业的新特征和新趋势。随着科技的进步，棉纺织行业设备自动化、智能化水平将不断提升，这既可以有效解决行业招工难问题，同时也将提升生产效率和产品质量；非棉纤维丰富的种类和功能将持续为棉纺织产品开发提供时尚、多彩的创意灵感；国家郑重宣布了碳达峰、碳中和等一系列中长期目标和愿景，绿色设计、绿色生产及绿色产品等发展理念必将成为行业新的经济增长点，这些都将不断推动我国棉纺织行业高质量健康发展。

撰稿人：王耀

2020年中国化纤行业运行分析与2021年展望

中国化学纤维工业协会

2020年，受新冠肺炎疫情的严重影响，化纤行业运行面临的风险和考验加大，行业经济效益和运行质量同比明显回落。原油价格暴跌叠加市场需求低迷，化纤市场价格总体在低位运行；海外疫情形势严峻，我国进出口化纤产品数量均有明显减少；但随着国内疫情形势好转，全产业链加快推进复工复产，纺织终端需求逐步回暖，化纤行业经济运行也呈现回升态势，生产增速稳步回升，主要经济运行指标降幅持续收窄。但同时也要看到，行业企业生产经营压力尚未完全缓解，发展信心仍然不足，效益及投资尚未扭转负增长态势。

一、2020年化纤行业运行基本情况

1. 生产情况

2020年化纤产量6025.12万吨，同比增长3.40%（表1）。其中，涤纶、锦纶、维纶、氨纶实现正增长，分别同比增长3.89%、3.87%、11.06%、14.44%；黏胶纤维和腈纶呈现负增长，同比分别减少4.11%和5.12%。

表1　2020年中国化纤产量完成情况

产品名称	2020年产量（万吨）	同比（%）
化学纤维	6025.12	3.40
其中：黏胶纤维	395.47	−4.11
涤纶	4922.75	3.89
锦纶	384.25	3.87
腈纶	55.03	−5.12
维纶	8.33	11.06
丙纶	41.22	−2.19
氨纶	83.20	14.44

注　涤纶短纤中包含部分再生涤纶短纤，涤纶长丝中包含部分加弹产品。
资料来源：中国化学纤维工业协会、国家统计局

分月来看，化纤产量同比增速呈回升态势（图1），尤其是下半年，化纤企业生产状况持续向好，化纤产量同比增速在1~9月实现由负转正，并在全年实现同比正增长3.40%。

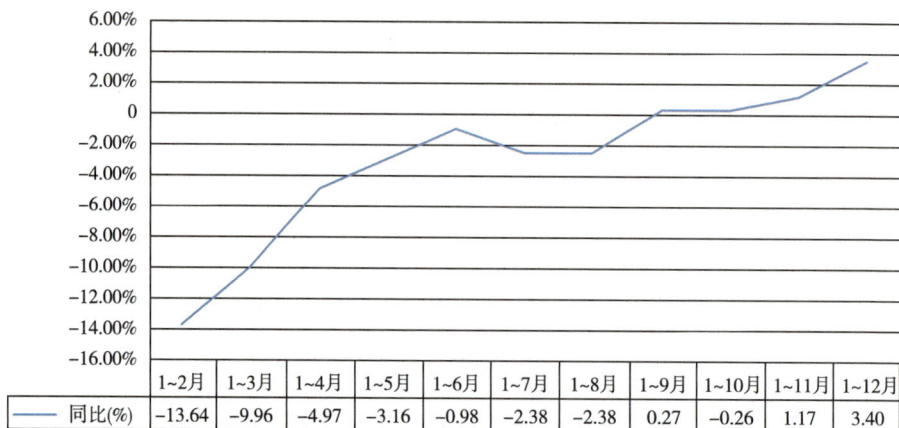

	1~2月	1~3月	1~4月	1~5月	1~6月	1~7月	1~8月	1~9月	1~10月	1~11月	1~12月
同比(%)	-13.64	-9.96	-4.97	-3.16	-0.98	-2.38	-2.38	0.27	-0.26	1.17	3.40

图1　2020年化纤产量同比增速变化

资料来源：国家统计局、中国化学纤维工业协会

2. 进出口情况

2020年化纤进口量为75.9万吨，同比减少17.30%。除氨纶进口量同比增长5.16%外，其他主要产品的进口量均同比下降（表2）。2020年化纤出口量为466.06万吨，同比下降7.92%。其中，涤纶长丝、黏胶短纤、氨纶及腈纶的出口量实现同比正增长。

表2　2020年化纤主要产品进出口情况

项目	进口量			出口量		
	2020年（吨）	2019年（吨）	同比（%）	2020年（吨）	2019年（吨）	同比（%）
化学纤维	759222.8	918051.2	-17.30	4660622.1	5061681.4	-7.92
其中：涤纶长丝	87358.4	111345.2	-21.54	2743378.7	2721434.1	0.81
涤纶短纤	187481.0	219377.0	-14.54	806468.7	994699.5	-18.92
锦纶长丝	63145.9	87776.6	-28.06	248971.3	270431.5	-7.94
腈纶	67798.7	89540.5	-24.28	31052.2	25771.2	20.49
黏胶长丝	3545.1	4666.3	-24.03	73472.1	89320.4	-17.74
黏胶短纤	151155.5	227932.8	-33.68	378414.9	365414.9	3.56
氨纶	29425.7	27981.7	5.16	78498.5	74001.4	6.08

资料来源：据中国海关数据整理

3. 市场情况

从原料端来看，2020年一季度，原油价格战叠加疫情导致的需求下滑，国际油价出现暴

2020/2021中国家用纺织品行业发展报告

跌，4月史无前例的跌成负数；之后开始向上震荡修复，三季度基本保持平稳，11月初开始逐渐上涨，OPEC+的减产政策及沙特额外减产，美国政府实施大规模刺激计划，支持美国经济和需求改善等多重因素利好国际油价持续上涨。但从全年来看，2020年油价均价大大低于2019年（图2）。

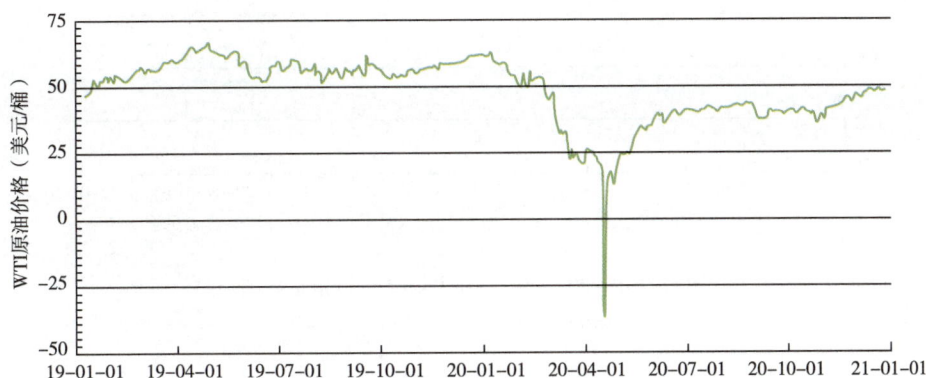

图2　2019~2020年WTI油价走势图

资料来源：中纤网

　　受原料价格下跌和需求不足的影响，全年来看，化纤市场总体价格重心明显低于2019年。一季度，随着原油价格暴跌，化纤产品失去成本支撑；之后随着原油价格的修复，化纤市场逐步企稳，但需求不足仍是行业面临的最大问题，三季度化纤市场表现基本平稳；自9月中旬开始，在国内经济回升、拉尼娜导致冷冬需求增加、"双十一"订单需求提前启动、印度等地订单大幅转移等下游利好下，化纤市场出现"金九银十"行情；之后经过短暂的回落调整，四季度末，在成本推涨、需求良好、库存低位等利好的基础上，加之化纤产品价格长期处于低位，企业效益较差甚至亏损，市场有强烈的反弹需求，因此化纤产品价格开始反弹回升（图3~图7）。

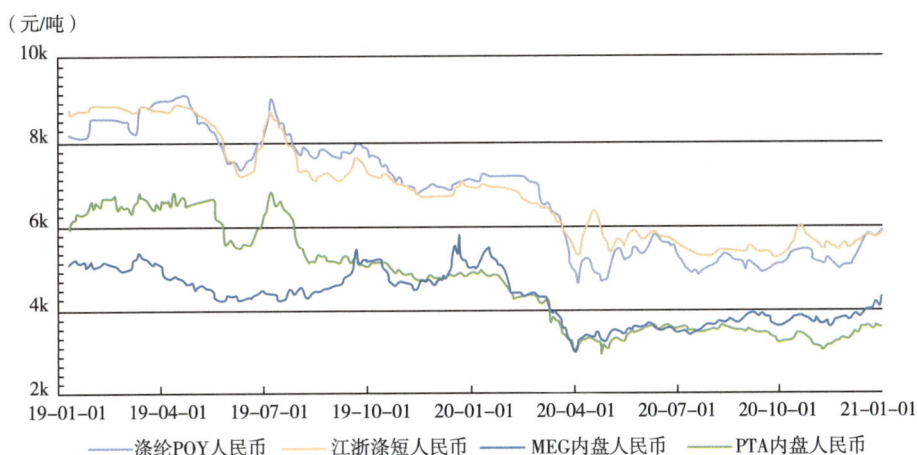

图3　2019~2020年涤纶及其原料价格走势图

资料来源：中纤网

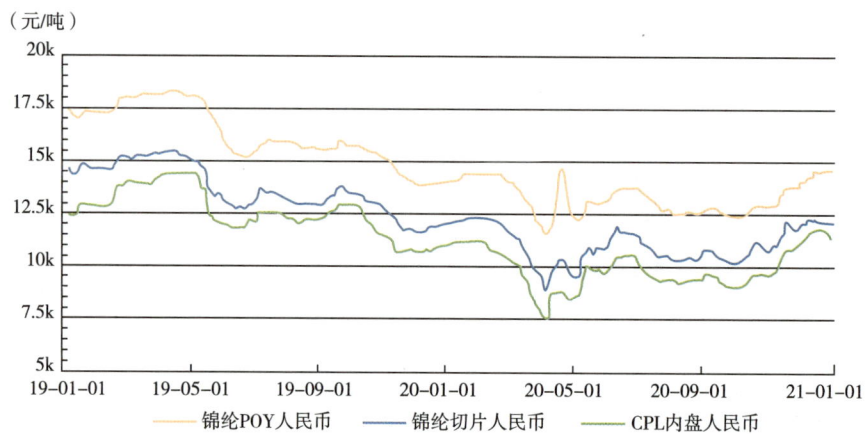

图4 2019~2020年月锦纶及其原料价格走势图
资料来源：中纤网

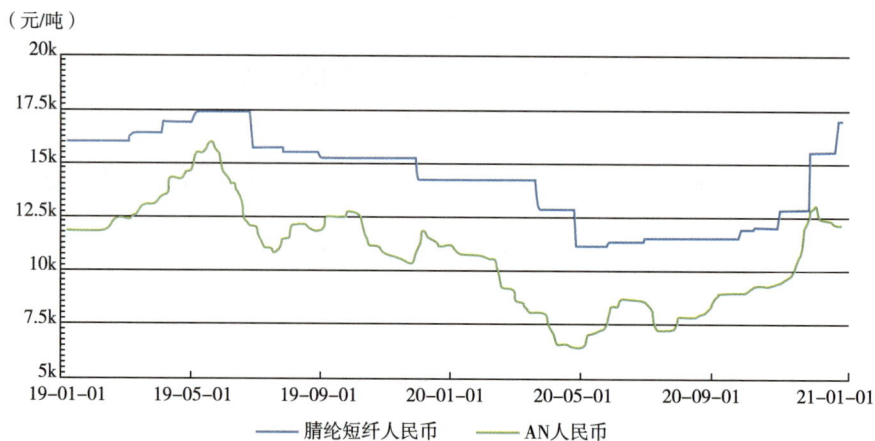

图5 2019~2020年腈纶及其原料价格走势图
资料来源：中纤网

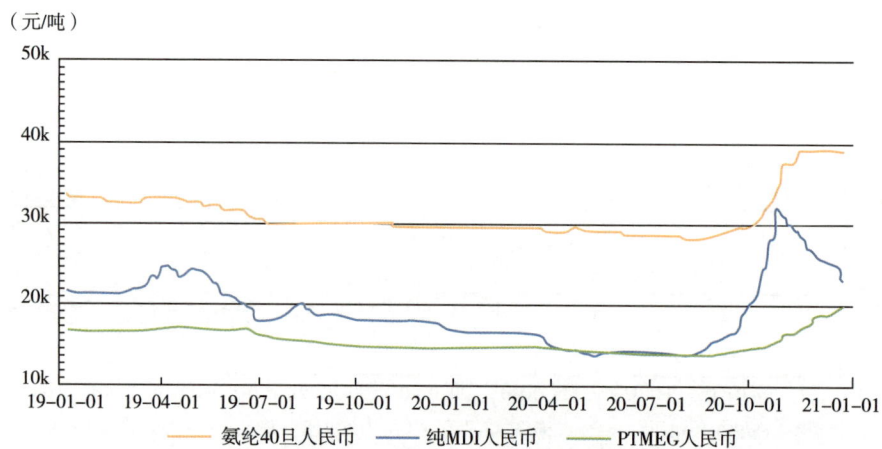

图6 2019~2020年氨纶及其原料价格走势图
资料来源：中纤网

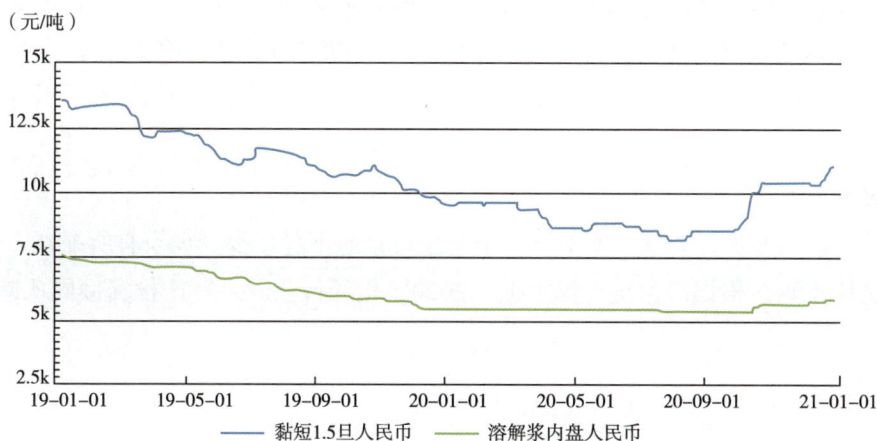

図7　2019~2020年黏胶短纤及其原料价格走势图
资料来源：中纤网

4. 运行质效

2020年，化纤行业经济运行同比明显下降，国家统计局数据显示：1~12月，化纤行业营业收入7984.2亿元，同比下降10.41%；实现利润总额263.48亿元，同比减少15.06%。行业亏损面28.72%，亏损企业亏损额同比增加22.99%。但经济运行态势逐季改善，其中，利润总额同比降幅逐渐收窄，亏损企业亏损额增幅在下半年回落明显（图8）。从市场表现来看，防疫物资相关产品，如氨纶、涤纶短纤、瓶片等产品效益相对不错，甚至出现短期缺货的情况。此外，炼化一体化企业业绩亮眼，恒力石化、荣盛石化、恒逸石化等一批较早实现上下游一体化发展的企业，在应对本轮严峻市场形势的过程中，表现出良好的竞争优势和抗风险能力，但这部分利润可能不统计在化纤行业中。

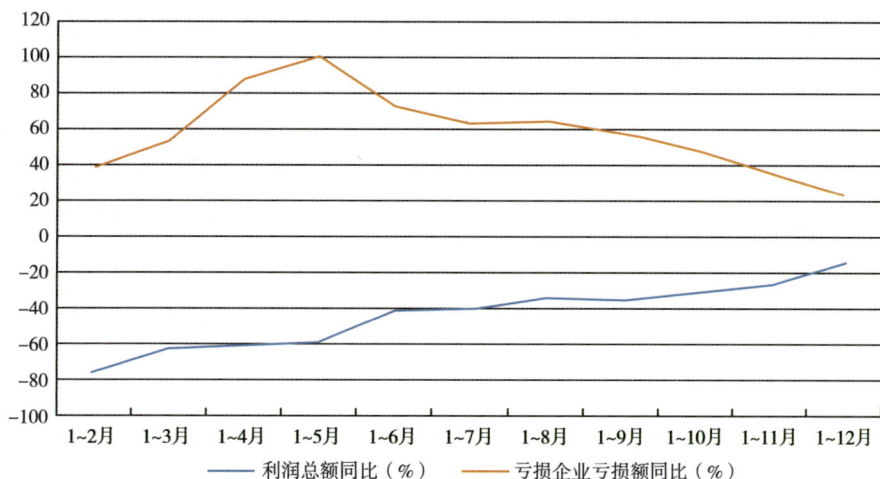

図8　2020年化纤行业利润总额和亏损企业亏损额同比变化
资料来源：国家统计局

2020年化纤行业运行压力较大，主要运行质量指标较2019年明显下滑，但呈逐步改善的态势。盈利能力有所下降，营业收入利润率为3.3%，同比降低0.18个百分点；发展能力受到影响，营业收入增长率同比下降14.41个百分点；营运能力不及2019年同期，应收账款周转率、产成品周转率、流动资产周转率及总资产周转率均同比下降；三费比例同比上升0.26个百分点。

5. 固定资产投资

新冠肺炎疫情叠加行业景气度下滑，企业投资意愿下降，投资规模有所缩减，部分项目产能投放进度推迟。根据国家统计局数据，2020年化纤行业固定资产投资额同比减少19.4%（图9）。

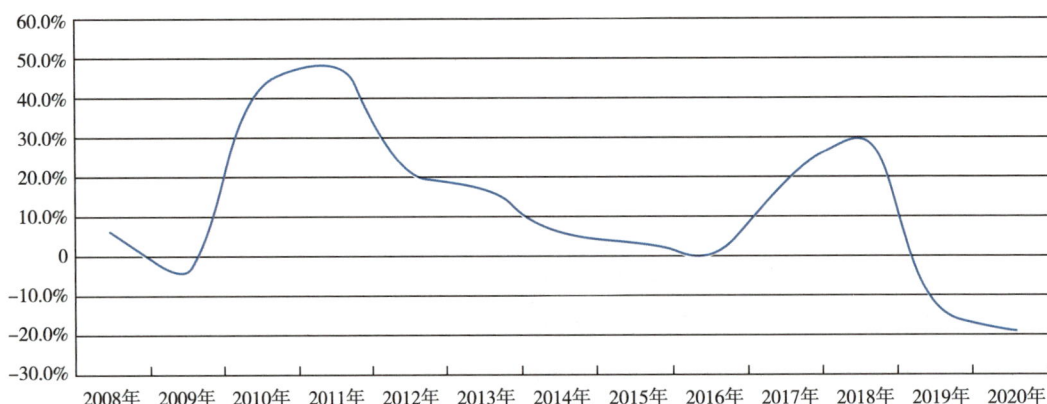

图9　2008~2020年化纤行业固定资产投资增速变化

资料来源：国家统计局

二、2021年化纤行业运行展望

最困难的2020年已经过去，展望2021年，经济的逐步复苏将为化纤行业的持续恢复和稳健发展提供保障。

从需求端来看，我国及全球纺织行业生产将继续巩固恢复增长的态势，我国纺织服装出口会继续保持增长势头，国内消费市场也仍将持续回升，这将为化纤行业提供增长动力。

从原料端来看，随着世界经济的逐步复苏，预计2021年国际油价的价格中枢将明显高于2020年，化纤市场价格在成本端有一定支撑。但随着油价的持续升高，全球原油产量有增产的可能，也将会限制国际油价上行高度。此外，2021年我国聚酯原料PX和PTA、MEG仍处于高扩产周期，国内PX和MEG供应短缺的矛盾将有所缓解，PTA供应将保持宽松，这都会在一定程度上对冲油价走高带来成本支撑，并且产业链利润将由原料端向后道转移。

从行业新增产能来看，2021年仍是化纤行业特别是涤纶产能集中投产期，产能矛盾会阶段性凸显，需求的增长能否有效消化产能的增长还有待观察。而且新增产能大多集中在化纤龙头企业，这也会造成龙头企业规模化成本优势进一步巩固，会在一定程度上加剧对其他企业的挤出效应。

总体判断，2021年化纤行业将会继续处于复苏周期，但过程不会是一帆风顺的，市场波动性可能会增加。预计化纤产量、经济效益等运行指标将会明显好于2020年，但由于2020年上半年基数较低，下半年持续恢复，因此2021年行业各项指标增速将会呈现明显的前高后低走势。出口方面，由于疫情全球大流行的风险正在降低，纺织服装市场需求回升，国际物流正在较快恢复，预计化纤出口量将会回归到增长态势。

从长远来看，疫情将会加速我国化纤行业的结构调整，进一步推动行业供给侧结构性改革，也促使企业思考未来应如何布局和发展。后疫情时代，"创新、安全、环保"将会成为行业的关注重点。加强自主创新，融合新材料、新技术以及内需消费升级的趋势，不断提升产品品质和科技附加值，发掘新需求，同时提高智能制造水平，通过实施智能制造，整合产业链数据资源，实现"万物互联"；同时，产业安全也不容忽视，化学纤维原料高度依赖石油资源、再生纤维素纤维原料高度依赖进口，这些都存在产业安全隐患；在环保领域，我国提出"在2030年前碳排放达到峰值，努力争取2060年前实现碳中和"的目标，将会进一步推动和加快化纤行业的绿色转型与升级步伐。

撰稿人：吴文静

2020/2021年中国印染行业发展报告

中国印染行业协会

一、2020年印染行业经济运行情况

2020年是"十三五"规划收官之年，也是纺织强国初步建成的重要一年。这一年对印染行业来说是跌宕起伏、充满挑战的一年。突如其来的新冠肺炎疫情使世界百年变局加速演进，国内外风险挑战明显增多，供需矛盾压力加大，市场竞争进一步加剧。面对严峻复杂的国内外环境，印染行业主动作为，在做好疫情防控的同时，积极推进复工复产，行业经济承压前行，产量、营业收入、利润、出口等主要经济指标持续修复，全年生产经营稳步向好。

（一）生产逐步恢复

新冠肺炎疫情对行业造成严重影响，企业生产经营波动较大，但在国内疫情防控形势持续向好的强大支撑下，印染行业生产恢复进程整体超出预期。根据国家统计局数据，2020年1~12月，规模以上印染企业印染布产量525.03亿米，同比减少3.71%，降幅较一季度、上半年、前三季度分别收窄11.44、8.33和6.96个百分点。2020年3月开始，印染行业生产经营秩序逐步恢复，产能利用率持续提高，产量降幅在波动中逐渐收窄。自9月起，印染布单月产量连续4个月保持正增长，且增速逐月扩大，全年产量降幅明显收窄。2020年印染布产量及增速情况见图1和图2。

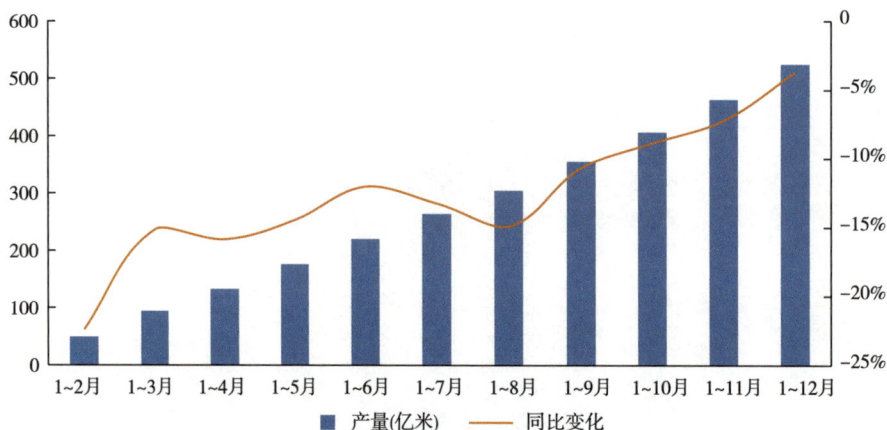

图1　2020年规模以上印染企业印染布产量情况

资料来源：国家统计局

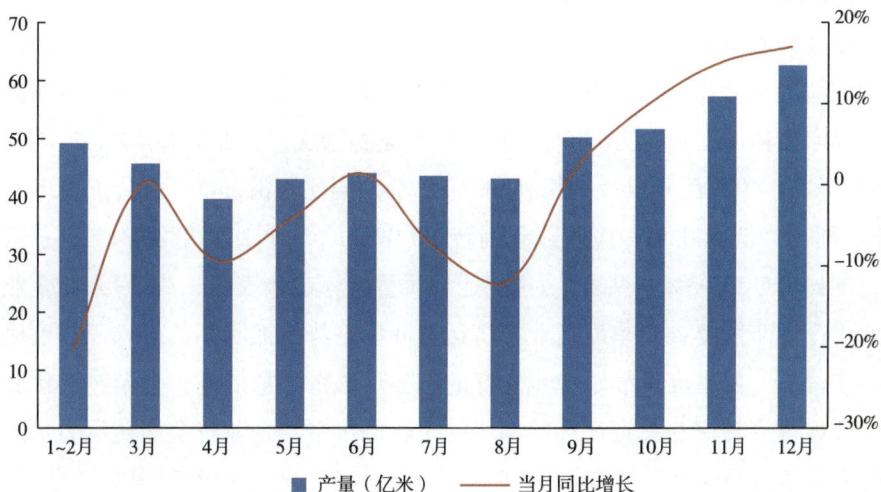

图2　2020年规模以上印染企业印染布当月产量情况
资料来源：国家统计局

"十三五"期间，尽管国际贸易环境不确定不稳定因素显著增多，但我国印染行业生产增速仍维持在合理区间，印染布产量总体平稳，除2018年外，其他年份产量均维持在520亿米以上，行业表现出较强的发展韧性。"十三五"期间规模以上印染企业印染布产量及增速情况见图3。

图3　"十三五"期间规模以上印染企业印染布产量情况
资料来源：国家统计局

（二）运行质效逐步改善

2020年上半年，受疫情影响，我国印染行业主要运行质效指标较2019年明显下滑，企业经营压力较大。进入下半年，尤其是三季度以后，市场供需关系日益改善，企业生产经营持续好转，行业质效水平逐步提升。但整体来看，2020年行业主要经济指标与2019年相比仍有明显差距，行业运行仍面临较大压力。

1. 运行质量回稳向好

根据国家统计局数据，2020年规模以上印染企业三费比例6.97%，同比提高0.28个百分点，其中，棉印染精加工企业为6.70%，化纤织物染整精加工企业为9.01%；成本费用利润率5.35%，同比下滑0.49个百分点；销售利润率4.98%，同比下滑0.43个百分点；产成品周转率17.85次/年，同比降低20.05%；应收账款周转率7.99次/年，同比降低21.31%；总资产周转率0.94次/年，同比降低14.95%，见表1。主要运行质量指标走势表明，3月份开始企业陆续复工复产，行业生产逐步恢复，二季度行业经济运行回稳态势更加明朗，进入三季度后，各项经济指标进一步修复，四季度延续了稳步向好的态势。值得注意的是，直至2020年底，产成品周转率、应收账款周转率和总资产周转率仍处于较低水平，企业资金周转压力仍然较大，应收账款周转率全年降幅仅比一季度收窄3.94个百分点，企业资金回笼时间明显延长。

表1 2020年印染行业主要运行质量指标变化情况

主要指标	一季度	上半年	前三季度	全年
三费比例（%）	7.95	7.53	7.21	6.97
同比（百分点）	0.65	0.71	0.53	0.28
成本费用利润率（%）	2.60	3.30	4.22	5.35
同比（百分点）	−0.92	−1.15	−0.67	−0.49
销售利润率（%）	2.50	3.16	3.99	4.98
同比（百分点）	−0.85	−1.05	−0.61	−0.43
产成品周转率（次/年）	3.58	7.58	11.89	17.85
同比（%）	−38.13	−30.79	−26.41	−20.25
应收账款周转率（次/年）	1.81	3.59	5.44	7.99
同比（%）	−25.25	−26.67	−27.83	−21.31
总资产周转率（次/年）	0.19	0.41	0.66	0.94
同比（%）	−25.25	−24.21	−19.18	−14.95

资料来源：国家统计局

2. 经营效益逐步回升

2020年，1581家规模以上印染企业主营业务收入2541.32亿元，同比减少12.15%，降幅较上半年和前三季度分别收窄9.66和5.16个百分点；主营业务成本2189.95亿元，同比减少11.91%，占主营业务收入的86.17%；实现利润总额126.68亿元，同比减少19.01%，降幅较上半年和前三季度分别收窄22.45和9.19个百分点；完成出口交货值345.91亿元，同比减少16.83%。规模以上印染企业亏损户数为431户，亏损面27.26%，较2019年扩大8.34个百分点；亏损企业亏损总额18.89亿元，同比增长15.82%，增长幅度较上半年大幅收窄76.55个百分点。规模以上印染企业主营业务收入和利润总额变化情况如图4所示。2020年，印染行业盈利改善情况较生产恢复情况明显滞后，规模以上印染企业在生产基本恢复的情况下，主营业务收入和利润总额较2019年仍有大幅下滑，表明在多种因素的共同影响下，企业盈利空间受到挤压，效益修复需要更长的时间。

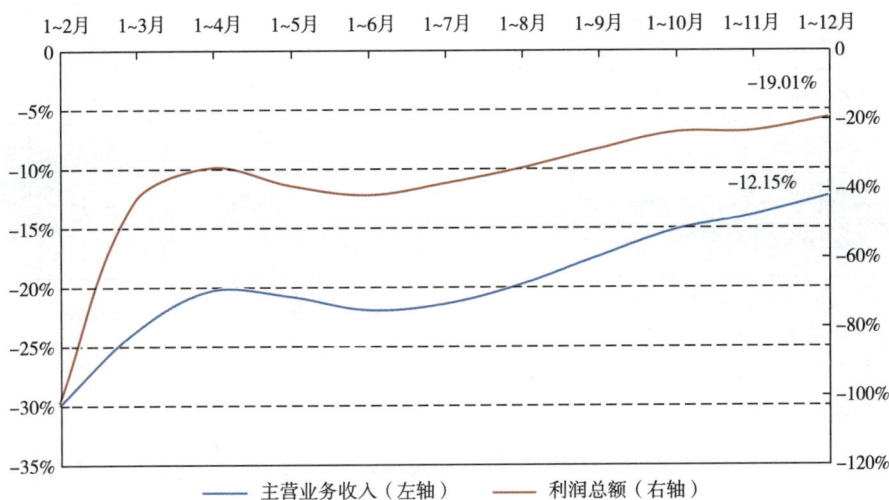

图4　2020年规模以上印染企业主营业务收入和利润总额增速
资料来源：国家统计局

（三）产品出口明显承压

2020年，新冠肺炎疫情大流行成为全球贸易的最大干扰因素，疫情使我国印染行业出口压力明显加大，主要产品出口呈现"量价齐跌"的态势。根据中国海关数据，2020年，我国印染八大类产品出口数量231.18亿米，同比减少13.81%；出口金额223.11亿美元，同比减少18.62%；出口平均单价0.97美元/米，同比降低5.38%。出口数量、出口金额和出口平均单价增速较2019年分别下滑26.64、19.86和1.76个百分点，其中出口平均单价已连续两年下跌，表明在国际市场需求不足、贸易风险上升的情况下，市场竞争日趋激烈。

1. 主要产品出口情况

印染八大类产品具体出口情况见表2。2020年，印染八大类产品出口数量和出口金额均有明显下降，其中棉混纺染色布下降幅度最大，出口数量和出口金额同比降幅分别达24.39%和26.90%；纯棉染色布和纯棉印花布的降幅也均高于平均水平；出口单价方面，八大类产品中除涤纶短纤织物小幅增长2.59%外，其他产品均有不同程度下降，其中人纤短纤织物下降13.85%，高出出口平均单价降幅8.47个百分点。

表2　2020年印染八大类产品出口情况

品种	数量（亿米）	同比（%）	金额（亿美元）	同比（%）	单价（美元/米）	同比（%）
纯棉染色布	14.58	−18.55	25.78	−18.93	1.77	−0.66
纯棉印花布	15.14	−16.72	17.36	−21.38	1.15	−5.24
棉混纺染色布	3.41	−24.39	6.44	−26.90	1.89	−3.15
棉混纺印花布	0.52	−13.33	1.05	−17.97	2.02	−5.64

品种	数量（亿米）	同比（%）	金额（亿美元）	同比（%）	单价（美元/米）	同比（%）
合成长丝织物	147.55	−13.26	124.63	−17.59	0.84	−5.09
涤纶短纤织物	10.77	−16.83	8.95	−14.84	0.83	2.59
T/C印染布	12.93	−13.57	14.90	−15.87	1.15	−2.34
人纤短纤织物	26.28	−9.54	24.00	−21.93	0.91	−13.85
合计	231.18	−13.81	223.11	−18.62	0.97	−5.38

注　印染八大类产品按HS8位码进行统计，统计口径与实际产品出口实绩可能略有偏差。

资料来源：中国海关

2. 主要出口市场情况

2020年，我国印染八大类产品对主要市场的出口情况见表3。越南、尼日利亚、印度尼西亚、孟加拉国和巴基斯坦位于2019年我国印染八大类产品出口市场前5位，受疫情影响，2020年我国印染行业对这5个国家的出口发生明显变化。尼日利亚超过越南成为我国最大的出口市场，全年对其出口21.91亿米，同比逆势增长7.82%，占我国出口总量的9.48%，出口单价增长6.15%，表明尼日利亚对印染产品需求旺盛。对孟加拉国、印度尼西亚和巴基斯坦的出口出现明显下滑，尤其是对印度尼西亚和巴基斯坦，出口数量和出口金额同比下降幅度均在40%以上，表明疫情影响下，孟加拉国、印度尼西亚和巴基斯坦等东南亚、南亚地区部分国家的服装和家纺产品加工业下滑，导致对面料的需求下降。

表3　2020年印染八大类产品主要出口市场情况

国家	数量（亿米）	同比（%）	金额（亿美元）	同比（%）	单价（美元/米）	同比（%）
尼日利亚	21.91	7.82	15.08	13.64	0.69	6.15
越南	20.06	−4.11	30.33	−5.34	1.51	−1.31
孟加拉国	10.50	−23.64	14.19	−28.51	1.35	−6.25
印度尼西亚	8.04	−42.69	7.43	−48.08	0.92	−9.80
巴基斯坦	6.18	−40.75	6.44	−44.58	1.04	−6.31
美国	4.88	−18.53	4.96	−12.52	1.02	7.37
日本	1.51	−12.21	1.11	−18.83	0.73	−7.59

注　印染八大类产品在以上国家的出口数据按HS8位码进行统计，统计口径与实际产品出口实绩可能略有偏差。

资料来源：中国海关

美国和日本作为我国印染行业传统出口市场，近几年表现持续低迷。2020年，由于美国疫情持续蔓延，叠加中美贸易摩擦影响，我国印染八大类产品对其出口数量同比大幅减少18.53%，降幅连续两年超过10%。印染布对日本市场的出口数量、金额和单价均呈现负增长态势，降幅虽然是行业平均水平，但对日本的平均出口单价已连续两年出现明显下降，表明我国印染产品在日本市场的竞争优势弱化，行业亟待通过提高产品品质和附加值来开拓日本市场。

二、2020年印染行业运行中存在的主要问题

（一）国际贸易环境风险加剧

在当今世界经济增长疲弱的背景下，疫情进一步加剧了全球经济的低迷，叠加贸易保护主义、单边主义、民粹主义的兴起，2020年，国际贸易环境风险进一步加剧。疫情之下，各国采取封锁措施造成经济活动减少，国际市场对纺织品服装的需求大幅下滑，中国纺织供应链受到较大冲击，除口罩、防护服等防疫物资出口超预期增长外，包括印染布在内的多数纺织产品出口均呈现不同程度的下滑。此外，以一些发达国家逆全球化思潮不断涌现，将疫情视为贸易保护的借口和武器，通过"新疆法案""实体清单""预扣令"等多种手段，打压和扰乱正常的经济活动，致使国际经贸合作环境发生重大改变，贸易摩擦风险增加，全球产业链供应链布局加速调整，我国纺织印染企业整合海外优质资源的风险上升，资本合作面临更多障碍。

（二）终端市场需求低迷

2020年，国内疫情暴发初期，关闭实体商业、居家隔离、减少社交活动等防疫措施使得纺织品服装类商品内需消费在一季度出现大幅下滑。二季度以来，随着国内经济活动有序恢复，居民消费日渐活跃，在国家各项激励消费政策的支持下，纺织行业内需市场逐季改善。但由于纺织品服装产品的耐用品属性，内需消费市场复苏感受明显不及吃用类商品，全年限额以上单位服装鞋帽、针纺织品零售额同比减少6.6%。此外，国外疫情的持续蔓延导致国际终端市场需求不振，尤其是作为全球消费中心的发达国家，服装等非必需终端消费品销售不畅，直接导致我国纺织行业多数产品出口明显下滑，纱线、面料、家用纺织品和针梭织服装出口额分别下降21.5%、17.7%、3.6%和8.7%，国际需求短期内难以快速恢复。

（三）市场波动进一步加剧

2020年二季度，随着国外疫情的迅速蔓延，国内印染企业外贸订单被要求延期交货，甚至直接取消，受此影响，国内市场出现降价抢占订单的无序竞争现象，导致企业加工费和产品出口单价下降。根据中国海关数据，2020年4~6月，我国印染八大类产品对日本出口平均单价较2019年同期分别下降10.69%、10.81%和11.54%，下半年出口单价有所提升，但全年仍同比下降7.59%。中国印染行业协会调研表明，63.16%的企业5月份加工费较2019年出现下降，参与调研的企业中有68.42%的企业面临的主要问题是"市场竞争激烈，存在低价竞争扰乱市场秩序的现象"。长期来看，低价竞争不利于行业的健康发展，通过提高技术、减少消耗、降低成本来提高产品附加值，打造品牌优势才是行业高质量发展的应有之义。

（四）企业经营压力加大

2020年，受国内外疫情影响，我国印染企业经营压力显著加大。疫情使企业产销衔接不畅，交货周期延长，企业应收账款增长明显，资金周转效率降低。2020年，规模以上印染企业应收票据及应收账款总额为318亿元，同比增长11.64%，应收账款周转率仅为7.99次/年，同比大幅降低21.31%，资金回笼减慢对企业的生产和投资产生较大影响。此外，人民币持续升值使外贸企业的利润空间进一步被压缩，我国印染行业销售利润率基本维持在5%左右，行业对汇率等外界因素的变化较敏感，2020年，人民币呈现先贬后升的走势，全年人民币兑美元汇率上涨6.47%，在一定程度上削弱了外贸企业的盈利能力，叠加下半年出现的集装箱供应紧缺、海运费用上涨等因素，外贸企业尤其是中小企业的利润空间受到明显挤压，部分企业甚至面临利润见底、无利可赚的困境。

三、2021年印染行业发展形势

展望2021年，"疫情防控"与"经济复苏"、"全球合作"与"战略博弈"、"人类生存"与"可持续发展"相互交织、叠加，印染行业发展面临的环境依然复杂严峻，不确定性和不稳定性因素依然较多。但随着国内经济运行逐步恢复常态，强大的内需市场将为行业加快复苏提供有力支撑，行业在满足人民高品质美好生活新期待方面的作用将进一步增强。

（一）疫情影响仍将持续

尽管全球疫情形势趋缓，但疫情的波动仍将是影响2021年全球经济复苏的最大变量，若疫苗接种进度缓慢或变异新冠病毒传播影响疫苗的效果，世界经济增长或将进一步承压。即使世界经济能实现较快复苏，经济增长率达到经济合作与发展组织（OECD）最新预测的5.6%，但也只是"恢复性增长"，疫情对全球产业链供应链的冲击短期内难以修复，国际市场需求不振将成为一种长期存在，印染行业出口仍将面临较大压力，行业出口能否在2021年底恢复至疫情前的水平，仍待进一步验证。

（二）贸易摩擦与多边合作并存

新冠肺炎疫情加速了产业格局的调整，全球经贸合作面临新的发展机遇与挑战。一方面，中美博弈呈现长期化的趋势，中美贸易摩擦将持续存在，并向更多领域延伸，对我国纺织工业而言，中美贸易环境恶化在一定程度上削弱了我国纺织服装产品的出口竞争力，但也加速了我国纺织产业链的国际多元化布局。另一方面，新时期，以区域化为特征的经济全球化将进入深度合作的新阶段，"一带一路"战略深入实施，中日韩自贸区协定谈判进程加快，《区域全面经济伙伴关系协定》（RCEP）进入推动生效实施阶段，我国纺织印染行业将迎来更广阔、更开放的经贸合作市场。

（三）内需消费支撑作用进一步增强

2020年，我国率先实现复工复产，经济恢复好于预期，全年国内生产总值增长2.3%，成为全球唯一实现正增长的主要经济体。2021年，随着宏观经济政策效应的进一步释放，"以国内大循环为主体，国内国际双循环相互促进"的新发展格局将加快构建，我国超大规模市场优势将进一步彰显，国内消费市场潜力将得到有效激发。中国科学院预测科学研究中心2021年1月发布的报告预计2021年我国最终消费同比名义增速在10.7%~11.7%之间，消费成为拉动我国经济增长的内生动力。需求势能增强会进一步向生产端传导，为印染行业带来相应的市场需求。

四、2021年印染行业发展趋势

展望2021年，"复苏"将成为贯穿行业全年经济发展的关键词，行业景气度或将持续上行，企业盈利能力有望继续改善。

国内经济的强劲复苏将成为行业发展的有力保障。政府工作报告中将2021年经济增速预期目标设定为6%以上，OECD发布的最新中期经济展望报告预测中国经济2021年将增长7.8%，我国经济长期向好的基本面没有改变。2021年，国家将继续优化落实助企纾困政策，帮助市场主体恢复元气、增强活力，进一步巩固恢复性增长基础。在此背景下，印染行业生产将加快恢复，有望在2021年上半年恢复至疫情前的水平。

内需市场的持续复苏将成为行业企业经营改善的有力支撑。2021年，国家将坚持扩大内需作为战略基点，以改善民生拓展需求为出发点，通过多种措施促进消费与投资有效结合，实现供需更高水平动态平衡。随着我国脱贫攻坚战取得全面胜利，乡村振兴战略全面实施，更广阔的下沉市场需求将被有效激活，疫情导致的消费下降缺口将被逐步修复，预计2021年行业运行质效将有明显改善，但盈利水平或仍处于偏弱区间，未来行业在上下振荡中前行将成为一种常态。

国外市场需求能否持续回暖将决定行业出口恢复进程。2020年，世界主要发达经济体终端消费表现低迷，全球纺织品服装等消费品贸易规模明显缩减，美国、欧盟、日本服装进口额同比分别减少23.5%、13.5%和15%。2021年，随着新冠疫苗在全球范围内的有效部署及部分疫情国财政预算的增加，全球经济前景将显著改善。依托我国纺织工业完整的产业链优势，印染行业出口竞争力也将进一步释放，预计行业出口情况较2020年会有明显改善，但考虑到外部环境依然严峻复杂，外贸仍将承受一定的压力，行业需持续关注海外疫情发展、贸易摩擦以及阶段性需求调整情况。

2021年是"十四五"规划的开局之年，也是"两个一百年"奋斗目标的历史交汇期。站在新的历史节点，印染行业面临的机遇与挑战都有新的发展变化，但总体上机遇大于挑战。经历了疫情的"大考"，行业深刻认识到加快转型升级的重要性和紧迫性，通过技术创新和管理升级，提升产业先进制造水平，提升高品质印染产品供给能力，提升产业链供应链稳定性和竞争力是印染行业实现高质量发展的主要途径。

撰稿人：林琳

2020年中国缝制机械行业经济运行分析及2021年发展展望

中国缝制机械行业协会

2020年，面对新冠肺炎疫情突发和全球蔓延带来的一系列重大挑战，行业坚定信心，化危为机，积极统筹疫情防控和有效推进复工复产，加大技术创新，推进结构调整，拓展防疫装备，开拓内外市场。在全行业的共同努力下，从三季度开始，行业经济逐步走出发展低谷，营收、生产、出口等经济指标降幅持续收窄，经济运行实现平稳回升，行业展现较强发展韧劲。

一、2020年行业经济运行概况

（一）营收小幅下滑，运行质效改善

据国家统计局数据显示（图1），2020年缝制机械行业238家规上企业累计主营业务收入为265.9亿元，同比下降3.49%。累计实现利润总额16.7亿元，同比增长9.70%，利润增速高于全国轻工业6.1个百分点，高于全国规上工业企业5.6个百分点。行业利润的增长主要源于积极转产防疫装备、国家纾困政策发力以及企业主动缩减成本支出等因素所致。

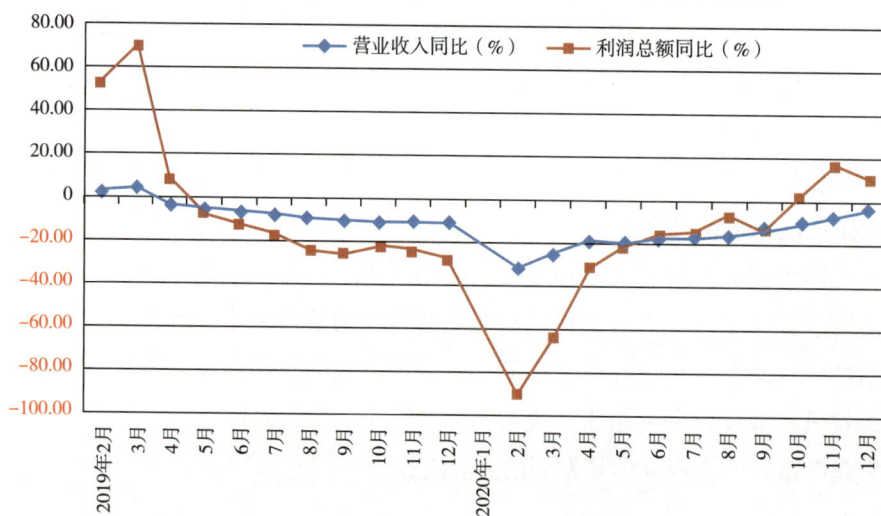

图1　2019~2020年规上企业月度营收、利润走势图
数据来源：国家统计局

2020年，国家减税降费政策落地，企业积极挖潜降本，成本费用得到有效控制，运行质效持续改善。据国家统计局数据显示（表1），2020年行业规上企业累计成本费用244.93亿元，同比下降3.94%；三费比重为11.95%，较上年下降2.31个百分点；百元营业收入成本80.16元，较上年减少0.15元，低于我国规模以上工业企业83.89元的均值。由于人民币兑美元汇率升值汇兑损失增加以及贷款利息支出增加等所致，规上企业财务费用同比增长47.80%，增幅明显。

表1　2020年我国规模以上缝制机械生产企业效益成本费用情况

指标名称	全国总计（千元）	同比（%）
成本费用	24493008	−3.94
营业成本	21314649	−3.66
销售费用	1067254	−12.31
管理费用	1889786	−5.72
财务费用	221319	47.80

数据来源：国家统计局

（二）生产前低后高，降幅逐季收窄

据国家统计局数据显示，2020年1~12月我国缝制机械行业规上企业累计工业增加值增速为−6.6%，增速降幅较一季度收窄24.9个百分点，较二季度收窄11个百分点，较三季度收窄6.9个百分点，逐季收窄态势明显。而从行业月度工业增加值增速指标来看（图2），自9月开始，该指标由负转正，12月该指标回升至7.3%，与全国工业规上企业指标持平，呈现明显的先抑后扬态势。

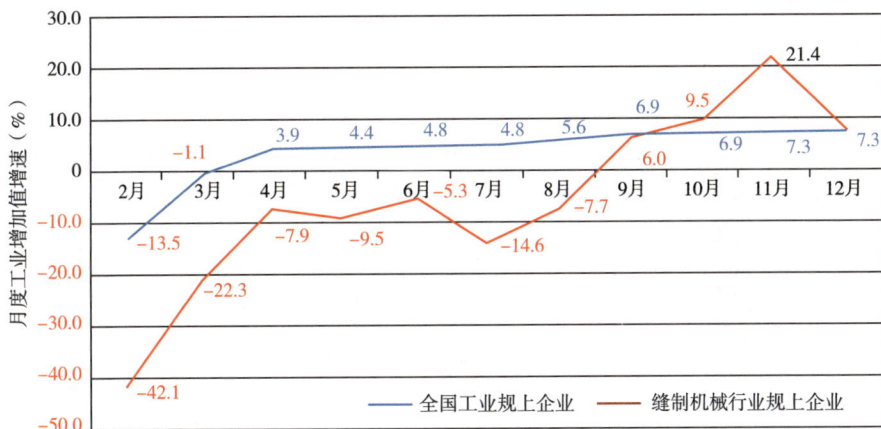

图2　2020年行业规上企业月度工业增加值增速走势图
数据来源：国家统计局

据初步估算，2020年行业累计生产各类家用及工业用缝制设备（不含缝前缝后）约1050万台，同比增长5.30%（图3）。另据协会跟踪统计的百家整机企业数据显示，2020年百家骨干整机企业累计生产缝制机械591.65万台，同比下降4.06%。

1. 工业缝制设备

据初步估算，2020年全行业工业缝制设备总产量约620万台，同比下降11.04%，产量回落至行业近四年来最低点。

2020年，协会跟踪统计的百家骨干整机企业累计生产工业缝制设备387.65万台，同比下降7.48%，约占全行业估算总产量的62.4%。其中，平缝机产量下降11%，包缝机产量增长6%，绷缝机产量下降7%，特种机产量下降17%，自动缝制单元产量下降24%，电脑刺绣机产量下降39%。

图3　2010~2020年我国工业缝制设备年产量变化情况（估算）
数据来源：中国缝制机械协会

2. 家用缝纫机

据初步估算，2020年我国家用机产量约430万台，同比增长43.3%。其中，普通家用机产量约为245万台，同比增长28.95%；多功能家用机产量约为185万台，同比增长68.18%（图4）。家用机产量逆势增长，主要系海外群众居家DIY活动的需求释放和增长。

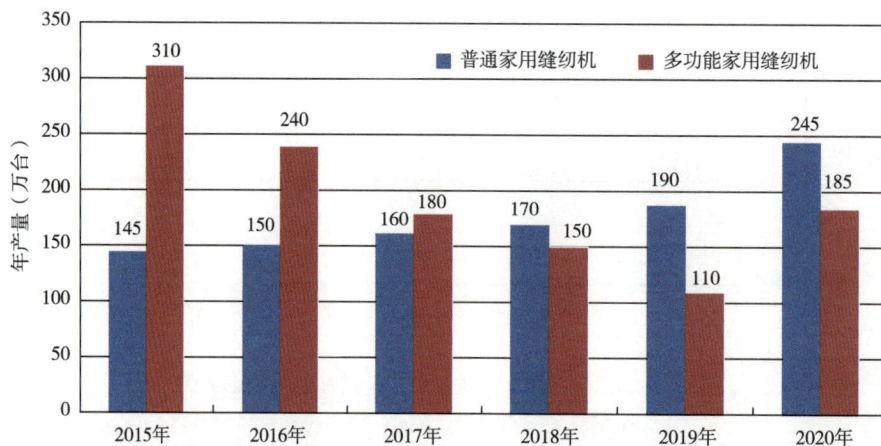

图4　近五年我国家用缝纫机（普通、多功能）年产量变化图
数据来源：中国缝制机械协会

3. 缝前缝后设备

2020年，服装等下游行业规上企业普遍陷入观望，投资额大幅下滑，对附加值较高的缝前缝后设备需求大幅减少。

据协会统计的11家缝前缝后设备整机企业显示，2020年累计生产各类缝前缝后设备（含裁床、拉布、整烫等）共27.04万台，同比下降44.16%。

（三）市场需求紧缩，内销明显下滑

受新冠肺炎疫情影响，2020年服装、鞋帽、箱包等下游行业经济及市场需求明显下滑，导致其对工业缝制设备的需求持续减少。

从国内市场来看，2020年我国服装生产下降约8%，服装投资下降31%，箱包、鞋靴出口等下降超过20%，内需持续低迷。从国际市场来看，2020年全球纺织业营业额同比下降约16%，美国、欧盟、日本等服装零售额同比平均下降约14%，印度、越南、孟加拉等服装出口平均下降近20%，外需相对疲软。

据协会统计测算，2020年工业缝纫机内销约229万台，同比下降约25.6%（图5）。同时，2020年国内市场还从国外引进各类工业缝制设备3.79万台，同比下降18.16%。据我国海关统计数据显示，2020年我国工业缝纫机出口约391万台，同比微增0.35%。

图5　2010~2020年工业缝纫机内销及同比情况
数据来源：中国缝制机械协会

全年来看（图6），2月受国内疫情管控影响，行业销售基本停摆。3月行业加速复工复产，出口需求保持增长，行业工业缝纫机产销率一度升至109.1%。至二季度，疫情在海外蔓延，物流阻断、社交限制、订单取消等造成国际市场需求大幅下滑，行业销售大幅收缩，产销低位运行并在谷底徘徊。至三季度，国内经济持续好转，国外市场陆续解封，冬季服装备货启动，订单回流趋势加大，行业销售呈现持续恢复态势。至四季度，市场复苏叠加补库需求，行业加大产能恢复，内外销维持较快增长态势。

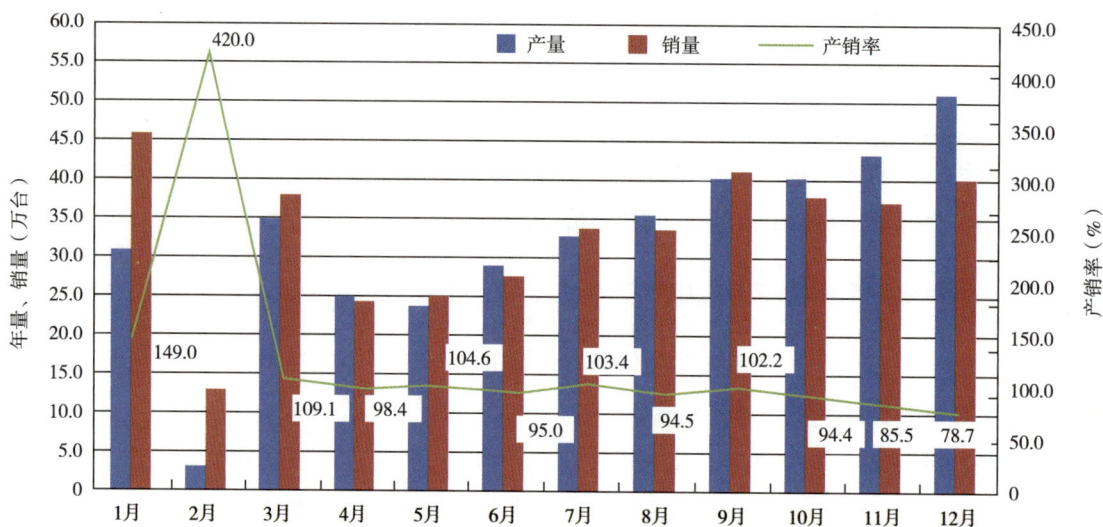

图6　2020年行业百家企业工业缝纫机月度产销情况

数据来源：中国缝制机械协会

（四）外贸总体下滑，展现增长潜力

据海关总署数据显示，2020年中国缝制机械产品累计进出口贸易额达33.36亿美元，同比增长0.51%；贸易顺差13.89亿美元，较上年同期收窄2.63亿美元。

1. 出口小幅下滑，各品类分化明显

2020年，受海外疫情影响，我国缝制机械产品出口额同比结束连续四年增长，呈现小幅下滑态势。据海关总署数据显示（图7），2020年我国累计出口缝制机械产品23.63亿美元，同比下降4.94%，约回落至2017年水平。从月度出口情况来看，行业自8月起月度出口同比实现由负转正，9月起月度出口同比连续实现近20%的中速增长，拉动行业出口降幅快速收窄至个位数，展现了较为强劲的增长潜力。

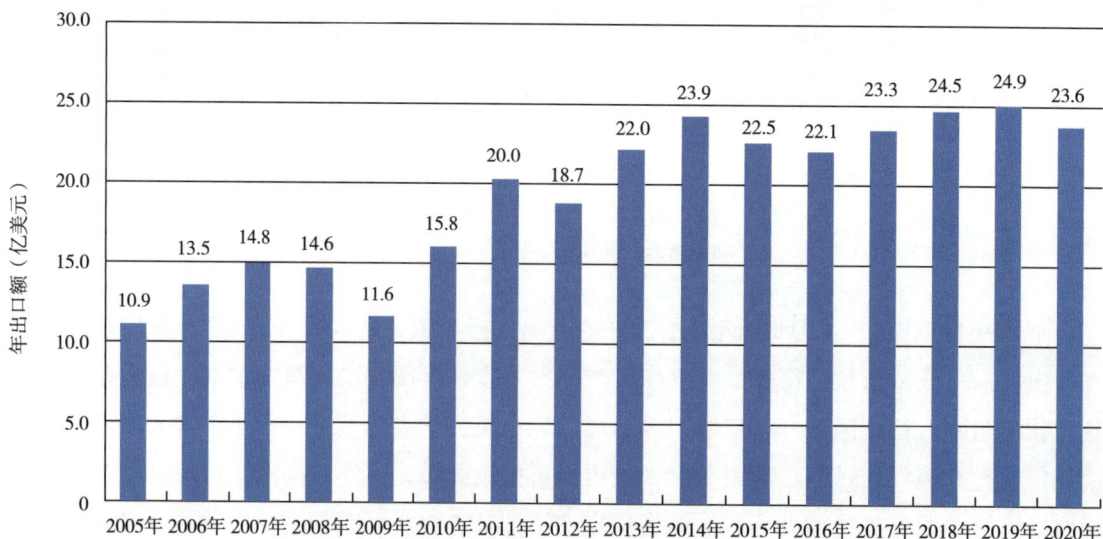

图7　我国缝制机械产品年出口额变化情况

数据来源：海关总署

从分领域来看（表2、图8），各品类出口分化明显。2020年，工业缝纫机出口量平值降，累计出口工业缝纫机390.76万台，同比增长0.35%，出口额10.40亿美元，同比下降15.22%；刺绣机受印度、巴基斯坦等海外重点市场疫情扩散和需求萎缩影响，累计出口刺绣机1.97万台（单价2000美金以上），出口额1.89亿美元，同比分别下降22.56%和38.20%；缝前缝后设备累计出口126.50万台，出口额4.34亿美元，同比分别增长33.79%和12.43%；家用缝纫机累计出口（单价22美金以上）约423万台，出口额2.57亿美元，同比分别增长44.29%和55.92%。

表2　2020年我国缝制机械分产品出口情况

单位：台、公斤、美元

产品分类	出口量		出口额	
	数据	同比（%）	数据	同比（%）
家用缝纫机	11427086	43.59	308910005	56.11
工业缝纫机	3907586	0.35	1040432621	−15.22
刺绣机	24159	−25.54	191714500	−37.79
缝前缝后设备	1265006	33.79	433509793	12.43
缝纫机零部件	69565921	−1.29	388071286	5.83
总计	--	--	2362638205	−4.94

数据来源：海关总署

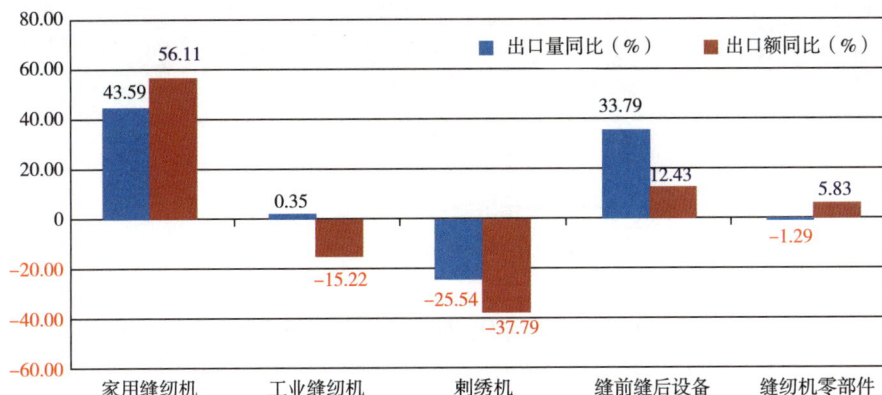

图8　2020年我国缝制机械分产品出口增速情况
数据来源：海关总署

2. 市场格局有所调整，部分区域逆势增长

从缝制机械出口各大洲及重点市场来看，2020年东盟、南亚等亚洲服装、制鞋市场受疫情影响，缝制机械需求明显下滑。而得益于欧美订单向周边产业链的释放转移和本土防疫物资生产需求的增长，我国对东亚、西亚、欧洲、美国等局部市场缝制机械出口显著增长。

据海关总署数据显示（表3、图9），亚洲依然是我国缝制机械产品最主要的出口市场，2020年我国对亚洲市场累计出口缝制机械产品14.21亿美元，同比下降17.16%，约占行业出口总额的60.18%，比重较上年下降8.87个百分点。而对欧洲、非洲、南美洲、北美洲、大洋洲出口则分别增长34.98%、0.75%、10.03%、55.40%、132.45%。

表3 2020年我国缝制机械分大洲出口情况

大洲	出口额（美元/台）	同比（%）	比重（%）	比重增减（%）
亚洲	1421793227	−17.16	60.18	−8.87
非洲	238237179	0.75	10.08	0.57
欧洲	293132989	34.98	12.41	3.67
南美洲	209883735	10.03	8.88	1.21
北美洲	183003400	55.40	7.75	3.01
大洋洲	16587675	132.45	0.70	0.41

数据来源：海关总署

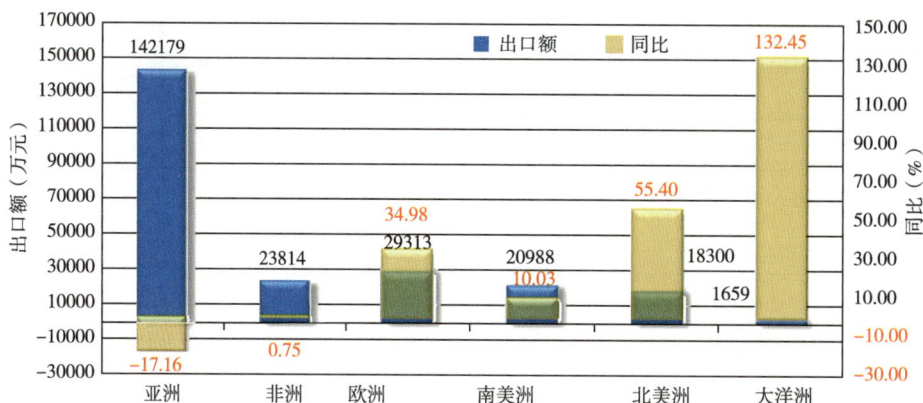

图9 2020年我国缝制机械分大洲出口情况
数据来源：海关总署

而从区域市场来看（图10），2020年我国对"一带一路"沿线市场累计出口额13.69亿美元，同比下降17.48%；对东盟市场出口5.76亿美元，同比下降27.47%；对南亚市场出口3.52亿美元，同比下降29.45%；对欧盟市场出口2.14亿美元，同比增长32.12%；对西亚市场出口2.02亿美元，同比增长31.52%；对东亚市场出口1.98亿美元，同比增长35.17%。欧盟、西亚、东亚等局部区域市场逆势增长，拉动行业出口。

而从具体国别市场来看（表4），越南、印度依然稳居行业前两大出口市场。2020年，我国对越南出口总额2.76亿美元，同比下降25.92%；对印度出口总额1.82亿美元，同比下降38.93%。美国跃居我国第三大出口市场，对其出口额1.66亿美元，同比增长51.42%，主要是家用缝纫机、单头刺绣机及防疫相关设备出口的大幅增长。此外，我国对韩国、土耳其、巴西、埃及、俄罗斯、荷兰、波兰、秘鲁等市场缝制设备出口额同比也均有明显增长。

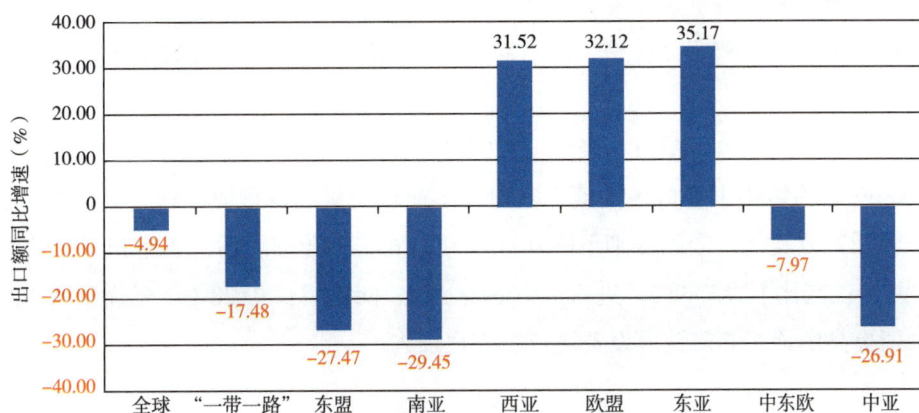

图10　2020年我国缝制机械出口主要市场区域情况
数据来源：海关总署

表4　2020年我国缝制机械产品出口重点市场

国家和地区	出口额（美元）	同比（%）	比重（%）	比重增减（%）
越南	276464849	−25.92	11.70	−3.31
印度	181804344	−38.93	7.69	−4.28
美国	166330137	51.42	7.04	2.62
日本	98865096	−7.61	4.18	−0.12
韩国	97771082	151.57	4.14	2.57
土耳其	92491292	67.82	3.91	1.70
巴基斯坦	76816996	2.21	3.25	0.23
印度尼西亚	73399533	−27.62	3.11	−0.97
巴西	73116109	15.76	3.09	0.55
孟加拉国	70471136	−29.01	2.98	−1.01
埃及	61422621	10.43	2.60	0.36
俄罗斯	60383289	65.76	2.56	1.09
新加坡	53395355	−46.07	2.26	−1.72
柬埔寨	44749517	−15.08	1.89	−0.23
尼日利亚	38931835	−2.61	1.65	0.04

数据来源：海关总署

3. 进口保持增长，高端装备需求增加

疫情加快下游行业数字化转型，国内对高端智能裁床、拉布机等数字化设备进口需求持续增长。

据海关总署数据显示（图11、表5），2020年我国累计进口缝制机械产品9.73亿美元，同比增长16.80%，为历年来进口最高值。其中，工业缝纫机进口量值齐跌，累计进口量3.79万台，进口额7277万美元，同比分别下降18.61%和31.63%；缝前缝后设备进口量降值增，累计进口1.84万台，同比下降3.89%，进口额8.25亿美元，同比增长30.28%，充分显示在产品结构上，附加值更高的智能缝前缝后设备进口量占比加大。

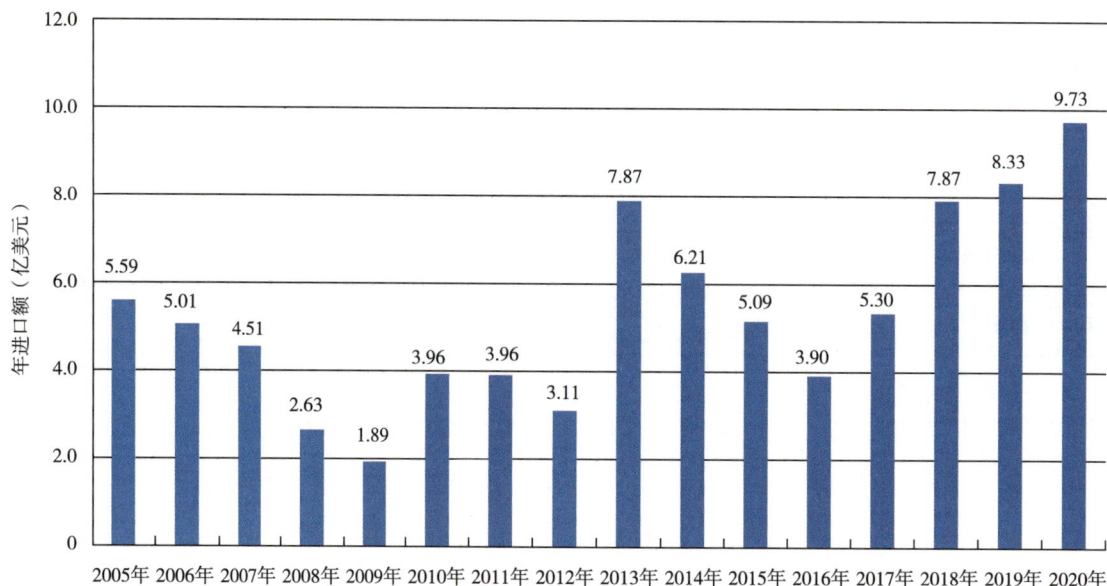

图11 我国缝制机械产品年进口额变化情况
数据来源：海关总署

表5 2020年我国缝制机械分产品进口情况

单位：台、公斤、美元

产品分类	进口量		进口额	
	数据	同比（%）	数据	同比（%）
家用缝纫机	102543	7.07	9270904	7.26
工业缝纫机	37885	−18.61	72773518	−31.63
刺绣机	597	−48.89	3068664	−65.65
缝前缝后设备	18358	−3.89	825049379	30.28
缝纫机零部件	1526347	−18.73	63009841	−16.96
总计			973172306	16.80

数据来源：海关总署

二、2020年行业经济运行特点

（一）下行周期叠加疫情影响致使行业经济持续下行

2019年行业经济已经放缓并步入下行调整周期，2020年新冠肺炎疫情暴发并在全球持续蔓延，进一步加剧全球经济衰退和市场需求低迷。据相关权威统计数据显示，2020年全球经济萎缩4.4%，全球货物贸易量下降9.2%，全球纺织业营业额下降16%，全球鞋类市场消费下降约22%，全球服装业有20%~30%的公司因疫情倒闭。在行业下行周期叠加疫情冲击影响下，由于内外需市场持续低迷，我国缝制机械行业经济持续下行，全年营收下降3.49%，工业增加值增速累计下降6.6%，出口下降4.94%，利润增长9.7%，经济运行呈现"三降一增"的显著特征。

（二）拓展防疫装备有效支撑行业平稳运行

疫情突发导致全球防疫设备供给和防疫物资产能严重不足，行业企业发挥产业链和技术优势，抢抓机遇转产防疫装备。一方面加大对防疫服缝制用包缝机、热风机等缝制设备的生产，另一方面则跨界研发转产口罩机、花边机等相关防疫装备。据不完全统计显示，2020年行业累计研发生产防疫设备超过7万余台套，累计创造营收超过20亿元，创造利润超过3亿元，拉动行业利润增长近十个百分点，有力支撑行业利润增速实现由负转正，发挥了行业经济稳定器作用。

（三）"宅经济"拉动家用机行业逆势增长

2020年，疫情造成交通封锁和社交限制，群众居家时间大幅增长，催生了海外家庭购买家用缝纫机缝制衣服和口罩等巨大需求，拉动家用机行业逆势增长，成为疫情下行业发展的重要亮点。据海关统计显示，2020年普通家用机出口量约240万台，同比增长29.06%，创近十年来新高；多功能家用机出口量约182万台，同比增长70.79%。其中，国内家用机骨干企业如恒强、万维、上工申贝等多功能家用机销量均超过40%。我国家用机对美国、日本、波兰、荷兰、英国、巴西、越南、澳大利亚、加拿大、泰国、土耳其、印度等市场出口量增幅均在70%以上。

（四）刺绣机行业发展遭遇重大挑战

刺绣机属于定制化产品，无法提前备货或生产库存。疫情暴发以来，刺绣机行业遭受下游停工停产、海外订单延迟及取消、交通物流阻断等严重影响，特别是国内绣花市场深度低迷，印度、巴基斯坦等海外重点市场疫情严峻，持续封城封国，造成刺绣机内外需求大幅萎缩，企业经营异常艰难。

据协会估算，2020年刺绣机行业总产量同比下降25.7%，产销量创下近十年来行业最低点；从出口数据来看，刺绣机出口量、值分别下降25.54%、37.79%，远超全行业出口的个位数降幅；从出口重点市场来看，刺绣机出口印度、巴基斯坦的数量分别下降57.81%、

22.50%；从刺绣机行业内外销数量来看，分别下降26.74%、22.56%；从刺绣机分会骨干企业经营数据来看，各企业利润降幅普遍超过50%，部分企业已陷入亏损状态。

（五）外部环境变化加剧企业经营压力

2020年，受外部环境变化影响，企业面临挑战压力加大。一是材料涨价加剧成本压力，全年来钢、铝、铜、塑料等有色金属及辅助材料价格涨幅均超过30%，电子物件、芯片等严重短缺，导致采购价格和制造成本持续上涨；二是人民币大幅升值。全年人民币汇率累计涨幅接近7%，企业汇兑损失明显加大，导致企业出口利润平均下降5~6个百分点；三是需求低迷导致竞争加剧，产品体验价、优惠购机等活动进一步拉低产品售价，分期付款、延长账期等市场营销活动加剧资金风险，企业效益走低，后劲不足，普遍反映同质化发展和产能过剩问题仍是当前制约行业高质量发展的最大瓶颈。

三、行业高质量发展稳步推进

虽然疫情对行业发展造成明显影响，但是全行业坚持高质量发展不动摇，加大创新变革，加快智能转型，培育增长动能，高质量发展成效持续显现。

（一）创新发展不断深入

（1）自主创新持续深化。骨干企业科研投入占销售收入的比例达4.97%，同比增长约4.8%，行业申请各类专利总计同比增长29.77%。产品创新持续推进，共有19个科技项目获得国家和省部级奖励，骨干企业持续深入研发步进控制、防疫装备、缝制单元、智能仓储、智能物联成套解决方案等技术与产品。如杰克完成16款物联网缝纫机、MES系统、AI智能验布机等研发，TP研发了全自动口罩机、家纺窗帘自动化缝制产线，IMB研发了汽车安全气囊专用缝制单元等。

（2）模式创新不断拓展。一是积极转型线上运营。借助微信、抖音、快手、天猫、脸书等线上平台开展线上办公、推动线上营销、品牌宣传和技术远程运维等活动。如杰克累计举办45场线上培训、13场直播活动，衣拿参加线上展览会3次；二是开启线下技术服务及运营模式创新，加快向服务型制造企业转型。如舒普成立晋江通泰鞋业研发运营中心，进一步贴近市场研发，标准为用户提供包含设备、工程、服务等在内的"1+7"系统解决方案，杰克上门服务巡检30000多家用户，汇宝举办数十次缝制设备技术交流会等。

（二）结构调整持续推进

（1）产品结构持续调整，技术升级加快。平、包、绷、厚料、双针等缝制设备产品全面迈入步进技术时代。据初步统计，步进控制智能平缝机产量比上年增长70%以上，占自动平缝机的比例已经达到甚至超过30%。自动缝制单元、自动缝制生产线、物联网缝纫机及智能成套缝制设备得到进一步发展，技术实现不断升级，智能缝制设备占比提高约20%。

（2）合资合作持续推进，集中度不断提升。行业格局持续分化，合资合作持续推进。如杰克收购深圳灵图慧视，东莞名菱入股安徽杰羽，衣拿跨境并购伊藤吊挂成立上海伊藤自动化系统工程公司等。行业集中度持续提升，据统计显示，2020年行业工业缝纫机前10强企业销售收入占百家整机比重达59.8%，较上年继续提升2.4个百分点。

（三）智能转型深入拓展

（1）缝制设备智能工厂建设加快。以杰克、上工申贝等为代表的众多骨干企业逆势投入，引进自动化和智能化加工流水线，加快建设缝制设备智能工厂。如上工申贝黄岩智能制造基地、杰克高端缝制设备制造基地先后正式投产，基本实现缝制机械制造全过程的自动化、智能化生产和数字化管理；德鹰、博盟、川田、标准、振盛、宝宇、顺发、琦星等骨干企业新厂房及自动化生产线均陆续落成并投入使用。

（2）下游智能缝制方案持续落地。围绕助力下游智能缝制工厂建设，行业骨干企业加快智能物联成套解决方案的研发和应用，积极拓展行业服务新价值。如上工申贝、杰克投资建设了服装智能制造微工厂，为全面呈现下游智能制造解决方案提供了场景示范；杰克与乐驼、广东省纺等分别签订战略合作，提供全系列生产设备以及硬软件为一体的解决方案；衣拿、瑞晟等发挥吊挂及软件技术优势，打造从原料出入库、缝制加工、输送仓储等全生产过程智能化解决方案，并逐步在家纺、服装等领域推广应用。

（四）增长质量持续改善

（1）质量提升不断深入。骨干企业质量提升工作已基本形成常态化机制，持续通过技术改造、制定标准、加强检测、质量攻关等方式不断提高质量水平。如多家整零骨干企业均逆势投资引进先进智能加工生产线及高精装备，积极开展质量月等专项活动和质量技术专题培训，包缝机、罗拉车、模板机等多个产品通过浙江制造团体标准评审并获得品质标认证。从骨干整机企业2020年质量工作总结反馈信息来看，零部件合格率、整机出厂合格率等指标相比上年继续提升5%以上。

（2）管控成本提质增效。疫情下企业加大降本增效，更加注重效益效率的提升。据统计局数据显示，2020年行业营业成本下降3.66%，"三费"下降2.31%，亏损额下降39.48%，利润总额增长9.70%，营业收入利润率增长13.66%。

四、2021年行业形势展望及建议

2021年是实施"十四五"规划、开启全面建设社会主义现代化国家新征程的开局之年，也是全球协力战胜新冠肺炎疫情、推动经济全面复苏的关键一年。全行业应把握新发展阶段，贯彻新发展理念，构建新发展格局，着力推动行业高质量发展。

（一）2021年形势展望

1. 国际经济有望延续低位复苏态势

2020年三季度以来，主要经济体经济增速均有所反弹。2021年，随着新冠疫苗陆续投入应用，全球疫情有望得到逐步防控，国际投资与消费需求将逐步回升，全球经济有望持续复苏甚至阶段性反弹，世界银行、国际货币基金组织分别预测2021年全球经济将增长4.0%、5.5%，瑞银预测全球工业生产将增长6.2%。但是由于目前全球疫情走势仍具有不确定性，疫情多轮暴发、病毒出现变异，中美经贸摩擦演进尚不明朗，地缘政治冲突难以预测，全球经济复苏仍将不稳定、不平衡。

2. 新冠肺炎疫情影响仍将存在

新冠肺炎疫情是本世纪迄今为止人类遭遇的最严重的公共卫生危机。由于2021年世界疫苗产能有限，受疫苗供给、运输条件、接种意愿等因素影响，特别是多国发现病毒出现新的变异，预计疫情短期内难以彻底消除，预计全球经济重启和解除限制的时间将延迟到2021年四季度甚至2022年上半年，全球经济预计到2023年以后才能完全恢复到疫前水平。与缝制设备链接密切的纺织服装、制鞋、箱包等产业，仍将面临消费总需求减少和经济复苏过程延长等挑战。

3. 行业面临的机遇和挑战并存

一是下游行业将持续回暖。2021年初美国、英国、德国等生产指数均在逐步走高，经济回暖和消费需求回升态势日渐增强，开始分阶段解除防疫限制措施计划，有望较快释放服装等消费需求。国内前两月纺织服装、箱包、鞋靴、家具等行业出口均呈两位数增长，显示了国内市场的发展韧劲和快速回升势头；二是区域全面经济伙伴关系协定（RCEP）生效后将有利于行业继续巩固和深入扩展东盟、东南亚等传统重点市场；三是疫情影响下消费碎片化、多元化、个性化趋势提速，小批量多品种的个性化制造模式将大量涌现，为缝制设备向智能化、数字化、成套化发展提供了重要机遇；四是随着美联储货币政策持续宽松和美元地位持续走弱，2021年人民币汇率持续升值、原材料价格持续上涨等压力仍然存在，将给行业出口和企业赢利能力带来持续挑战；五是疫情将促进企业发展战略与竞争格局演变，以价格战、专利战等来抢占市场份额、遏制竞争对手发展将成为竞争主要手段，行业新一轮洗牌、整合将不断演进。

4. 2021年行业经济将明显反弹

一是行业经济已连续两年下行，按照发展规律即将走出周期性调整，迈入恢复性增长；二是海外疫情多次暴发导致的社交限制、物流不畅、停工停产等，海外经销商库存消耗殆尽，仍存在较大的补库空间；三是随着经济复苏，下游行业投资观望状态将逐渐结束，增产扩产、产品调整、技术改造、数字转型等需求释放将带动缝制设备行业持续复苏；四是行业企业受招工难、产能恢复慢等限制，当前企业普遍库存及供给能力不足，随着信心持续修复，企业的补库增产动能将较快释放。同时，行业普遍看好2021年全球经济触底反弹和市场恢复性增长前景，预计加大产能和拓展内外市场的力度将进一步加大。

5. 全年形势预测

展望2021年，行业面临的外部形势将持续改善，下游服装大中型企业预计将陆续复苏，投资发展信心有望明显增强，受损的东南亚市场需求有望出现恢复性反弹，我国缝制机械行业将逐步迎来新一轮复苏和增长机遇，预计全年行业经济将呈现"先扬后抑"和"振荡回升"的复苏趋势。

上半年，我国下游行业订单相对充足，增产扩产活动较为活跃，预计缝制设备内需将实现较大幅度增长，行业经济明显反弹，各项经济指标由负转正并实现恢复性中速增长。

下半年，随着缝制设备产业链补库周期结束和全球纺织服装供应链不断修复，国内需求将呈现阶段性疲软，但是在发达国家经济体经济解封和需求释放带动下，缝制设备外需有望明显回暖，成为拉动行业持续回升的重要动力。

随着上年同期基数的提高，下半年行业经济增长将步入低速增长模式，行业经济总量有望恢复并明显超过2019年水平，全年营收、产销等将有望实现两位数增长。

（二）发展建议

1. 洞察市场新变化，构建市场新格局

要准确掌握重点市场国家的疫情防控走势和经济恢复情况，加大对内外市场复苏情况的信息跟踪，做好产品结构和产能的动态调整与储备，及时响应和满足市场需求；要研究分析疫情后下游产业链的重构和转移趋势，及时调整、布局和完善企业营销体系，增强对市场发展把握的主动权，不断构建适合自身业务结构的市场新格局；要关注下游客户的新需求、新变化，从解决方案、营销模式、服务方式、价值诉求等方面进行积极调整和变革，充分把握后疫情时代市场的新机遇。

2. 加大技术创新，加快数字转型

要持续加大技术创新投入，瞄准自身专业优势，强化应用创新、集成创新和原始创新，打造领先同行业的技术优势和拳头产品，牢牢把握市场话语权；要不断探索创新模式，积极整合科研资源，切实有效开展需求创新、差异创新和跨界创新，使创新成果切实成为驱动企业持续增长的新动能；要充分把握后疫情时代数字化、智能化发展新机遇，紧密结合企业自身情况和下游转型需求，加大创新变革，持续推进企业产品、运营、制造和服务的数字化与智能化，实现转型升级和高质量发展。

3. 加快补短板，构建综合竞争新优势

深入分析梳理疫情冲击下，企业在创新能力、产能配置、生产结构、运营效率、管理模式、人才建设、渠道网络、供应链管理等多个层面所暴露出来的问题和短板，结合自身竞争发展策略，有重点、有步骤、有计划地加快实施补短板工程，加快重构企业在后疫情时代的综合竞争新优势，使企业在国际竞争新格局中始终保持强大的竞争力，实现企业长期健康可持续发展。

4. 加强发展战略规划，全面推进高质量发展

要结合行业竞争格局、发展阶段和企业自身的优劣势进行深入分析研判，研究企业"十四五"期间的发展目标、方向和任务，制定适合企业特色的专项发展规划和战略，为未来企业科学务实发展提供根本遵循和指导；要根据国家、行业关于推动高质量发展的精神和要求，结合企业自身实际，深入研究提出具有企业特色和较强针对性的高质量发展路径与计划，持续加大高质量投入和资源保障，推动企业高质量发展深入开展。

附 录

附录一　2020年度中国纺织工业联合会奖项获奖名单

全国纺织行业抗击新冠肺炎疫情先进集体名单（家纺）（排名不分先后）

　　孚日集团股份有限公司
　　上海东隆羽绒制品有限公司
　　海聆梦家居股份有限公司
　　江苏叠石桥市场管委会

全国纺织行业抗击新冠肺炎疫情先进个人名单（家纺）（排名不分先后）

　　愉悦家纺有限公司　张继红
　　烟台明远创意生活科技股份有限公司　陈义忠
　　无锡万斯家居科技股份有限公司　梁毅
　　达利丝绸（浙江）有限公司　张金珍
　　安徽鸿润（集团）股份有限公司　夏毅

年度产品开发贡献奖获奖企业名单（家纺）（排名不分先后）

　　烟台明远创意生活科技股份有限公司
　　梦百合家居科技股份有限公司
　　罗莱生活科技股份有限公司
　　江阴市红柳被单厂有限公司
　　江苏金太阳纺织科技股份有限公司
　　孚日集团股份有限公司
　　达利丝绸（浙江）有限公司

十大类纺织创新产品（家纺）（排名不分先后）

申报品类	产品名称	企业名称
时尚创意产品	"观沧海"数码提花刺绣床品套件	浙江罗卡芙家纺有限公司
时尚创意产品	"众星捧月"新中式婚庆套件	罗莱生活科技股份有限公司
时尚创意产品	"囍狮当头"刺绣床品套件	湖南梦洁家纺股份有限公司
时尚创意产品	"欧瑞塔"轻奢风大提花床品套件	青岛莫特斯家居用品有限公司
时尚创意产品	流苏柔肤毯	孚日集团股份有限公司
时尚创意产品	"锦绣"U-Sliver抗菌桑蚕丝口罩	达利丝绸（浙江）有限公司
时尚创意产品	"艺结金兰"仿色织床品套件	淄博大染坊丝绸集团有限公司
非遗创新产品	"锦苑春望"手推绣床品套件	江苏堂皇集团有限公司
非遗创新产品	"吉祥如意"鲁绣床品套件	威海市芸祥绣品有限公司
时尚创意产品	精梳丝绒被	江苏苏丝丝绸股份有限公司
非遗创新产品	纯手工棉被	张家港市东妤床上用品厂
智能科技产品	0压智能床	梦百合家居科技股份有限公司
智能科技产品	释压助眠智能乳胶枕	红豆集团红豆家纺有限公司
舒适功能产品	高支高混比汉麻色织大提花床品套件	江苏悦达家纺有限公司
舒适功能产品	"巴塞系列"磨毛床品套件	宁波博洋家纺集团有限公司
舒适功能产品	"童趣乐萌"清洁可视化床品套件	济宁如意家纺有限公司
舒适功能产品	托玛琳功能纱薄被	上海妙宅科技发展有限公司
舒适功能产品	玻尿酸抑菌可机洗桑蚕丝被	浙江蚕缘家纺股份有限公司
		传化智联股份有限公司
舒适功能产品	抗菌羽绒被	上海东隆羽绒制品有限公司
舒适功能产品	N99抗病毒羽绒水洗夏被	上海水星家用纺织品股份有限公司
舒适功能产品	星级羊毛被系列	上海恒源祥家用纺织有限公司
舒适功能产品	"云朵"无捻针织无菌旅行套件	山东魏桥嘉嘉家纺有限公司
		魏桥纺织股份有限公司

申报品类	产品名称	企业名称
医疗卫生用功能产品	聚乳酸纤维水果染色棉柔巾	佛山市水果染科技有限公司
医疗卫生用功能产品	聚乳酸纤维水果染色棉柔巾	上海德福伦化纤有限公司
医疗卫生用功能产品	一次性清洁可视化洗脸巾	绍兴纤蓝纺织科技有限公司
医疗卫生用功能产品	3D压花型速渗卫生巾	广东昱升个人护理用品股份有限公司
医疗卫生用功能产品	悬浮式立体护围卫生巾	佛山市啟盛卫生用品有限公司
医疗卫生用功能产品	一次性使用手术衣	威海威高医用材料有限公司
易护理产品	耐水洗三防易去污抗菌被芯	江苏康乃馨纺织科技有限公司
易护理产品	易清洁阻燃抗霉卷毯	山东领潮新材料有限公司
安全防护产品	全棉阻燃被芯	江苏康乃馨纺织科技有限公司
健康保健产品	天然防蚊防螨抗菌家居服	爱慕股份有限公司
健康保健产品	雨露棉/海藻纤维抗菌健康袜	济宁如意家纺有限公司
健康保健产品	一键舒眠水暖垫	愉悦家纺有限公司
健康保健产品	JX-IV型骨传导音乐枕	安徽三宝棉纺针织投资有限公司
健康保健产品	舒弹丝®弹纶绵黄麻护脊床垫	成都趣睡科技股份有限公司
健康保健产品	舒弹丝®弹纶绵黄麻护脊床垫	福建省海兴凯晟科技有限公司
生态环保产品	"梨雨落青山"再生纤维提花床品套件	华纺股份有限公司
生态环保产品	"安之若素"拆即用抗菌床品套件	山东魏桥嘉嘉家纺有限公司
生态环保产品	"安之若素"拆即用抗菌床品套件	魏桥纺织股份有限公司
生态环保产品	羊毛/亚麻混纺床品	杭州昕鸿布艺有限公司
生态环保产品	溢彩绿棉护肩鹅绒被	南方寝饰科技有限公司
生态环保产品	植物染天然抗菌夏被	江苏富之岛美安纺织品科技有限公司
生态环保产品	竹炭纤维消臭毛巾	孚日集团股份有限公司
生态环保产品	抗菌抗病毒再生纤维地毯	山东阿克索纺织科技有限公司
生态环保产品	抗菌抗病毒再生纤维地毯	天诺光电材料股份有限公司

中国纺织工业联合会科学技术进步奖（家纺）（排名不分先后）

一等奖

项目名称	主要完成单位
高品质喷墨印花面料关键技术及产业化	青岛大学、愉悦家纺有限公司、杭州宏华数码科技股份有限公司、万事利集团有限公司、上海安诺其集团股份有限公司、鲁丰织染有限公司、山东黄河三角洲纺织科技研究院有限公司、天津工业大学

二等奖

项目名称	主要完成单位
喷气涡流纺高支高混比汉麻家纺面料生产关键技术及应用	江苏悦达纺织集团有限公司、江南大学
汉麻抗菌巾被类纺织品加工关键技术研究及产业化	滨州亚光家纺有限公司、天津工业大学、营口市新艺纺织有限责任公司
功能性微胶囊制备及应用关键技术研发与产业化	常州大学、上海水星家用纺织品股份有限公司、东华大学、常州美胜生物材料有限公司、河北永亮纺织品有限公司、江苏汉诺斯化学品有限公司
嵌入式感温织物制备关键技术及其智能监测系统	武汉纺织大学、烟台明远创意生活科技股份有限公司、烟台明远智能家居科技有限公司、枝江市劳士德纺织有限公司

附录二 "海宁家纺杯" 2020中国国际家用纺织品创意设计大赛获奖名单

一、家纺创意画稿组

金奖

序号	作品名称	姓名	单位名称	指导老师
1	流觞·曲水	辛颖	清华大学美术学院	张树新

银奖

序号	作品名称	姓名	单位名称	指导老师
1	璀璨	张弼超	青岛大学	郑骞
2	归庭	傅晓彤	清华大学美术学院	贾京生
3	远山行	尹子毅	青岛大学	侍锦、郑骞、彭卫丽

铜奖

序号	作品名称	姓名	单位名称	指导老师
1	格调	王姣惠	苏州大学	周慧
2	老友记	沈越	北京服装学院	黄易
3	檐·回首	张涛	成都纺织高等专科学校	王齐霜、杨震华
4	幽静–瓷	邢磊	烟台北方家用纺织品有限公司	

优秀奖

序号	作品名称	姓名	单位名称	指导老师
1	窗	缪洪敏	宁波大学	马超
2	窗景	张佳晨	天津工业大学	匡丽赟

序号	作品名称	姓名	单位名称	指导老师
3	错落徽州	宋爱玲	湖南工业大学	张刚
4	繁花	黄宇霞	青岛大学	任雪玲
5	凫淑·南迁	周咏妍	南京艺术学院	龚建培
6	浮生悦荷	蒋志秀	鲁迅美术学院	庄子平
7	国风·贺	陈丛汝	苏州大学	张晓霞
8	鹤揽竹林	史冰心	清华大学美术学院	贾京生
9	剪艺	程文松	昆明学院	王艳琦
10	空山燕返	尹子毅	青岛大学	侍锦、郑骞、彭卫丽
11	流水微岚	华雯	常州纺织服装职业技术学院	邢文凯
12	南柯一梦	俞璐颖	东华大学	沈沉
13	器物	黄琪	苏州大学	张晓霞
14	器物语	顾烨凡	天津美术学院	马彦霞
15	融·趣	易琳	湖北美术学院	崔岩
16	水信庭	刘煜	清华大学美术学院	张树新
17	闲云雅叙	傅晓彤	清华大学美术学院	贾京生
18	衣·繁	陈丛汝	苏州大学	张晓霞
19	月明星稀	张婉莉	江南大学	张毅
20	韵共·江南	吴茂林	青岛大学	侍锦、郑骞、彭卫丽

二、整体软装设计组

金奖

序号	作品名称	姓名	单位名称	指导老师
1	墨居	陆嘉薇	浙江纺织服装职业技术学院	王丽卓

银奖

序号	作品名称	姓名	单位名称	指导老师
1	行山	刘世超	湖北美术学院	崔岩
2	鹤舞九天	廖丽莎	苏州大学	周慧
3	雁影	王子菡	湖北美术学院	崔岩

铜奖

序号	作品名称	姓名	单位名称	指导老师
1	斐颜	周宁静	湖北美术学院	崔岩
2	嵐	章安妮	浙江纺织服装职业技术学院	王丽卓
3	清平·乐	宿轩鼎	鲁迅美术学院（大连校区）	
4	生命印记	刘恋	北京服装学院	史文莉
5	万壑	周谷霖	鲁迅美术学院（大连校区）	陈雪

优秀奖

序号	作品名称	姓名	单位名称	指导老师
1	不落俗	宋辉	成都纺织高等专科学校	向娟
2	瓷中有意	朱桂均	苏州大学	周慧
3	靛蓝	粟豪	成都纺织高等专科学校	王齐霜
4	海·纳	王思童	成都纺织高等专科学校	
5	鹤鸣	郑雅静	常州大学	
6	梦回	李陈扬	宁波城市职业技术学院	罗枫
7	青峦	张格程	鲁迅美术学院	吴一源、陈丽霞、莫莉
8	山海	杨逸博	景德镇陶瓷学院	占昌卿
9	山水乐居	姚汝楠	景德镇陶瓷学院	占昌卿
10	熟知	欧雨洁	景德镇陶瓷大学	占昌卿
11	水云间	郑威	苏州大学	
12	相生	张雪莹	景德镇陶瓷学院	
13	星来山海	韦依伶	云南民族大学	刘晓蓉
14	漪·晕	刘蓉蓓	浙江理工大学	
15	忆·古韵	恽嘉洁	常州纺织服装职业技术学院	周颖
16	印象	程子晏	鲁迅美术学院	庄子平
17	月	向鹏	成都纺织高等专科学校	杨震华
18	韵道	王杰	成都纺织高等专科学校	
19	再·见江城	刘恋	北京服装学院	史文莉
20	竹月清风	刘温欣	湖北美术学院	崔岩

附录三 "张謇杯"2020中国国际家用纺织品产品设计大赛名单

中国家纺未来设计师之星

序号	参赛单位	负责人/参赛者姓名	作品名称	参赛产品类别
1		范琪琪	手帕、工艺垫	居家饰品
2	江苏工程职业技术学院	李朝安、陈雯	我是你的眼	居家饰品
3	江苏悦达家纺有限公司	耿男男	隐	床品

中国家纺产品设计奖

金奖

序号	参赛单位	负责人/参赛者姓名	作品名称	参赛产品类别
1	江苏悦达家纺有限公司	耿男男	古韵之影	床品
2	孚日集团股份有限公司	李储娜	韶光	巾被
3	韩国HAWA ART QUILT	千仁安	Train station	布艺

银奖

序号	参赛单位	负责人/参赛者姓名	作品名称	参赛产品类别
1	江苏大唐纺织科技有限公司	韩雪莲	古之韵	床品
2	江苏大唐纺织科技有限公司	乔鹏武	竹报岁平安	床品
3	上海凯盛床上用品有限公司	姜帅	凤冠霞帔至尊版	床品
4	江苏南星家纺有限公司	陈莉、张菊红	时蕴	床品
5	紫罗兰家纺科技股份有限公司	窦飞	致简	床品
6	天津市华都抽纱工艺制品有限公司	王玉	亚平宁之夏	其他

铜奖

序号	参赛单位	负责人/参赛者姓名	作品名称	参赛产品类别
1	江苏悦达家纺有限公司	耿男男	布德	床品
2	南通富之岛美安科技发展有限公司	蔡琳莉	拼图	床品
3	江苏卓泰微笑艺术家居营销股份有限公司	徐婧婧	戴安娜	床品
4	海宁市鑫亚伦纺织股份有限公司	杨磊	城市剪影	布艺
5	海宁市博旺布艺织造有限公司	朱公羽	摩登太极	布艺
6	海宁市居莱纺织品有限公司	徐剑	循规	布艺
7	济宁如意家纺有限公司	何茂平	谧然	布艺
8	韩国HAWA ART QUILT	南敬淑	Happy village	拼布
9	韩国HAWA ART QUILT	朴润淑	Alley way	拼布

优秀奖

序号	参赛单位	负责人/参赛者姓名	作品名称	参赛产品类别
1	江苏美罗家用纺织用品有限公司	蔡燕	初色	床品
2	济宁如意家纺有限公司	王新力	叠韵	床品
3	紫罗兰家纺科技股份有限公司	包樱樱	澜影	床品
4	烟台北方家用纺织品有限公司	陈虹	倾夜	床品
5	愉悦家纺有限公司	李梦宇	瑞力时代	床品
6	烟台北方家用纺织品有限公司	刘晓迎	色织剪花	床品
7	紫罗兰家纺科技股份有限公司	李冬娟	上神	床品
8	江苏斯得福纺织股份有限公司	金桂兰、崔舜婷	新小镇故事	床品
9	江苏工程职业技术学院	曹海山、王雨蒙	自我	床品
10	江苏工程职业技术学院	司银龙	流连	床品
11	三利集团服饰有限公司	韩孟雪	插画系列	巾被
12		郑丹	岩峿	居家饰品
13	江苏工程职业技术学院	张楠	漂绪	其他
14	海宁市鑫亚伦纺织股份有限公司	杨磊	摩登雅韵	布艺
15	海宁市金色彩龙纺织有限公司	许冬杰	GD459-2	布艺
16	江苏悦达家纺有限公司	陈娟	染色剪花面料	布艺
17	海宁市舒雅达纺织科技有限公司	朱晓东	苍山云影	布艺
18	海宁市伦博纺织有限公司	方国海	高精密色织提花面料	布艺
19	浙江欧可丽实业有限公司	杨苗青	乱舞	布艺

序号	参赛单位	负责人/参赛者姓名	作品名称	参赛产品类别
20	海宁市居莱纺织有限公司	徐剑	矫揉	布艺
21	海宁布朗斯纺织有限公司	杨孝悌	新意式	布艺
22	海宁万德福纺织有限公司	周楠熙	艾叶草蜂巢格	布艺
23	浙江艾诺纺织科技有限公司	吴兵	冰绒	布艺
24	海宁市金色彩龙纺织有限公司	许冬杰	GD507-9	布艺
25	海宁市伦博纺织有限公司	方国海	高精密色织提花面料	布艺
26	韩国HAWA ART QUILT	河英珠	Life	拼布
27	韩国HAWA ART QUILT	李银淑	Summer dream	拼布
28	韩国HAWA ART QUILT	河英珠	Draw a landscape	拼布
29	韩国HAWA ART QUILT	朴泳珠	Pick blossom	拼布
30	韩国HAWA ART QUILT	张美京	Ready To Dance?	拼布

中国家纺品牌潮流风尚奖

序号	参赛单位	负责人/参赛者姓名	作品名称	参赛产品类别
1	罗莱生活科技股份有限公司	徐良平	月光	床品
2	江苏悦达家纺有限公司	耿男男	绚	床品
3	华纺股份有限公司	祁媛媛	伊普尔小镇	床品
4	江苏大唐纺织科技有限公司	金燕	东方·魅	床品
5	上海凯盛床上用品有限公司	姜帅	《婚庆大典》	床品
6	孚日集团股份有限公司	杜兆隆	都市印象	床品

附录四 "震泽丝绸杯"第五届中国丝绸家用纺织品创意设计大赛获奖名单

金奖

序号	作品名称	作者姓名	单位名称
1	律·变	倪一丁	鲁迅美术学院

银奖

序号	作品名称	作者姓名	所在单位
1	青铜·格	陈丛汝	苏州大学
2	韵致	李祖慧、钱孔兰	浙江理工大学
3	丝·聚	张茹	山东工艺美术学院

铜奖

序号	作品名称	作者姓名	所在单位
1	泡·墨	董芯铭	天津美术学院
2	闲梦·芳春	黄茵	苏州大学
3	记忆·碎片	刘蓉蓓	浙江理工大学
4	生机	尹子毅、罗明军	青岛大学、清华大学美术学院

优秀奖

序号	作品名称	作者姓名	所在单位
1	树	柴雪飞	山东师范大学
2	瓷间水墨	陈可歆	苏州大学

序号	作品名称	作者姓名	所在单位
3	九鼎山河	陈南真	广州美术学院
4	黛·暗香	陈曦	湖南工艺美术职业学院
5	岁月的童话	方有为	北京楚和听香服装服饰有限公司
6	万有同春	高怡帆	陕西国际商贸学院
7	月印万川	郭哲	鲁迅美术学院
8	空·濛	黄茵	苏州大学
9	回·溯	冷浩然	鲁迅美术学院
10	牵丝	李昕瑶	鲁迅美术学院
11	相聚	刘泳希、侍锦	青岛大学
12	气	罗明军	清华大学美术学院
13	风起	罗明军	清华大学美术学院
14	归家	罗明军	清华大学美术学院
15	融·聚	罗茗曦	鲁迅美术学院
16	杏聚	吕行佳	鲁迅美术学院
17	撞雀	朴研一	苏州大学
18	桃花间	邵珂	苏州大学文正学院
19	饕忌	施艺馨	苏州大学
20	飞天之舞	宋福源	鲁迅美术学院
21	云起鹤鸣	唐炳楠	青岛大学
22	釉青	汪宇珺	鲁迅美术学院
23	风的痕迹	王涵玥	北京服装学院
24	识途	王诗琦	苏州大学
25	小小梦想家	蔚美娜	广州市纺织服装职业学校
26	追忆	魏雪儿	南京艺术学院
27	揽·境	易琳	湖北美术学院
28	秋未了	赵东霞	湖南女子学院
29	蝶雨·芳菲	朱桂均	苏州大学
30	鲲鹏·赋	朱桂均	苏州大学

最佳创意设计应用奖

序号	作品名称	作者姓名	所在单位
1	浮城隐动	李凯文	苏州大学
2	霄云	刘燕妮	广东工业大学
3	聚·境	巫雪琦	鲁迅美术学院
4	时光映画	张晶	苏州太湖雪丝绸股份有限公司
5	丝·聚	周凡	鲁迅美术学院
6	时纹	陈康	青岛大学
7	千千丝	江昊轩	常州纺织服装职业技术学校
8	承·续	冷浩然	鲁迅美术学院
9	丝蕴魔都	潘依雯、张亚慧	浙江理工大学
10	理想国	张弼超	青岛大学

最佳传统纹样表现奖

序号	作品名称	作者姓名	所在单位
1	陌上织梦	黎秋阳	温州大学瓯江学院
2	暖冬	王子源	南京艺术学院
3	谦谦君子在古城	张钰	苏州大学
4	林·境	朱桂均	苏州大学
5	山海	曾偲怡	南京艺术学院

附录五 2020年国民经济和社会发展统计公报

表1 2020年居民消费价格比上年涨跌幅度（%）

指标	全国	城市	农村
居民消费价格	2.5	2.3	3
其中：食品烟酒	8.3	7.8	9.6
衣着	−0.2	−0.2	−0.3
居住	−0.4	−0.4	−0.5
生活用品及服务	0	0.1	−0.1
交通和通信	−3.5	−3.6	−3.2
教育文化和娱乐	1.3	1.4	1.1
医疗保健	1.8	1.7	2
其他用品和服务	4.3	4.4	4.1

表2 2020年居民消费价格月度涨跌幅度

项目	1月	2月	3月	4月	5月	6月	7月	8月	9月	10月	11月	12月
月度同比（%）	5.4	5.2	4.3	3.3	2.4	2.5	2.7	2.4	1.7	0.5	−0.5	0.7
月度环比（%）	1.4	0.8	−1.2	−0.9	−0.8	−0.1	0.6	0.4	0.2	−0.3	−0.6	0.2

表3 2020年房地产开发和销售主要指标及其增长速度

指标	绝对数	比上年增长（%）
投资额	141443亿元	7
其中：住宅	104446亿元	7.6
房屋施工面积	926759万平方米	3.7
其中：住宅	655558万平方米	4.4
房屋新开工面积	224433万平方米	−1.2
其中：住宅	164329万平方米	−1.9

指标	绝对数	比上年增长（%）
房屋竣工面积	91218万平方米	−4.9
其中：住宅	65910万平方米	−3.1
商品房销售面积	176086万平方米	2.6
其中：住宅	154878万平方米	3.2
本年到位资金	193115亿元	8.1
其中：国内贷款	26676亿元	5.7
个人按揭贷款	29976亿元	9.9

表4　2016~2020年国内生产总值及其增长速度

项目	2016年	2017年	2018年	2019年	2020年
数值（元）	746359	832036	919281	986515	1015986
增幅（%）	6.8	6.9	6.7	6.0	2.3

表5　2016~2020年全部工业增加值及其增长速度

项目	2016年	2017年	2018年	2019年	2020年
数值（元）	245406	275119	301089	311859	313071
增幅（%）	5.7	6.2	6.1	4.8	2.4

表6　2016~2020年全国居民人均可支配收入及其增长速度

项目	2016年	2017年	2018年	2019年	2020年
数值（元）	23821	25974	28228	30733	32189
增幅（%）	6.3	7.3	6.5	5.8	2.1

《中国家用纺织品行业年度发展报告》

——中国家纺行业白皮书

行业专著 梳理现状 前瞻发展 市场动态

产业热点 上游下游 数据详实 视角多维

中国家用纺织品行业协会 编著

中国家用纺织品流行趋势

CHINA INTERNATIONAI TRADE FAIR FOR HOME TEXTILE AND ACCESSORIES

TRENDS
2022

发布单位：中国家用纺织品行业协会

研究单位：意大利康斯坦丁时尚设计策划集团

中国家用纺织品行业协会时尚研究拓展部

GYPSUM

Earthy and ethereal: Gypsum embodies the timeless beauty of the natural forms while offering a fresh perspective on design.

Focusing on textures, the play of lights and shadows creates mesmerizing motifs. Sinuous lines become hypnotic desert dunes, plissé materials turn into fascinating canyon gorges and sculpted waterfalls. Matter seems moved by an invisible breeze that moulds it into fantastic shapes, pleasing to the eye as to the touch. Movement is the protagonist, with its ascensional currents and floating veils. The sublime meets the femme, where the use of organic materials and natural fibers accentuates the dichotomy, harking back to the natural world. Dusty, sandy, ivory, birch, limestone, sandstone, and marble-white colours add elegance and create serenity, a sense of freedom.

重塑

CONNECTED

The fabric of our society is made of human connections, and nowadays feeling connected is more critical than ever. In a year where mankind rediscovered the meaning of isolation, future design should help people reconnect with each other. The importance of bonding is represented by futuristic silhouettes, interlaced shapes, playful symmetries, entwined lines like a network. It is the revival of the geometric simplicity and abstraction of Bloblexicon and futurist art, while the colour palette weaves together the Stijl, City Pop's neon colours and metallic hues.

Today's design innovation sees tech at the forefront. Technology helps us overcome geographical boundaries and frontiers, and provides us with new techniques like laser cutting, thermoshaping, and 3D-printing. Harmony is found in the union of new machine-made materials and human genius and creativity. In the end, design can connect us all.

互联

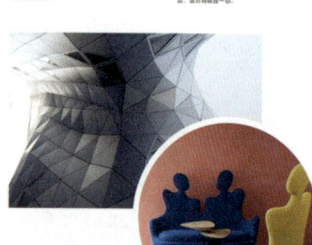

LUSH

Exoticism has always fascinated men with ideas and styles from distant lands. Lush takes us to the heart of a sumptuous mystical rainforest populated by colourful eccentric patterns and textures. With maxi prints of abundant luxuriant foliage, space seems to expand as men find themselves immersed in a micro forest of their own. What catches the eye is the contrast between the dominant verdant hues and the complementary bright colours which gives a sense of opulence, glamourous extravaganza. This trend is characterised by an abundance of exotic elements, from overgrown jungle-inspired prints to more enigmatic, bold motifs. It is vibrant, alive, yet relaxing. Lush creates a profuse and delightful pluvial world we would like to live in and explore.

葱郁

BLOOMCORE

Bloomcore celebrates the renaissance, the astounding power of nature reborn after the storm, the ravishing marvel of flowers reblossoming after each winter. It is an inspiration for men to rise again after each fall.

Bloomcore represents beauty through art and nature, in a display of highly refined taste. Its aesthetic is inspired by a romanticized interpretation of European cottage gardens, picturesque landscapes and blooming greenery, similarly to the cottagecore trend. However, rather than embracing the simplicity of countryside living, it turns towards a more luxurious lifestyle. This trend aims at stupefying with its richly-detailed botanic motifs that seem to be popped out of a bucolic painting from another epoch. Delicate hand-embroidered flowers, 3D applique petals, golden threads, and meticulous attention to detail are only a few of the elements that capture the true elegance and lavishness of the theme. Soft velvets, flourishing jacquards, embroidered cottons, flamboyant silks are some of the most iconic fabrics that best embody lush sumptuosity. It is the astonishing triumph of nature translated into design.

绽放

更多详情及趋势产品征集活动请扫描下方二维码：